Gael
García Bernal

JETHRO SOUTAR

Gael

García Bernal

la nueva era del cine latinoamericano

 Planeta

Título original: *Gael García Bernal & The Latin American New Wave*
Traducción: Fernando Zamora

Copyright @ 2008, Jethro Soutar
Primera edición en Gran Bretaña en 2008, por editorial Portico,
sello de Anova Books Company Limited
10 Southcombe Street, Londres, W14 0RA

Derechos mundiales exclusivos en español,
mediante acuerdo con Anova Books Company Limited

© 2009, Editorial Planeta Mexicana, S.A. de C.V.
Avenida Presidente Masarik núm. 111, 2o. piso
Colonia Chapultepec Morales
C.P. 11570 México, D.F.
www.editorialplaneta.com.mx

Primera edición: junio de 2009
ISBN: 978-607-07-0163-4

Impreso en los talleres de Litográfica Ingramex, S.A. de C.V.
Centeno núm. 162, colonia Granjas Esmeralda, México, D.F.
Impreso y hecho en México - *Printed and made in Mexico*

Índice

Prólogo

I. ELECCIONES

El arte está hecho de elecciones. Gael García Bernal es la prueba viviente de que The Actor's Studio tiene razón. Los papeles que Gael García Bernal ha decidido interpretar lo definen, pero más lo definen los papeles en los que ha decidido no participar.

Lo primero que sorprende en la carrera del actor es la claridad con la que un niño —cuando es artista— puede saber lo que quiere. Es una claridad que resulta sorprendente: "genial".

"Genial"... Un adjetivo peligroso, pero queda bien en un niño de 11 años, no tanto porque actúe mucho mejor que los otros actores infantiles que siempre ha habido en América Latina, sino porque sus elecciones fueron (y siguen siendo, al menos hasta ahora) extraordinariamente eficaces para hacerse de una biografía de una vida que valga la pena vivir.

Niños hay muchos, pero artistas que a los 11, a los 17, a los 30 sepan hacer la elección correcta hay pocos.

En el caso de un actor hay que hablar de otro tipo de elecciones: las que toma frente a la cámara o sobre el escenario. Gracias a ellas, Gael García Bernal ha revelado el interior de cada uno de sus personajes, como esos pintores renacentistas a quienes los críticos elogiaban por mostrar más el "adentro" que el "afuera" de sus modelos.

Gael sabe retratar el alma con gestos aparentemente nimios; esa forma un poco tonta con la que sonríe Martín en *De tripas, corazón*, la peligrosa —y frágil— mirada de Octavio en *Amores perros*, la discreta arrogancia de Julio en *Y tu mamá también* y, claro, la manita coquetona que se toca la mejilla en *La mala educación*; esa mano que acaricia apenas la piel como buscando asegurarse de que la tersura y la feminidad siguen ahí, debajo del maquillaje.

Conocí a Gael García en la Escuela de Cine y Televisión de San Antonio en Cuba. Yo impartía un seminario de guionismo y él era un ex-alumno glorioso que había vuelto para presentar *Los diarios de motocicleta*. Había sido largo el trayecto que tuvo que recorrer para hacer del niño bonito en la telenovela *El abuelo y yo*, el actor mexicano que los medios internacionales estaban identificando con Marlon Brando.

Jethro Soutar estará de acuerdo conmigo: El personaje del joven Che Guevara en *Los diarios de motocicleta* es el que mejor define el carácter de Gael. No estoy diciendo que el Che joven sea con quien él más se identifica (ya será Gael mismo quien diga en estas páginas cuáles son sus personajes predilectos y por qué); no estoy diciendo que el del Che sea el papel más importante de su carrera, digo que el actor, tanto como el revolucionario han sido siempre fieles a sí mismos y que ha sido esta fidelidad la que les ha permitido a los dos hacerse de una existencia propia. Porque la lectura de esta biografía demuestra que Gael, como el Che Guevara, ha tenido un buen guionista: él mismo. Como en una película interesante, el muchacho mexicano que quiere hacer arte en un país en perenne crisis ha tenido que sorprender con giros inesperados y, por ejemplo, decidirse a filmar un corto de bajo presupuesto (*De tripas, corazón*), antes que seguir haciendo el niño lindo en telenovelas de moda.

Mientras su amiga de besos en *El abuelo y yo* "descansaba de la fama", Gael se ponía a estudiar teatro; mientras sus compañeros de generación en Televisa se hacían de vidas coloridas como tarjeta postal, él se lo pasaba inventando cócteles en Londres, viendo caras en el metro y, sobre todo, aprehendiendo una técnica que más adelante le serviría para llegar a esa natural interpretación del movimiento interno que tienen sus personajes. Técnica es hacer que lo difícil parezca fácil: detrás de la naturalidad histriónica de este actor, hay muchas horas de estudio, reflexión y vida.

Otra cosa interesante que encuentra uno en la biografía de García Bernal es que la actuación no es un fin: el trayecto dramático de su vida lo ha llevado a incursionar en la dirección, en el manejo empresarial, en la política... Su existencia tiene suficientes giros como para afirmar que es como un filme que, con toda seguridad, a él le hubiera gustado rodar.

Con respecto al contenido de este libro de Soutar, me parece que lo más brillante es haber cruzado la vida de Gael con la historia del cine latinoamericano desde finales de la década de 1980 hasta hoy. Un periodo importante en el mundo, sin duda. Particular en la historia de la región. Y no tanto porque García Bernal haya comenzado a trabajar en estos tiempos, sino porque la caída de la Unión Soviética y la reconstitución que le siguió, condujeron a nuestros países al fin de las dictaduras y a la institución de democracias que abrazaron el libre mercado con una ilusión inocentona. Crecieron todavía más las disparidades económicas, pero los jóvenes de clase media en América Latina, es cierto, se volvieron habitantes del mundo. Nuestro cine, aprende uno en el texto de Soutar, comenzó a ser en esos años como el niño que por fin se atreve a ir más allá del parque de su casa.

Las nuevas formas de vida en América Latina se reflejaron, claro, en el cine, arte social por excelencia. Es en este sentido que Gael y el cine "Buena Onda", pueden ser vistos como un pretexto para hablar de transformaciones mucho más importantes: el cambio de un continente que creció y que como este mexicano comenzó a principios de la década de 1990 a tener sus primeros trastornos hormonales.

Así, la biografía de Gael es un arquetipo: El muchacho latinoamericano de clase media y urbana con acceso a la educación y los bienes materiales del primer mundo, con todo, sigue rodeado de atavismos culturales y una profunda injusticia social que le impiden desarrollarse. Gael es el latinoamericano que tiene que emigrar buscando no sólo aventuras, también mejores oportunidades de vida.

En un tercer momento Gael será una suerte de hijo pródigo que vuelve para tratar de hacer que funcionen las cosas o hundirse en el barco. Ha vuelto a México con brillo y con una fama singular, una que ha conseguido más allá del Cuévano, del Comala, del Macondo en el que nos tocó nacer. Y otra vez aquí, su vida imita al arte. En el fondo, toda historia es volver a casa, como Ulises, volver a Ítaca.

Si no bastaran las elecciones de Gael y las elecciones de Soutar para hacer de ésta una biografía que hay que leer, baste tal vez, en sí mismo, el placer de entretenerse en el más superficial de los niveles. Ese que permite reflexionar, por ejemplo, lo importantes que han sido los besos en la carrera de García Bernal.

II. Tres besos

El niño pobre, el niño huérfano, el que nada tiene, besa a una niña rubia, rica y solitaria. La cámara gira en torno a los protagonistas, las palomas sueltan el vuelo y en el cielo explotan los fuegos artificiales... los ratings cruzan el cielo como el globo aerostático en el que escaparán la niña rica y el niño pobre en *El abuelo y yo*.

Gael García Bernal comenzó a ganar notoriedad con este beso que lo transformaba en el ideal de un México inocente que lo único que deseaba era ser novio de la niña rubia (una pequeña pero extendida aspiración mexicana); con Gael, los asiduos a las telenovelas se hicieron poseedores del cuento de hadas del subdesarrollo y ¿vivieron felices para siempre? Gael, no.

Porque Gael no era ni pobre, ni huérfano, ni se contentaba con cerrar su vida a los 11 años con un final de telenovela. Ya había dado señales de que era "distinto" a los otros cientos de actores infantiles (muchos de los cuales son excelentes actores, hay que decir) de las series de televisión. Había mostrado ese genio del que hablaba antes: Con sorprendente lucidez dijo "no" a la filmación de *El rapto de las estrellas*, la misma con las que diría más tarde que no, gracias, a Alfonso Arau (quien volaba muy alto con el éxito de *Como agua para chocolate*)... Pero es que, interpretar a *Zapata* en inglés y con Lucerito de co-protagónica sonaba, cuando menos, extraño; era como dar marcha atrás. Que no lo haya convencido ni siquiera la participación en la fotografía del monstruo del cine mundial Vittorio Storaro, sólo confirma la finura de su olfato.

Luego de besar a la niña rubia, Gael tuvo que besar a una prostituta en *De tripas, corazón*. En el cortometraje interpreta a Martín, un niño pobre también. Y aunque su personaje estaba hecho, como el de *El abuelo y yo*, de aspiraciones sociales, las de Martín eran más profundas. Ganar el beso de Meifer, la reina del burdel del pueblo, era ir más allá del amor azucarado, era volverse paradigma de la legítima aspiración de ser amado. Y para ser amado es necesario saber esperar, ser honesto con uno mismo, ser un poco juguetón, un poco valiente y un poco caliente. Todo eso era Martín en *De tripas, corazón* y todo eso era el Gael García Bernal que se fue a vivir a Londres.

En Londres habrá probado de todo. Lo importante es que se hizo de una carrera. Vino la fama con *Amores perros* y más tarde la consolidación como actor contestatario. Es entonces que dio el tercer gran beso de su carrera. Grande porque en él tenía que demostrar a la vez que era un poco guerrillero.

Y es que ser guerrillero es algo que hace falta en una biografía que valga la pena. He aquí el paso entre el artista y el gran artista. El beso de Diego Luna y Gael García Bernal en *Y tu mamá también* es una declaración de autonomía, una revolución del cuerpo, golpe de estado contra los prejuicios, guerra contra la moral burguesa. El de Julio y Tenoch no es un beso de amor, es un beso de charolastras, un beso entre guerrilleros. Eso es lo que hay que ser para hacer cine en México.

III. GUERRILLA FILMS

En Europa, hoy día, México tiene dos caras: Frida Kahlo y Gael García Bernal. Recientemente asistí a la presentación de una retrospectiva del fotógrafo David Lachapelle y ahí estaba en el soporte plata-y-gelatina de uno de los artistas plásticos más reconocidos en el mundo fotográfico: Gael. Lachapelle lo retrata recargado contra un muro azul. El mexicano viste una playerita raída, manchada como la cara, no se sabe si con aceite o con la sangre de alguno que acaba de matar. En la pared atrás, se leen fragmentos de un discurso revolucionario no muy bien articulado. El actor mira a cámara y levanta las manos, como si estuviera siendo detenido y él hubiera decidido entregarse... o tal vez no. Sus dedos, como sopletes, lanzan llamas. Su mirada tiene la ambigüedad del muchacho latino que puede matar o puede besar.

La de Gael es la cara que, en la obra de David Lachapelle, representa el hoy por hoy de la cultura latina. Esa que gusta presentarse con el triple filo de artística, amante y criminal.

En muchos sentidos, el retrato de David Lachapelle resulta tan interesante como la biografía de Soutar. El escritor y el fotógrafo miran a Latinoamérica desde afuera y se encuentran con esos ojos. Soutar y Lachapelle parecen sentirse fascinados por la voluptuosidad erótica, inescrupulosa de este guerrillero que sabe hacer cine así, como se hace en América Latina, sin dinero, sin armas; con poca comida y mucho tequila, mucha cultura, muchas ganas de decir lo que se piensa. Soutar y Lachapelle han encontrado que la cara de América Latina es, textual y metafóricamente, la cara de Gael García Bernal.

Fernando Zamora. Roma, Trastevere, marzo del 2009.

El primer protagónico, en el teatro

Si no hubiera sido por un par de patines Gael García Bernal nunca hubiera seguido su vocación. Teresa Suárez dirigió su primer papel en forma. Lo hizo en una obra de teatro que se llamó *El rapto de las estrellas*. Recuerda que Bernal se sintió llamado a escena sólo cuando se hizo consciente de los beneficios potenciales: "Había seleccionado a Diego Luna para este trabajo", dice. "Diego trajo a Gael a los ensayos para ver si le interesaba trabajar con nosotros. Eran los mejores amigos. Gael, que tenía apenas nueve años, dijo primero que no le interesaba; después preguntó si los actores iban a tener un sueldo. Le dije que sí, claro, y él respondió: 'bueno, entonces quiero actuar; quiero comprarme un nuevo par de patines.'" Diego Luna (quien trabajaría en *Y tu mamá también* con Gael), había audicionado exitosamente para su papel. Resulta que no había más escenas cuando vino Gael, pero tenía tal encanto que Suárez le escribió una justo para él. "Es que puede ser verdaderamente angélico cuando quiere", explica la directora.

El rapto de las estrellas, una obra de Alejandro Reyes, fue el debut teatral de Gael García Bernal. Teresa Suárez tenía experiencia dirigiendo: había sido asistente del reconocido director Julio Castillo quien puso, entre muchas obras, la legendaria *De la calle* y *Dulces compañías*, obras que le ganaron el aplauso del público y la crítica. Julio Castillo es recordado como uno de los directores más importantes del teatro mexicano en el siglo XX. La directora había ayudado a Alejandro Reyes a escribir *El rapto de las estrellas*. Fue ella quien consiguió el teatro: el *Polyforum Cultural Siqueiros* en la ciudad de México. "Entre los dos producimos, dirigimos. Incluso actuamos. Hicimos de todo."

La historia de *El rapto...* narra las aventuras de dos niños que se quedan en casa para ver su programa favorito de televisión: Nefasta, una malvada bruja. En el episodio de aquel día, Nefasta (interpretada

Promocional de la obra *El rapto de las estrellas*

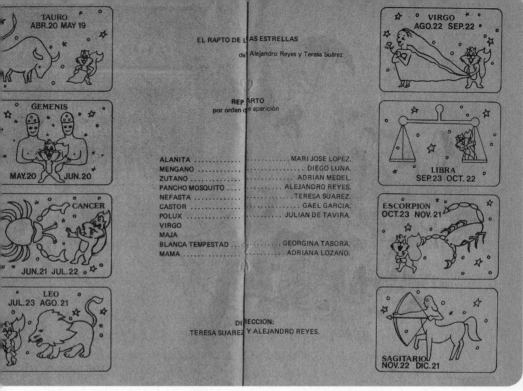

EL RAPTO DE LAS ESTRELLAS

de Alejandro Reyes y Teresa Suárez

REPARTO
por orden de aparición

ALANITA .... MARI JOSE LOPEZ.
MENGANO .... DIEGO LUNA.
ZUTANO .... ADRIAN MEDEL.
PANCHO MOSQUITO .... ALEJANDRO REYES.
NEFASTA .... TERESA SUAREZ.
CASTOR .... GAEL GARCIA.
POLUX .... JULIAN DE TAVIRA.
VIRGO
MAJA
BLANCA TEMPESTAD .. .. GEORGINA TABORA.
MAMA .... ADRIANA LOZANO.

DIRECCION:
TERESA SUAREZ Y ALEJANDRO REYES.

Reparto de la obra *El rapto de las estrellas*

por la misma Suárez) raptaba del cielo al signo Escorpión y luego saltaba fuera de la pantalla de televisión. Aparecía en la recámara de los niños que, asombrados, la seguían con la mirada por todo el escenario hasta que volaba al espacio estrellado. La idea de la malvada bruja era usar el veneno de Escorpión para acabar con todos los otros signos del zodiaco.

"Lo hacía", explica Suárez, "para ser admirada por todo el mundo." ¡Claro! Había en la puesta teatral un héroe. Y lo interpretaba Alejandro Reyes: Pancho Mosquito perseguía a Nefasta para detenerla con ayuda de los niños. Gael interpretaba a un castor que se enfrentaba contra la bruja. Luchaba contra el signo de Géminis pero, como perdía, lo encerraban en una jaula.

Así, Gael García Bernal, en su primer papel de teatro pasó la mayor parte del tiempo en una jaula y, sin embargo, tenía mucho parlamento. Suárez describe así el primer personaje del niño: "Era un papel adorable. Gael nació para actuar. Lo hizo muy bien: tenía confianza en sí mismo y mucha proyección. Su interpretación era encantadora.

Para todos fue enriquecedor trabajar con él." Aparecieron inmediatamente los signos de su talento: "¡Era tan obvio que había nacido para el teatro!: Uno veía que el niño estaba dando todo de sí. Tenía una chispa, un encanto natural." Para promover la obra, Suárez organizó que se filmaran algunos comerciales. En más de uno de ellos Gael era la estrella. Invitaba al público a ver *El rapto de las estrellas* bailando como Elvis Presley.

"Es verdad que me dio mucho trabajo con él", continúa Suárez, "pero también los niños se vieron recompensados. A veces discutían con nosotros porque eran eso, niños, pero mi trabajo era darles confianza: dirigirlos. Terminamos volviéndonos grandes amigos." Siendo tan chicos, el balance entre actuar y jugar puede confundirse, pero todos los que lo vieron, se dieron cuenta de sus esfuerzos e intenciones. "Actuaron, interpretaron, crearon. Como eran hijos de actores, sabían que tenían que tomarse el asunto muy en serio. El padre de Gael había trabajado en teatro muchas veces. Es un gran actor. Su madre también." Tanto los padres de Diego como los de Gael fundaron sus carreras en el teatro. Un poco también como Julián de Tavira, otro miembro de aquel reparto original de *El rapto de las estrellas*. Julián de Tavira se volvería, como Luna, amigo de Gael para toda la vida. Recuerda Teresa Suárez: "Gracias a esta puesta conocí a Paty [Patricia Bernal, la madre de Gael] y a toda su familia." La responsabilidad de la directora incluyó a veces hacerla de nana: "Los padres de todos, de Gael, de Diego, de Julián, todos trabajaban en el teatro. Siempre estaban de gira, así que cada fin de semana, cuando terminaba la función, los niños se iban a mi casa para dormir allí. Nos hacíamos algo de cenar y luego jugábamos a improvisar cualquier cosa."

Como los niños eran hijos de actores, tenían ventajas naturales con respecto a otros igual de jóvenes. Había un alto nivel de responsabilidad que se traducía en presión. A la crítica familiar, por ejemplo: "Los padres de Gael estaban muy emocionados con el papel que estaba haciendo su hijo y el día del estreno, el niño estaba muy nervioso con ellos sentados allá afuera, en las butacas del Poliforum. Otros niño, cuyos padres no eran actores estaban más relajados." Y sin embargo, Gael no se dejó sofocar. "Muchos hijos de actores se vuelven actores, pero la verdad es que no son muy buenos, en cambio

Gael sí que lo era. Lo es. No sé si lo trae en la sangre o no, pero estoy segura que es actualmente uno de los mejores actores que tenemos en México."

Las audiciones y los ensayos para *El rapto de las estrellas* habían comenzado a principios de 1988. Como los niños estaban de vacaciones no hubo interferencia entre los ensayos, la escuela y las presentaciones: "Dábamos función sólo sábados y domingos." La obra estuvo en cartelera hasta fines de 1989, pero Gael no pudo permanecer con la compañía hasta el final de la temporada: "Se había comprometido por un año. Cuando comenzó a hacer telenovelas y otras cosas, se cansó, así que tuvimos que conseguir un nuevo reparto."

Suárez hace notar que el hecho de trabajar un año entero puede ser muy fastidioso para un niño de 10 años. El teatro, obviamente requiere mucha dedicación y disciplina, pero la experiencia le sirvió a Gael, en muchos sentidos, para el futuro de su carrera. Suárez adaptó *El rapto de las estrellas* de Alejandro Reyes porque a la larga pensaba producir una película con actores en vivo interactuando con secciones animadas. El proyecto de la película estaba en pleno desarrollo, pero esta vez hacía falta más que un par de patines para subir a Gael a bordo. Durante la siguiente fase, el niño se distanció por completo, pero Suárez se siente orgullosa con toda justicia de que *El rapto de las estrellas* haya sido la obra que introdujo a García Bernal en el mundo de la actuación: "Gael vino a la obra y por tanto a la actuación, por casualidad, pero una vez que comenzó a trabajar, esa innata curiosidad que tiene quedó abierta, excitada." Y no se detendría nunca más.

En aquel tiempo Gael García Bernal comenzó a recibir ofertas para trabajar en la televisión. Hizo a Peluche, por ejemplo, un personaje relativamente secundario en *Teresa* (1989) la telenovela que, por cierto, lanzaría al estrellato a Salma Hayek dentro de su propio país. Faltaba poco tiempo para que Hayek se lanzara ella misma a conquistar Hollywood. La parte en *Teresa* era apenas un *cameo*, una segunda parte, no tenía regularidad. García Bernal también tuvo apariciones esporádicas en *Al filo de la muerte*, programa dirigido y estelarizado por su propio padre, José Ángel García.

El primer protagónico en la carrera de Gael García Bernal fue en *El abuelo y yo*, una telenovela que lo volvería estrella nacional. A las pantallas mexicanas *El abuelo y yo* llegó en marzo de 1991, cuando tenía 12 años.

La telenovela giraba en torno a un viejo amargado cuyo cinismo se va endulzando gracias al contacto con dos niños que, por diversas circunstancias, quedan bajo su cargo. Los niños en cuestión fueron Gael García Bernal (interpretando a Daniel) y Ludwika Paleta (interpretando a Alejandra). Es divertido pensar que Gael incorporó a la telenovela un *leit motiv* que resulta significativo a todo lo largo de su infancia: el niño que se la vivía "rodando" en patineta.

Recuerda Ludwika Paleta: "Alejandra era una niña rica cuyos padres estaban divorciándose y, como era hija única, no tenía ningún cariño, ninguna atención. Daniel, por su parte, era un niño huérfano que vivía en el campo, en un pueblito. Su madre había muerto tiempo atrás, así que Daniel vivía solo, al cuidado de sus vecinos. Había en el pueblo un hombre gruñón, un viejito, el abuelo que dio título a la telenovela. Daniel iba a casa del abuelo para darle de comer a su perro y, eventualmente, para sacarlo a pasear. Aunque era gruñón, el viejito siempre terminaba por darle permiso a Daniel de sacar a pasear a su perro. Y poco a poco los personajes fueron estableciendo lazos de afecto y aunque el viejo no era en verdad el abuelo de Daniel, terminó adoptándolo porque, casi sin darse cuenta, comenzaron a quererse." El abuelo era Jorge Martínez de Hoyos, un distinguido actor mexicano que murió en 1997.

"Lola era la cocinera de la casa de Alejandra", recuerda Paleta con algo de nostalgia: "Iba a llevar comida a la gente pobre y mi personaje siempre quería ir con ella. El caso es que Alejandra conoció a Daniel y, claro, los dos se enamoraban. ¡Bueno! A decir verdad era ella la que comenzaba a enamorarse porque Daniel le gustaba un poco. Siempre quería verlo, estar con él. Finalmente se volvían grandes amigos y luego algo más." "Conforme pasaban los capítulos", dice Paleta, "las cosas comenzaban a ponerse feas para mi personaje, así que yo me escapaba de casa con él porque deseábamos irnos a trabajar en un circo. Escapábamos en un globo aerostático. Era muy bonito, de verdad. Una historia muy linda, una telenovela muy diferente a todas las otras. Muy atípica."

Una de las diferencias más notables de la telenovela fue que los protagonistas eran niños, además de que el guión tocaba uno que otro tema espinoso: el clasismo, incluso el racismo que existe en México hacia las clases bajas; todo era visto a través de los ojos de dos niños inocentes, pero muy inteligentes. Dice la actriz: "*El abuelo y yo* era una telenovela para niños, pero de pronto los adultos comenzaron a verla. Era una cosa muy extraña, porque los adultos se sentían muy identificados con la relación de estos adolescentes." Hubo uno que otro riesgo, claro. Dos niños que se besan parecía algo atrevido en aquellos tiempos. "No es muy común que dos niños se besen en una telenovela así que hubo controversia en la producción, pero el día que el capítulo salió al aire, los ratings subieron. Hubo quien dijo: '¿cómo pasan esa clase de cosas?', pero la mayoría pensó, '¡qué ternura!'"

A Ludwika Paleta el riesgo de escandalizar era lo que menos le preocupaba cuando comenzó a grabar la escena: "¡Estaba aterrada! Tenía 12 años y no había besado a ningún niño en toda mi vida. La verdad, no creo que Gael hubiera besado tampoco a ninguna niña en la boca. "Grabamos la secuencia en el campo. Prepararon un *dolly* para que la cámara girara alrededor de nosotros cuando nos dábamos el beso y así fue: cuando se tocaron nuestros labios, la cámara daba vueltas y volaron palomas. La verdad fue más lindo en la ficción que en la vida real. Teníamos a todo el equipo mirándonos y era aterrador. La noche anterior yo no pude dormir."

LA PRIMERA NOVIA

Puede que haya estado aterrada, pero Paleta y García Bernal se volvieron novios no sólo dentro, también fuera de las pantallas: "Estábamos juntos todo el tiempo; crecimos juntos y tuvo que suceder. Nos hicimos novios. A esa edad, no eres responsable de casi nada. Las cosas sucedieron en forma de lo más natural." Por una coincidencia muy particular, Paleta (quien nació en Polonia pero llegó a México a la edad de tres años, en compañía de su padre, el violinista de la música de varias películas de Kieslowski cuando vino a trabajar), es justo un día más grande que Gael. Los niños celebraron su cumpleaños juntos varias veces: "Apenas nos habíamos conocido, estábamos estudiando en la misma escuela y un día, Gael vino a mi casa a celebrar nuestros cumpleaños. Me regaló algo especial; muy de adultos. Abrí el paquete y encontré adentro unos aretes lindísimos. Me sentí halagada; impresionada."

Durante la grabación de *El abuelo y yo*, Gael García Bernal y Ludwika Paleta combinaron el trabajo artístico en el set con una vida más o menos normal en la escuela: "Como todos los niños íbamos a la escuela por la mañana y luego, en la tarde, íbamos a Televisa a grabar. Los dos meses que teníamos vacaciones, los aprovechaba la producción para que pudiéramos grabar en Sonora; en vacaciones nos íbamos a grabar a Puerto Peñasco. Es una playa en el norte de México. Desierto y playa. Filmamos ahí las escenas que sucedían en el globo aerostático y en el circo."

Aunque Gael había disfrutado de un ligero sabor de fama gracias a sus participaciones en las telenovelas *Teresa* y *Al filo de la muerte*, Paleta ya era famosa. Gozaba de exclusividad en Televisa y había sido protagónica antes de *El abuelo y yo*. La más notable: *Carrusel*.

Paleta afirma que el compañerismo con Gael en *El abuelo y yo* iba más allá de la actuación y el noviazgo: tenían ya en las cabezas el futuro de sus carreras, tema para pensar y conversar: "Todos queríamos ser actores. Todos sabíamos que habíamos nacido para esto; que era lo que queríamos hacer con nuestras vidas. Actuar era para nosotros un compromiso. Instintivo, tal vez, pero compromiso. Así que aunque supiéramos lo que significaba la disciplina, lo tomábamos al mismo tiempo en forma natural."

Diego Luna gozó de un papel en *El abuelo y yo*. Más pequeño que el de García Bernal, aunque era una primera parte que aseguraba al niño presencia regular. Por su parte, Julián de Tavira tuvo en la telenovela una o dos apariciones.

En el caso de Paleta, aprovechó la telenovela para consolidarse: "Era un trabajo muy bien escrito", afirma, "bien producido, bien actuado. Hasta la fecha se sigue sintiendo su influencia, sobre todo en lo que respecta a las telenovelas infantiles." Sí, de hecho *El abuelo y yo* volvió a producirse en el 2003 rebautizado como *De pocas, pocas pulgas*.

El productor Pedro Damián fue el cerebro detrás de *El abuelo y yo*. Damián creó a los personajes, el concepto, los golpes teatrales. Produjo y dirigió. Con motivo del décimo aniversario de la telenovela, en enero del 2003, el productor declaró al periódico *El Universal*: "Creo que tengo buen ojo para encontrar talentos, futuros artistas: tomé el riesgo de usar actores nuevos que ahora son grandes estrellas. Me siento muy satisfecho viéndolos triunfar porque para muchos de ellos fui el primero en mostrarles lo que significa hacer televisión o teatro."

Uno de los recuerdos más felices de Pedro Damián es el entusiasmo de Gael: "La telenovela era muy demandante. Teníamos que trabajar muchas horas a diario y él siempre se veía contento, con ganas de grabar. No es fácil encontrar un niño tan noble como él para interpretar a un huérfano que vive solo y encuentra a su primer amor." Los esfuerzos de Gael fueron reconocidos cuando, en 1993, recibió el premio como mejor actor infantil por la Asociación Nacional de Intérpretes (ANDI). Durante la ceremonia, agradeció a Pedro Damián por haberle dado la oportunidad.

García Bernal comenzó a hacerse de una reputación que sabía combinar su naturaleza propia con un trabajo estricto y disciplinado. *El abuelo y yo* requería de mucha dedicación. Explica Paleta: "Pasó al aire durante un año, lo cual era para nosotros una eternidad. Antes de que saliera en las pantallas, habíamos participado ya en un taller, la habíamos grabado casi por completo y luego vino la obra de teatro. Después, con la obra, hicimos giras por todo el país. Vivimos con *El abuelo y yo* durante tres años." Pedro Damián estuvo también a cargo de la puesta en escena, lo cual incluyó, por supuesto, la fusión de los talentos de Ludwika Paleta, Gael García Bernal, Diego Luna y Jorge Martínez de Hoyos. La premisa siguió siendo la misma aunque la versión teatral estaba dirigida a una audiencia mucho más joven y hay que decir que el encanto de la telenovela original era justo la capacidad que tienen ciertas obras especiales de romper la barrera de gustos entre niños y adultos.

Cuando la puesta en escena de *El abuelo y yo* llegó a su fin, Paleta se tomó unos años de vacaciones. Explica por qué: "Era difícil ser adolescente y famosa. Parecíamos niños diferentes a todos los otros; sobre todo distintos de nuestros compañeros de escuela. Habíamos comenzado a trabajar a los ocho años. A esa edad, la gente ya me pedía autógrafos, me reconocían en la calle. Era extraño, tanto para mis compañeros en la escuela como para mí. Yo quería ser una persona normal. Dejé de actuar hasta que cumplí 17." En 1996 Paleta reapareció en *María la del barrio*, una telenovela que ganó el premio como la mejor del año.

En cambio Gael no dejó la actuación por completo: en 1994, trabajó con Antonio Urrutia en un proyecto muy notable que lo lanzó a la fama internacional: *De tripas, corazón*. Dos años después, mientras Paleta volvía a las telenovelas, Gael trabajaba en la obra de teatro *Roberto Zucco* de Bernard-Marie Koltès, dirigida por la francesa Catherine Marnas y estelarizada por Alejandro Reyes, autor de *El rapto de las estrellas*, y Diego Luna. Por desgracia Alejandro Reyes murió poco después de la puesta en escena.

Con respecto a la relación amorosa con Paleta, el final de *El abuelo y yo* marcó también para ellos el fin de una etapa. A los 15 años separaron sus caminos. Cada uno entró a escuelas distintas. El romance infantil terminó, pero seguirían siendo amigos y, eventualmente, pasarían tiempo juntos, en Londres.

Vida de teatro

Gael García Bernal nació en México, en Guadalajara, Jalisco, el 30 de noviembre de 1978. Es hijo de Patricia Bernal y José Ángel García quienes en aquel tiempo consolidaban sus carreras como jóvenes actores. Si bien *El rapto de las estrellas* había dado a Gael un *debut* "oficial", la verdad es que el niño había nacido en el medio teatral. Su mamá tenía 18 años, su papá 22 cuando el pequeño vino al mundo (sin ser planeado por ellos). Como los padres no habían logrado la estabilidad económica necesaria para contratar a una nana se vieron obligados a llevar al niño a todas partes, especialmente al trabajo en teatros y salones de ensayo. Así, Gael pasó los primeros años de su vida al cuidado de diversos miembros de las compañías teatrales en las que trabajaron sus padres.

Todo esto trajo como consecuencia varias cosas: para comenzar, vivir "de gira". Gael recuerda: "Vivíamos como gitanos, de teatro en teatro. De niño aprendí que la vida era así." Pronto, las tablas y los salones de ensayo del Centro Cultural de la Universidad de Guadalajara (donde sus padres trabajaban) se convirtieron en el lugar natural para los primeros juegos de Gael, su segunda casa. Aquí se forjaron sus primeros recuerdos. Durante una conversación abierta al público y moderada por la actriz Juliette Binoche en el *Toronto Film Festival*, la francesa preguntó a Gael sobre su infancia: "Recuerdo el olor del teatro en el que trabajaban mis padres. Es un olor a madera y gente. En México llueve mucho en la noche en ciertas épocas así que recuerdo también el olor de basura mojada. Me recuerdo caminando junto a un muro en el centro de Guadalajara y pensar: ¡qué largo es! Me parecía infinito." En la Universidad de Guadalajara había siete teatros, contando auditorios, salones de ensayos y estudio. Todos ellos estaban interconectados, como peleando por ganar su propio espacio: "Recuerdo vagar de un teatro a otro sin salir de la universidad. Cambiar de escenario, ir a otro y mirar,

20 minutos aquí, 20 minutos allá, un trabajo y luego otro. Asistir a todas las puestas que se estaban realizando. En realidad me la pasaba muy divertido. Si me aburría, salía de la universidad y me iba a comprar un helado." Gael afirma que en aquel tiempo se tomaba las obras teatrales demasiado en serio. No le gustaba, por ejemplo, que sus padres interpretaran obras violentas o trágicas. Cuando, a causa de la ficción, tenían que herirse en el escenario, el niño esperaba siempre que algo mágico sucediera, que la historia se transformara de pronto y surgiera frente a sus ojos una comedia con final feliz. No había, dice Gael, cosa que más le gustara cuando era niño, que mirar a sus padres haciendo papeles cómicos.

Como Gael era hijo único, sus amigos y compañeros de juego eran, naturalmente, niños de otras compañías teatrales o equipos de producción. El principal, Diego Luna. Las madres de Gael y Diego habían sido muy buenas amigas. Cuando Gael tenía un año, lo llevaron a la ciudad de México a visitar a Diego, recién nacido, en el hospital. Desgraciadamente Fiona Alexander, madre de Diego Luna, pintora y escenógrafa, murió en un accidente antes de que el niño cumpliera tres años. Diego quedó a cargo de Alejandro Luna, su padre, escenógrafo de gran prestigio en México; así que el teatro unió a Gael y a Diego y marcó sus infancias para siempre.

Gael subió al escenario por primera vez cuando tenía tres años. Representó a Jesucristo. Su mamá hacía de la Virgen. Como debut artístico podría parecer poco significativo estar todo el tiempo sentado en un burro en brazos de mamá, chupando una botella de leche. Gael aprendió a leer a los cuatro años y resultó una experiencia perfecta para llamar la atención de sus padres: significaba, por ejemplo, que podía estudiar con ellos las escenas. A los cinco años aprendió completos los diálogos de su papá en una obra de teatro.

En el ambiente teatral, Gael no necesitaba estar pensando en juguetes. El niño prefería los juegos de imaginación aunque también atesoraba ciertos objetos: una pequeña bicicleta azul, por ejemplo. Con ella se cayó a los cuatro años. El golpe le dejó una cicatriz casi imperceptible que aún conserva: "La herida no llegó hasta el hueso, ¡pero vaya golpe!"

Gael disfruta recordar su crecimiento de manera poco convencional: "Cuando eres niño es divertido ver que tus papás siempre están como jugando, como si ellos también fueran niños. Los papás de mis compañeros de escuela no se portaban así, para nada. Eran gente solemne. Normal. Este tipo de ambiente abre tu mente para aprender. Estoy agradecido por haber recibido una educación tan abierta en el mundo del teatro."

Es cierto que a veces crecía en él la sensación de ser excéntrico, anormal: "A veces hubiera querido que mis padres tuvieran un trabajo como el de los papás de mis amigos en la escuela, pero al mismo tiempo lo que me hacía sentir diferente a los otros era justo saber que mis padres eran libres de escoger lo que querían ser gracias al mundo del teatro." Vivir la infancia en relación con el teatro permitió a la familia uno que otro capricho: se podían vestir como quisieran, llegar siempre tarde a cualquier parte y salirse cuando les venía en gana.

Otra cosa que lo hacía sentirse extraño era el nombre: Gael. Se trata, no cabe duda, de un nombre poco usual en México y en el mundo. Su mamá comenzó a llamarle Carlos Alberto, porque cuando era niño su nombre le daba vergüenza. Así, el niño acostumbrado a la ficción decidió inventarse un nombre mucho más convencional: ser otro, cualquier otro, parecía la solución obvia, había nacido en el teatro ¿no es cierto?: "La verdad es que ser actor es la única cosa que no he escogido en mi vida", ha dicho. "Desde que era niño fui un actor. He llegado a imaginar, incluso, que tal vez escogí a mis padres así porque sabía que era una forma en que irremediablemente me involucraría en la actuación." Después de su presentación como Niño Jesús, Gael se enroló para una obra con la que se presentó en el Festival Internacional Cervantino de Guanajuato. Tenía 11 años. No es que fuera un prodigio, pero estaba acostumbrado a vivir con sus padres viajando por todo México. Las compañías que los contrataban siempre pagaban sus gastos.

Gael nació y vivió su primera infancia en la ciudad de Guadalajara: cuna de uno de los símbolos de la cultura popular mexicana: el mariachi. Ahí se producen la mayoría de los enormes sombreros con los que se identifica a un "charro" mexicano; la charrería sigue siendo un pasatiempo tradicional. Localizada en el estado de Jalisco, en la planicie central del oeste de la República, Guadalajara cuenta con seis millones de habitantes y es la tercera ciudad más grande de México.

Guadalajara —donde también nació el cineasta Guillermo del Toro— tiene un hermoso centro histórico rodeado por decenas de edificios virreinales que se engarzan alrededor de diversas plazas. Muchas de las paredes interiores de estos edificios fueron decorados con fantásticos frescos de José Clemente Orozco, uno de los grandes del muralismo (junto con Diego Rivera y David Alfaro Siqueiros). De los tres, dirán los tapatíos (la gente de Jalisco), Orozco es el mejor. Una de las plazas de la ciudad está decorada con bustos de los hombres ilustres de la ciudad.

Gael cambió de residencia durante la adolescencia. Su familia se vino a vivir a la ciudad de México. Fue allí que comenzó a actuar en forma profesional y su vida comenzó a tomar rumbo aunque, Gael mantiene fuertes lazos emocionales con Guadalajara. Cuando algún periodista le pregunta que dónde nació, él siempre contesta: "Soy tapatío." A menudo hace referencias a su ciudad natal y más de una vez ha expresado lo decepcionado que lo hace sentir el hecho de no haber filmado en Guadalajara. Está seguro de que algún día tendrá la posibilidad de filmar allá. Gael tiene profundas raíces emotivas y una familia extensa en Guadalajara, pero creció y maduró en la ciudad de México ("El De Efe", le llaman sus habitantes). En el Distrito Federal Gael vivió con sus padres en Avenida Nebraska en la Del Valle, colonia de clase media al suroeste de la imponente Avenida de los Insurgentes. La colonia Del Valle (al centro de lo que podría parecer una ciudad caótica y descontrolada), es en realidad un lugar agradable para vivir. La zona está llena de parques y hay instituciones culturales por todas partes, aunque pocas metrópolis en el mundo pueden competir con el tráfico de esta ciudad y no es raro que Avenida de los Insurgentes esté embotellada.

LOS PADRES

La familia de Gael administró una economía modesta, al menos durante la infancia del niño, pero cuando llegaron a la capital, sus padres comenzaron a trabajar en televisión: las condiciones de vida se hicieron más confortables. El bienestar económico no evitó los problemas en casa. Los papás de Gael se separaron poco después del debut teatral del niño en *El rapto de las estrellas.* Gael se fue a vivir con su mamá en el elegante suburbio de Cuajimalpa, al noroeste de la ciudad.

Patricia Bernal es una actriz muy respetada en México. Ha trabajado en muchos éxitos teatrales, televisivos y cinematográficos, con buena crítica. Entre sus telenovelas más destacadas se citan: *Yesenia, El pecado de Oyuki, Ángeles y paraísos* y *Gente bien.* En total, Patricia Bernal ha trabajado en más de 15 telenovelas, 32 obras de teatro y varias películas. Un sueño que aún no ha realizado es trabajar junto a su hijo Gael. García Bernal y su madre se parecen mucho físicamente. El actor ha comentado que se sintió horrorizado cuando se vio en el espejo vestido como mujer en *La mala educación*, de Pedro Almodóvar: "¡era la viva imagen de su mamá!" Los lazos entre Gael y su madre siguen siendo muy estrechos. Tienen una relación abierta, amigable: "Cuando nos vemos o nos hablamos, charlamos como buenos amigos, porque eso somos: amigos", dice Patricia quien suele acompañar a su hijo en casi todos sus triunfos: estuvo con él durante la ceremonia del Oscar en 2001 (en la nominación de la película *Amores perros*) y en Cannes en el 2004 (cuando se estrenaron *Los diarios de motocicleta* y *La mala educación*). "Estoy muy orgullosa", afirma Patricia Bernal. "Es un hijo excepcional. Se ha construido la carrera con sus propios medios. Es un hombre independiente. Todos los que lo conocemos a fondo, sabemos el esfuerzo que hace para ser libre e independiente. Es un artista disciplinado. Consigue lo que quiere. Creo que los hijos siempre permanecen ligados con nosotros de una u otra manera. Uno quisiera hacer todo para que siempre fueran felices."

Cuando se separó de José Ángel García, Patricia Bernal se hizo compañera de Sergio Yasbek, productor de cine y televisión. Gael siempre se ha llevado bien con Sergio y ahora de hecho, le resulta cómodo llamarlo "papá" porque en diversas formas Yasbek ha jugado un rol paterno en la vida del actor. Con respecto a la separación de José Ángel y el impacto en Gael, afirma Patricia: "Las rupturas dejan cicatrices, pero José Ángel y yo supimos que Gael podía superarlo." Parecería que García Bernal está más ligado emocionalmente con su madre. La relación con José Ángel García, se dice que es más o menos tensa, aunque los problemas se quedan en el pasado cuando se trata de apoyar a Gael: tanto Patricia como José Ángel suelen aparecer y saludarse en los estrenos del hijo.

José Ángel García es un actor exitoso. Ha estelarizado telenovelas tan famosas como *El premio mayor* y *Tú y yo*. Últimamente se ha especializado en la dirección teatral. Dirigió *Las vías del amor*, por ejemplo. José Ángel se siente satisfecho del éxito de su hijo. Aprecia el esfuerzo que le costó construirse una carrera propia. Ha declarado al periódico *El Universal*: "Soy el primero en reconocer la disciplina y la seriedad con la que mi hijo ha tomado cada una de sus elecciones; la calidad de su trabajo, la diligencia y el amor con el que toma la decisión de comprometerse con ciertos proyectos y no con otros. Me consta: recibe cientos de propuestas de todas partes del mundo y creo que tiene un talento propio para hacer la elección correcta en el tiempo correcto. Creo que esta cualidad se debe sobre todo a que no hay en su vida otra motivación que no sea el arte."

La revista española *Fotogramas* le preguntó a Gael una vez qué era lo más importante que había heredado de sus padres. Respondió: "El sentido del humor que, por otra parte, no está peleado con la introspección y la autoevaluación. El teatro sirve para ambas cosas. Si no fueras capaz de evaluarte a ti mismo, sería imposible evolucionar y, ¡claro!, tampoco tendrías sentido del humor. Todo se volvería horriblemente solemne. Nacería en ti la falsa idea de que ya lo sabes todo. El teatro enseña humildad y disciplina. Te enseña a mirar dentro de ti para corregirte." Con sentido del humor, dice: "También he heredado de mis padres no querer ser como mis padres. Me gustaría ser mejor padre de lo que ellos fueron conmigo. Mi infancia, la verdad, fue muy bonita, pero quisiera ser mejor padre de lo que fue mi padre. Creo que esta es una de las cosas que más me interesan."

Durante el tiempo que Gael vivió en el Distrito Federal, estudió en el Edron, un colegio anglo-mexicano en los suburbios de la ciudad. El Edron está justo a la mitad del camino entre el centro de la capital y Cuajimalpa donde su mamá se cambió para vivir con Sergio Yasbek. En el Edron Gael aprendió inglés. Esto le permitiría colocarse en una situación muy ventajosa con respecto a sus compañeros. El inglés proyectaría sus estudios y su trabajo. Gael trato de cumplir con los horarios escolares, de hacer encajar las funciones de teatro y las grabaciones de telenovelas o comerciales. Ensayaba en vacaciones, por la tarde o los fines de semana. La escuela de Gael estaba orientada en la línea de los estudios artísticos. Tanto los directivos como los alumnos estaban acostumbrados a niños como Gael. De hecho sus padres lo inscribieron ahí porque el Edron tiene fama de alojar a más de una estrella del teatro y la televisión. En una escuela así, ser el protagónico de una de las telenovelas más exitosas en la historia de la televisión mexicana no pasó desapercibido. La atención que propiciaba en sus compañeros no era de la mejor clase y no siempre bien intencionada. Explica Ludwika Paleta: "La verdad es que la fama es difícil. Cuando me cambié de escuela, después de la telenovela, mis nuevos compañeros comenzaron a molestarme. En esos años, en la adolescencia, los muchachos son así, pero por otra parte, fue en esa época que me hice de los mejores amigos."

Gael fue víctima de su fama: los compañeros lo molestaban con el apodo de "hijo de Televisa". Una vez le preguntaron en el periódico *The Observer* que si era un rompecorazones, respondió: "Es difícil para mí ser objetivo. No puedo verme claramente fuera de mí, pero es cierto que no parezco compartir la opinión que todos tienen sobre mi persona. Todos los días me levanto, me veo en el espejo y sigo siendo el mismo. Cada mañana sigo siendo el adolescente que se moría de miedo cuando llegaba la hora de ir a la escuela." La adolescencia no parece haber ayudado a solucionar el problema social en el Edron: "Tuve fases en las que odiaba a todo el mundo. ¡Bueno! Mis papás decían que era una fase, pero me duró muchísimo, como desde los 14 años hasta los 18. Creo que me había vuelto pretencioso." Gael recuerda, por ejemplo, que le gustaba molestar a sus compañeros con un pequeño acto contestatario: vistiendo una playera del Che Guevara: "Me gustaba la gente que andaba así, vestida con esas playeras y les valía madres lo que dijera todo el mundo. Mis compañeros, claro, me preguntaban, '¿por qué la usas si ni siquiera sabes quién es ese tipo?'"

A pesar de que en el Edron no era el niño más popular, Gael tenía su propio círculo de amigos en el que sí que era aceptado: dicho círculo estaba hecho de niños como él, con familias como las suyas. Además de escapar de clase para meterse a la Cineteca a ver películas de Truffaut, sus principales pasatiempos incluían jugar al futbol o empaparse de un poco de rock con amigos como Diego Luna. Típico adolescente, tuvo su banda y jugó en varios equipos. Era, y sigue siendo, fanático de los Pumas de la UNAM, una de las escuadras que mejor representan a la clase politizada de las izquierdas de intelectuales en la ciudad de México. Tenía otros pasatiempos, claro: ha dicho a la revista *Rolling Stone* que cuando era adolescente se iba con sus amigos a un crucero en Insurgentes a pedir dinero. Y con las bolsas llenas de monedas se iban "de reventón", a gastar en la noche capitalina todo lo que habían ganado.

Aunque estaba joven, trabajó mucho en aquellos años y aún así se dio el tiempo (un verano completo), para irse de viaje por la sierra mexicana. Ya había viajado varias veces a Cuba, con sus propios medios. Uno de los abuelos de Gael había nacido en la isla de Cuba. Su abuelo huyó a México durante la dictadura de Fulgencio Batista y cuando triunfó la revolución, el abuelo se había hecho ya de una vida en este país, lo había hecho suyo, pero Gael iba a Cuba desde que era niño. Tenía allá montones de primos y tíos. A los 17 años se inscribió con su propio dinero en un curso de verano en la Escuela Internacional de Cine y Televisión (EICTV), de San Antonio de los Baños (a unos 30 kilómetros de La Habana). La EICTV es parte capital de la Fundación para el nuevo cine latinoamericano que cuenta entre sus benefactores y promotores más notables a Gabriel García Márquez. En la escuela de cine de Cuba se estudia guión, dirección de cine y televisión, edición y fotografía: "Para un muchacho de 16 años irse a Cuba por sus propios medios a estudiar cine es algo que da mucha seguridad", ha declarado Gael. Cuando trabajó en el cortometraje *De tripas, corazón*, con Antonio Urrutia (nacido también en Guadalajara), ya se le había desarrollado un interés auténtico en todo lo que tuviera que ver con el cine. Fue así que, con sus propios medios, decidió tomar un curso en la famosa escuela de cine de Robert De Niro, la *Tribeka Film-Making School* de Nueva York. Puede que Gael fuera sólo un muchacho, pero tenía estatus y currículo así que podía abrirse puertas. Muchas puertas, se vería más adelante.

Cuando terminó la preparatoria, Gael García Bernal se inscribió en la carrera de filosofía en la Facultad de Filosofía y Letras de la Universidad Nacional Autónoma de México. La UNAM es la institución cultural más importante de México, la mejor de América Latina y una de las 50 mejores del mundo. Por desgracia para el futuro fi-

lósofo, la UNAM entró en turbulencia política y comenzó una huelga que
en el caldeado ambiente político del México de fin de siglo bloquea-
ría los estudios universitarios de la generación de Gael durante más
de año y medio. Harto de esperar que las cosas se solucionaran, decidió explorar otras opciones. El actor siente, sin embargo, que hay
algo que dejó atrás, un ciclo que no ha cerrado. Disciplinado como
es, lamenta: "Finalmente no pude estudiar una carrera universitaria.
Me molesta, la verdad. Hay muchas cosas que tengo que experimentar todavía, cosas que tengo que leer, que pensar." En detrimento
de su futuro filosófico, redirigió su vocación hacia el curso original.
Para cuando la huelga estaba por terminar, había tomado la decisión
de que el mundo filosófico podía esperar. Respondió al llamado de
la aventura, juntó los ahorros de toda su vida y se fue a Europa.
Comenzaron así sus años en Londres.

Historia de cortometrajes

La primera experiencia de Gael con los premios de la Academia estadounidense sucedió cuando tenía 15 años: era protagonista del corto *De tripas, corazón*, que se filmó en un típico pueblito mexicano. Gael interpretaba a Martín, un muchacho de unos 14 años que reparte leche y está enamorado de Meifer, mujer unos 10 años mayor que él y además es una de las hermosas prostitutas que trabajan en el burdel del pueblo. Durante una escena, al principio del cortometraje, otros muchachos de la edad de Martín presumen ficticios encuentros sexuales y lo molestan por inexperto. Finalmente, sus amigos arreglan las cosas para que Martín tenga una primera relación sexual... con un pollo. Mientras los otros muchachos sostienen al bicho, Martín se baja los pantalones, pero de pronto lo piensa bien y, sin subírselos, decide salir corriendo. Los amigos de Martín, después de semejante "fallo", deciden no invitarlo cuando hacen su primera excursión "seria" al burdel del pueblo. El personaje de Gael mira curioso a través de un agujero en la pared del burdel: Jesús, líder de la camarilla del pueblo y riquillo hijo del carnicero (con quien trabaja Martín), sube las escaleras hacia la recámara de Meifer. Gael se queda apesadumbrado, entre otras cosas porque no ve que, cuando el muchacho entra al cuarto con la prostituta, está aterrado. Al día siguiente, mientras reparte leche, Meifer llama a Martín quien viene y le da sus litros. Algo sucede entre ellos y, sin previo aviso, la mujer comienza a besarlo. La película termina con Meifer introduciendo por gusto propio al joven hacia el interior del burdel y cerrando la puerta detrás de sí.

Antonio Urrutia, director *De tripas, corazón*, explica cómo conoció a Gael García Bernal: "La productora Bertha Navarro había trabajado en la película *Cronos* con Humberto Navarro. Más tarde Humberto invitó a Bertha a venir a la Universidad de Guadalajara para dar unos cursos sobre producción de cine en la ciudad. Los talleres incluían charlas con autoridades del prestigioso taller *Sundance* para América Latina y yo me ofrecí como traductor. Por las tardes aprovechaba para trabajar mi propio guión con los asesores." Bertha Navarro se interesó en pocos de los guiones de aquella generación del taller Toscano-*Sundance*, pero uno de ellos era justamente *De tripas, corazón*. "Conseguimos un poco de dinero del Imcine (Instituto Mexicano de Cinematografía), fundación fílmica del estado mexicano, y otro poco de la Universidad de Guadalajara. Con 24 mil dólares produjimos la película. Lo que a Bertha le llamaba más la atención es que era diferente a todo lo que se estaba haciendo en México en ese tiempo, aunque al mismo tiempo era un filme, digamos, 'tradicional'. La verdad es que los cortometrajes mexicanos de la década de 1990 querían, o ser vanguardistas, o contar un chiste. Nosotros no estábamos en esa línea. *De tripas, corazón* era una historia de provincia y ayudó mucho el que Gael fuese tapatío."

Como Gael había nacido en Guadalajara obtuvo el papel con relativa facilidad aunque hay que decir que el muchacho siguió el proceso tradicional: la productora Bertha Navarro conocía de tiempo a Claudia Becker, una de las directoras de casting más importantes en el país: "Becker me dijo: 'tengo al actor perfecto para tu película' y me presentó a Gael." Dice Urrutia: "Conocí a Gael García, a Martín Altomaro y a los otros dos niños y hubo entre todos nosotros una química perfecta, así que comenzamos a trabajar." Martín Altomaro hizo el papel de Jesús. El de Meifer fue para Elpidia Carrillo, una renombrada actriz mexicana que se había hecho notoria por su participación en *Predator*. Por su parte, Elpidia Carrillo actuó también en *Breath and Roses*, de Ken Loach.

El reparto de *De tripas, corazón* estuvo a punto de culminar con otro nombre ilustre: "Teníamos un papel para Diego Luna, pero se había ido de vacaciones. Filmamos en verano, así que Diego no apareció." La filmación comenzó en 1994. Duró más de una semana. El rodaje tuvo lugar en Concepción de Buenos Aires, un pueblito al sur del estado de Jalisco. "Éramos un equipo chico, como de 20 personas pero fue un suceso para la gente del pueblo. Todos estaban muy impresionados y nos miraban como si estuviéramos filmando *Lo que el viento se llevó*", recuerda Urrutia riendo.

Los habitantes de Concepción no reconocieron de inmediato al niño de *El abuelo y yo.* "Gael se había hecho de una imagen en la telenovela de niño lindo y bueno, siempre bien peinadito. Galán y limpio. Cuando creció, decidió que esa imagen no le gustaba. Dice que pensó que parecía mormón y el caso es que se cortó el cabello casi a rape. Nadie lo reconoció en la localidad en la que filmamos porque se veía muy distinto, pero un día alguien se le quedó viendo y gritó de pronto: '¡Miren, es el niño de *El abuelo y yo!'*"

García Bernal y los otros muchachos del reparto se volvieron populares en el pueblo. "Las niñas estaban enloquecidas y, la verdad, es que estaban bien lindas", ríe Urrutia. "Teníamos una producción pequeña porque no había mucho dinero. Pastora, mi esposa, nos hacía la comida y el *lunch*: hamburguesas, sándwiches o cualquier otra cosa. En la noche, Gael y todos los otros se iban a jugar bote pateado con los niños y las niñas. Se pasaban toda la tarde con ellas, hasta que mi mujer iba a decirles: 'hora de dormir', porque teníamos que levantarnos a las siete de la mañana para comenzar a filmar. Se volvieron como una pequeña familia, una banda o palomilla o algo así. Para el burdel de la película hicimos un set, pero en el pueblo había un bar con fotos porno pegadas en las paredes. Había chavas del *Penthouse*, de *Playboy* y de *Hustler*. ¡De todo en este pueblo tan chiquito! Ellos [Gael García Bernal y sus compañeros de reparto] se quedaban viendo las fotos de lo más divertidos. Luego el dueño del bar nos ayudó con la utilería para nuestro set: botellas y cosas de esas. Siempre íbamos a este bar después de la filmación. Dejaban entrar a los niños sin problemas, aunque tenían 15 años. Ellos bebían ponche de granadina. Se lo pasaron muy bien. Todos se hicieron grandes amigos."

Los nuevos "grandes amigos" de Gael se pusieron celosos con la escena final: "Pues sí", cuenta Urrutia, "sus compañeros estaban en la onda de: '¡Oh! Vas a besarla y toda la cosa'. Gael deseaba hacer la escena pero estaba nervioso, Elpidia es una verdadera belleza. Una de esas que te saca de control. Le pedí que agarrara la mano del niño y la pusiera en sus senos", ríe el director. "Cuando filmamos la última escena y se cierra la puerta, escuché a través del micrófono que el chavito estaba feliz: '¡Órale!' decía. Seguía siendo un niño, después de todo."

Gael recuerda con mucho cariño la filmación de la película. Ha dicho: "Es la mejor película que puedes hacer cuando tienes 15 años,

¿no? Una sobre el descubrimiento de la sexualidad que llega con el descubrimiento completo de ti mismo. *Los 400 golpes*, por ejemplo, dieron en este sentido muchísimo a la historia del cine. A partir de esta película de Truffaut comenzó la moda de niños y adolescentes que se están buscando a sí mismos."

Relacionando a la Nueva Ola Francesa con su debut fílmico, Gael García Bernal está subrayando el atractivo universal de *De tripas, corazón*. Por su parte Urrutia, con la escena del pollo está confirmando de una u otra manera que hay rituales que permanecen más o menos iguales en todas partes del mundo. Afirma riendo: "Es que parece que el ritual de metérsela a un pollo es universal. Yo lo escribí porque había escuchado hablar de eso cuando era adolescente, pero nadie me ha dicho si es real o no. Si hay muchachos que lo hacen, quiero decir. Nunca nadie ha venido a decirme: 'Sí, Antonio, yo me cogí a una gallina', pero he escuchado de este asunto muchas cosas, muchas historias. Más allá de la broma es un tema importante en el corto, lo filmamos hace 12, 15 años y ahí sigue: Gael, con los pantalones abajo, todo preocupado porque tiene que ensartarse a una pobre gallina."

Urrutia está consciente de que el atractivo físico de Gael resultó fundamental para dar universalidad a la historia. "Aunque todo el ambiente es mexicano, el vestuario, el burro, el caballo, la moto vieja, todo, la verdad es que la presencia de Gael es lo que la vuelve universal. Uno mira su cara y se identifica con ella. En todas las tomas vemos un México rural, con montañas y mexicanos típicos. Gael es también un mexicano típico, pero además es muy guapo: En todos los festivales a los que fuimos, escuché: '¡Así que los mexicanos pueden ser guapos! ¿no que eran siempre chiquitos y morenos?'" Para Gael, *De tripas, corazón* significó una primera experiencia en las tablas cinematográficas. Ha dicho que desde el momento en que pisó estas tablas supo que esto era lo que quería hacer por el resto de su vida.

El director Antonio Urrutia cuenta que para todos los que trabajaron en su cortometraje resultaba claro que Gael tenía futuro en el cine: "Era tan obvia la diferencia de él con respecto al resto del reparto. Su trabajo emocional estaba simplemente en otro nivel." Antonio Urrutia es el primer director de cine con el honor de haber apreciado artísticamente la mirada, los ojos de Gael García Bernal. Sería el primero, sí, pero no el último: "Me gustan los actores que trabajan con los ojos", ha dicho Urrutia. "Cuando era niño, me fascinaba Steve McQueen, por ejemplo, un hombre que puede estar ahí, 30 minutos en la pantalla sin decir una palabra y uno no se aburre. Gael es así, puede estar mucho tiempo en imagen o responder solamente: 'sí, no, tal vez' y es su mirada la que está actuando, la que está diciendo toda clase de cosas. Responde con la mirada, escucha con la mirada, actúa con la mirada. Esto es lo que más admiro de él. Se lo he dicho: 'Gael, me cae que es increíble lo que puedes hacer con tus ojos'. A pesar de su juventud, el trabajo de Gael era serio. Estaba enfocado, sabía entregarse. No puedo olvidar tampoco que fue mi primer película. Fue la primera vez que operé una cámara de 35 milímetros y cuando grité ¡acción!, y apareció Gael detrás de la esquina con su bicicleta... Esa imagen se va a quedar conmigo toda la vida."

De tripas, corazón resultó ganadora de 27 premios internacionales. Con respecto a los Oscares, fue nominada en la categoría de mejor cortometraje, pero tuvo la mala suerte de competir contra Dear Diary, el primer proyecto emergido de la monstruosa compañía Dreamworks: "Además, Dreamworks hizo Dear Diary con la ABC, justo la televisora que transmite los Oscares desde hace nueve años", recuerda Urrutia. "Ganar el Oscar tiene mucho que ver con relaciones públicas y cabildeo. Uno de los directores me dijo: 'por cada voto que consigas para tu película, ellos van a conseguir cientos'. Creo que obtuve dos votos a favor."

Gracias a Claudia Becker, Gael trabajó en otro cortometraje con el hijo de la directora de casting: Andrés León Becker. La película se llamó Cerebro. Es la historia de un muchacho involucrado en una red de narcotráfico que conoce en una refinería de cocaína a una muchacha de la que se enamora al grado de que comienza a imaginarla por todas partes. El corto fue escrito, dirigido y fotografiado por Andrés quien (por cierto, fotografiaría al actor como parte del segundo equipo de dirección en El crimen del padre Amaro). Cerebro tuvo una exposición limitada. Se estrenó en 2001 en el Festival de Cine de Guadalajara y luego fue vista en uno que otro pequeño festival.

Otro corto en el que aparecía Gael se había presentado un año antes en Guadalajara y había tenido más éxito que *Cerebro: El ojo en la nuca* es un trabajo de alumnos del CCC (Centro de Capacitación Cinematográfica), una de las principales escuelas de cine de México. El corto ganó el premio como mejor cortometraje extranjero en la categoría de los Oscares estudiantiles y fue escrita y dirigida por Rodrigo Plá, de Uruguay, exiliado en México con toda su familia durante la dictadura militar que sometió al país sudamericano entre 1973 y 1985. *El ojo en la nuca* toca dicha vivencia a través de la historia de Pablo (Gael García Bernal), un adolescente que vuelve del exilio para matar al hombre que asesinó a su padre.

En *The Last Post* (*La última carta*), cortometraje nominado a los premios de la *British Academy of Film and Television Arts* (BAFTA), se toca otra vez el tema militar en la región sur de América Latina. Gael García Bernal interpreta aquí a un soldado argentino. *The Last Post* comienza en Buenos Aires: una muchacha abre una carta y lanza un grito horrorizada. *Flash Back*: nos transportamos al campo de batalla donde Mark, un joven soldado británico (interpretado por Kevin Knapman), se ve involucrado en una serie de eventos que lo tiene consternado, accidentalmente ha disparado a un compañero y, sin querer, lo ha asesinado. Horrorizado, Mark decide desertar. El soldado inglés vaga perdido y sin rumbo hasta llegar a lo que parece ser un puesto de guerra argentino que ha sido abandonado ante el avance británico. Mark explora el puesto y encuentra a José Francisco (Gael García) quien duerme exhausto luego de haber resguardado el puesto durante varios días. Somnoliento, José Francisco apunta al soldado británico obligándolo a levantar las manos y le pregunta cosas en español. El inglés, por supuesto, no entiende. Corte directo. Ha pasado el tiempo y poco a poco los soldados han comenzado a entenderse. Han llegado incluso a un acuerdo, a una suerte de amistad. En cierto punto, Gael muestra a Kevin una fotografía de su novia, se comunican a señas y comparten un cigarro. De repente, cae en la posición un contingente de paracaidistas británicos. Antes de que los recién arribados puedan darse cuenta de lo que aquí está sucediendo, José Francisco lanza su rifle a Mark para que haga parecer como que lo ha tomado prisionero. Los paracaidistas patrullan la zona. Encuentran la foto y la carta que está escribiendo

José Francisco. El capitán ordena a Mark que mate al argentino. El soldado inglés se encuentra en un terrible dilema moral. Finalmente, el personaje de Gael es asesinado por la espalda en forma estúpida. Mark confirma los horrores de la guerra cuando ve que los paracaidistas se alinean para tomarse una foto con el argentino muerto. Esta última secuencia corta con la que hemos visto al principio de la película: la mujer que grita es la novia de José Francisco: se revela el contenido de la carta. Vemos a los soldados ingleses posando felices ante el cuerpo de un muchacho argentino muerto.

The Last Post fue producida por los hermanos Santana, residentes de Brighton. Lee produjo, Dominic dirigió. Ninguno de los dos tiene un pasado militar, pero tuvieron amigos que sirvieron en la Guerra de las Malvinas: "Un médico de La Marina nos contó esta anécdota y muchas otras. Fue impresionante escuchar la historia de todas las cartas que se encontraron abandonadas en el frente. Muchas personas ven la película y nos preguntan: '¿Esto fue verdad?' Y sí, fue verdad, afirma Dominic. Dice también que tiene idea del regimiento en el que sucedieron los hechos aunque agrega que no fue el mismo que usaría más tarde. A partir del estreno del cortometraje, el Ministerio Argentino de Guerra investiga la realidad detrás de la ficción en esta película. En Buenos Aires se habló incluso de buscar a la muchacha y hacer con ella un documental. "No quería caer en el tema del bien y el mal durante la Guerra de las Malvinas. Tampoco quería que la película resultara antibritánica. Sucede en ella lo que sucede en todo conflicto y la mía no es una película política. El tema de fondo no es ni siquiera la guerra", dice Dominic: "es la humanidad." El director había trabajado un tiempo largo en la industria televisiva. Se tomó unas vacaciones largas para trabajar en este corto, pero tuvo que comenzar de cero, desde desarrollar una idea y producir un guión.

Como en el caso de Antonio Urrutia, alguien les dijo que lo hiciera chistoso: "La sabiduría popular decía en aquellos tiempos que si querías hacer un cortometraje exitoso, tenías que hacer una comedia. La verdad es que mi hermano y yo no queríamos hacer uno de esos chistes filmados que se pusieron de moda en la década de 1990." Los hermanos Santana escucharon la historia de otro muchacho que, accidentalmente, había asesinado a un colega y amigo durante un tiroteo y había tenido que desertar para evitar la corte marcial. Dominic y Lee decidieron unir las dos anécdotas. "Escribimos *The Last Post* muy rápido. El guión lo terminamos en tres días sin ninguna asesoría. Si hubiéramos querido acudir a algún taller nos hubiera tomado un tiempo que no teníamos", afirma el director. "Creo que a partir de que tuvimos claro el concepto, comenzamos a filmar en sólo tres meses."

Impresionados con la interpretación que podía producir Kevin Knapman, a quien habían visto en una producción de *Granada TV*, estuvieron de acuerdo en llamarlo para interpretar al soldado británico. A Knapman lo representaba la firma *Gordon & French* quien contaba en su catálogo con un mexicano: Gael García Bernal. "Estábamos buscando a un actor argentino. Hicimos audiciones a una docena de hispanoparlantes, ninguno de ellos terminó por convencernos. Simplemente no entraban en el papel. Al final, Donna [la agente de Gael], vino, nos enseñó una foto y nos dijo: 'Miren, este muchacho va a llegar lejos'. Me pareció que el muchacho tenía unos ojos fascinantes, una sensibilidad particular que necesitábamos para su parte." El hecho de que ambos muchachos hayan sido jóvenes y con una cara fresca resultó importante para el éxito de la pieza. "Llamamos a Gael, tuvimos una conversación y aunque él todavía no había leído la historia, yo dije: '¡Vamos a hacerla con él!' Yo confié en ella y en lo que había sentido de él durante la charla. Y eso que no había visto todavía *Amores perros*."

Esto sucedió a finales del verano del 2000. A pesar de que Gael ya había filmado *Amores perros*, la película no se había estrenado en el Reino Unido. Lo haría al año siguiente, en mayo. Subir a Gael a bordo del proyecto de *The Last Post*, trajo consigo ciertas condiciones: el actor estaba comprometido con una película para la televisión, la biografía de Fidel Castro. "Nos dijo que no podría cortarse el pelo porque estaba interpretando al Che Guevara."

Gael se sintió feliz cuando lo llamaron para proponerle que hiciera *The Last Post*. "Creo que por aquel tiempo estaba buscando consolidar su carrera. Habíamos buscado en el catálogo de *Gordon & French* sin pensar que encontraríamos ahí a Gael y que luego se volvería semejante figura." Afirma Dominic: "Él es mitad argentino porque su mamá es argentina así que fue fácil para él dejar salir la marca gaucha. La utilizó efectivamente para trabajar con ella."

Patricia Bernal es, en realidad, mexicana por los cuatro costados. Y puede que el error de percepción de Dominic Santana se haya debido a un problema de comunicación que confundió a los hermanos o —es factible— que Gael haya mentido "un poquito" para asegurarse el papel que le interesaba interpretar. Dadas las convicciones políticas de Gael (promotor de la paz en general y de las causas de América Latina en particular), parecería que *The Last Post* es la clase de película que en cualquier caso le hubiera llamado la atención o al menos eso había dicho su agente: "Creo que Donna no lo hubiera lanzado a la aventura de filmar con nosotros *The Last Post*, si no hubiera estado convencida de que era un buen guión, si no hubiera confiado en nuestra trayectoria", concluye Dominic.

La mayoría de la filmación se realizó en poco más de una semana. Los llamados de Gael se limitaron a tres. En otro momento, cuando ya el actor había terminado sus partes, los hermanos viajaron a Buenos Aires para filmar el inicio y el final del corto. Las Malvinas fueron "interpretadas" en las islas galesas de Brecon Beacons. Un lugar adecuado sobre todo si se piensa que justo allí las fuerzas británicas realizan sus entrenamientos de guerra: "Nos alojamos en un hotel de Cardiff. Todas las mañanas manejábamos hasta el set que construimos en un páramo", cuenta Dominic. Dado que el tiempo era un factor importante, fue una filmación intensa: "No íbamos mucho al pueblo. En la locación nos llevábamos bien, pero no había mucho tiempo para socializar. Nos limitamos a hacer nuestro trabajo y nada más. Era verano y terminábamos más o menos a las ocho de la noche. Recuerdo que cuando terminó el rodaje, dejé la Land Rover que habíamos rentado y nos fuimos a tomar un trago de cerveza. Nos dijimos: '¡Terminamos!' Y dimos gracias por todo."

De Gael García Bernal dicen: "Fue muy sencillo trabajar con él. Gael es un hombre que da mucho. Es natural, con una técnica histriónica muy desarrollada. Se nota hasta en las cosas simples como fumarse un cigarro o mirar una foto, cosas así. Aunque tuviéramos que repetir una y otra vez las tomas siempre mantenía un rango emocional enorme que hizo llegar a la pantalla. Además, ¡tiene unos ojos fantásticos!"

A Gael se le encargó la responsabilidad de interpretar en forma verosímil el acento argentino: "Tengo que decir que yo no hablo español", ha dicho el director. "Aunque tengo sangre hispana, pero sé que el argentino es un acento que tiene sonoridades similares a las del italiano. Parece que es cantado y lo que estaba haciendo Gael me sonó excelente. Habíamos hablado un poco sobre las características del acento argentino y lo que dijo nos dio confianza." Sobre su improvisación afirman: "No tuvimos tiempo para improvisar. Tuvimos que apegarnos al guión, pero eso sí, exploramos en algunas líneas diversas emociones. Un día, Gael nos dijo: 'yo no quiero decir eso' y yo contesté: 'Está bien, entonces ¿cómo sientes que deberías decirlo?' Me describió su idea y le dije 'de acuerdo, vamos a hacerlo.' La única condición fue: 'no cambies el significado'; es profesional y nadie hace las cosas como él. Como puedes ver, quedé muy contento con su actuación."

El hecho de que no hubiese en el set ningún hispanoparlante y de que el actor se hubiese hecho de un margen para improvisar el diálogo llevó a cierta escena a un punto interesante —incluso divertido—: "En una secuencia, el personaje de Gael mira una foto de su novia", ríe Dominic, "pues esa muchacha era... yo estaba saliendo con ella en ese tiempo, entonces Gael mira la foto y nadie en el set sabía lo que el actor estaba diciendo al retrato. Unos meses después, cuando presentamos la película en España, en el festival de Valencia, el diálogo de Gael produjo en la audiencia una sonora carcajada. Yo no tenía idea de qué sucedía, hasta que alguien vino y me explicó que Gael estaba diciendo: '¡Ay, esta mujer tiene un culo fenomenal!'"

En *Bodas de sangre*, de García Lorca, escenificada en Londres, en 2005

Estudiar en Londres

Con los estudios de la UNAM en el limbo y llegado el mes de septiembre de 1997, Gael García Bernal decidió soltar amarras en busca de aventura: se fue a Europa. No tenía planes estables. Londres le pareció al principio un lugar como cualquier otro. Pero el actor no pensaba terminar en Inglaterra. Como estaba enamorado de la literatura rusa, más bien quería viajar al este. Por desgracia para sus sueños los ahorros desaparecieron más rápido de lo planeado. Gael se vio forzado a buscar trabajo antes de lo que hubiera querido. Lo primero que hizo fue modelar para una boutique en Hoxton y luego, cuando el dinero volvió a escasear, encontró trabajo en una construcción los fines de semana. Pasadas las primeras experiencias laborales decidió establecerse por fin en lo que sería un empleo estable: preparando cócteles y sirviendo mesas en el Cuba Libre, un restaurante-bar en Upper Street en Islington, al norte de Londres.

La perspectiva de una estancia prolongada en Londres comenzó a tomar forma. La huelga universitaria en la Ciudad de México seguía adelante, así que Gael tuvo que considerar diversas opciones. La más atractiva de todas era sin duda estudiar teatro allí, en la misma ciudad en la que se encontraba. José Ángel García, padre de Gael, había ido a la capital inglesa 20 años atrás a estudiar teatro. De pronto el muchacho se sintió atraído por la posibilidad de establecer una analogía con la carrera de su papá. Sin nada que perder, preparó un texto para audicionar en Central School of Speech and Drama: "Cuando decidí que quería estudiar actuación, me puse a buscar diversas escuelas. El año ya estaba muy avanzado." Gael ha confesado que se decidió por la Central School porque era la única en la que todavía estaban aceptando solicitudes. "Recuerdo que leí en una entrevista que Lawrence Olivier había estudiado en Central School, así que me daban muchas ganas de estudiar ahí. Me preparé lo más que pude. Llené los formatos, hice el examen y afortunadamente me admitieron." Se dice fácil. Olivier efectivamente estudió en la Escuela Central. Otros alumnos destacados de la prestigiosa escuela londinense incluyen a Vanessa Redgrave y a Judi Dench.

Puede que la suerte haya jugado un papel en la admisión de Gael, pero debe haber sido poco. Más de tres mil aspirantes hacen examen cada año. Sólo se admite a 30, así que más que la suerte habrá estado en juego el talento de García Bernal. Para la audición, el joven actor preparó un monólogo de *Macbeth*. Debe haber impresionado a los profesores (¡un mexicano interpretando a Shakespeare en su idioma original!). Lo suficiente como para hacer del joven actor el primer estudiante latinoamericano en ser aceptado en las aulas de la Central en toda la historia de la escuela más prestigiada de la tradición histriónica inglesa.

Su inglés todavía era inseguro: carecía de fluidez. Tuvo que emprender una lucha doble para preparar a *Macbeth* y ha dicho que se sorprendió muchísimo cuando le anunciaron que había sido admitido. Declaró: "Ha sido uno de los días más felices de mi vida. Originalmente pensé que iba a tomar lecciones por las tardes; seis meses, un año a lo más", comenta. "Para mi sorpresa, me dieron incluso la oportunidad de hacer todo el curso y tuve la suerte de conseguir una beca lo cual significó que podría estudiar en Central School por tres años." Gael afirma que en aquel tiempo no pensaba seriamente que la actuación pudiese ser una carrera profesional. Veía en el arte más bien una disciplina capaz de darle una forma particular de ver el mundo: "Mi sueño verdadero por aquellos años era entrar a una compañía teatral. Viajar por todo el mundo con ella y estar en Inglaterra... o en México." Ha dicho que también coqueteaba con la idea de volver a México para terminar su carrera de filosofía en la UNAM.

Algunos compañeros interpretan este periodo de formación de Gael en forma distinta. Diana Bracho, por ejemplo, una de las actrices más distinguidas de México, afirma: "Su dedicación al oficio se demuestra en el hecho de que haya decidido estudiar teatro y que preparara una audición justo para The Central. Me consta que fueron días muy difíciles para él." Puede que la vocación del teatro no haya sido tan fortuita como quiere ver Gael. A menudo es difícil mirarse a uno mismo con objetividad. Juliette Binoche comentó con

Gael que la actuación debe haberle significado mucho. Después de todo estudió haciendo muchos sacrificios. Si tomamos en cuenta que en México tenía la vida arreglada. Gael respondió: "Nunca pensé que fuera pesado lo que estaba viviendo en Londres. Aunque ahora que lo veo en retrospectiva me doy cuenta de que sí lo fue. Pude haber tratado de ir a cualquier otra parte. Al menos estudiar en un lugar en el que no fuese tan difícil vivir y luchar, como en Londres cuando no tienes dinero." Los tiempos eran difíciles (tanto por la ciudad como por lo demandante de los estudios), la beca que consiguió le dio espacio. Pudo acomodar sus tiempos: estudiaba en la mañana y trabajaba en la tarde.

Gael ha dicho al *Telegraph* que en el bar cubano en que trabajaba, inventó un coctel especial, una bebida diseñada no para los clientes, sino para los cantineros cuando llegaba la hora de cerrar: llegando al trabajo, metía vasos cortos y húmedos en el refrigerador; cuando terminaban su trabajo, los sacaba y los llenaba hasta el borde con su "reserva secreta" de vodka. Todo normal hasta aquí, pero el golpe de gracia consistía en añadir tres o cuatro gotas de salsa tabasco. Las gotas parecían descender por el vodka "como un río de lava ardiente." Y nombró a su creación: "Vete al infierno" (*Go to Hell*). El trabajo era duro y a menudo aburrido, pero había tiempos buenos. Los compañeros de Gael que todavía trabajan en el Cuba Libre lo recuerdan como un tipo amigable y el actor, cada que viene a Londres, los visita. El Cuba Libre es lugar obligado en cada una de sus visitas a la capital inglesa.

Aparte del problema de la supervivencia, hubo otros asuntos implícitos en esta ciudad fría, confusa e impersonal: "La comida y el clima fueron las cosas a las que más tiempo tarde en acostumbrarme", ha dicho. "Pero al final decidí tomarlo relajado. Decidí o me di cuenta de que hay cosas a las que nunca te acostumbras del todo. Cuando llegas a vivir a un nuevo lugar, tienes que contentarte haciendo que las cosas funcionen más o menos para ti."

Hubo ciertos aspectos en la capital de la Gran Bretaña que lo tomaron por sorpresa. Cuando llegó a Londres tenía la expectativa romántica de sumergirse en los esplendores de una ciudad vibrante, con música de vanguardia y de gran actividad cultural; pero el actor no estaba preparado para la apatía que encontró, sobre todo en el terreno político. Ha declarado varias veces lo que significó para él descubrir que los ingleses preferían gastar su tiempo sentados en el *pub* frente a una buena cerveza o sometiéndose a exámenes farmacéuticos (para conseguir dinero), en lugar de buscar actividades políticas. "Creo que mi actitud tenía que ver con la educación de mi familia. Mi familia trabajaba en el teatro alternativo, *underground;* esto produjo, tal vez, que me hiciera pretencioso; incluso *snob*", concluye.

Es posible que la cuestión haya tenido que ver con el enfrentamiento cultural. Y es que Inglaterra puede tener algunos problemas, pero en el terreno político no hay nada excéntrico o emocionante, sobre todo si uno se pone a comparar con la política mexicana que, sobre todo en aquellos tiempos, padecía una cínica injusticia social; aunque habían comenzado a girar en México nuevas propuestas políticas y sociales. "Fue difícil el cambio entre México y la Gran Bretaña", ha dicho. "En mi país uno suele estar muy politizado, existe la conciencia de que cualquier cosa que hagas tiene una complejidad política. Así son las cosas: con quien hablas, a dónde vas, los sitios que frecuentas, dentro o fuera de tu colonia, todo tiene una profunda implicación política, social e incluso sexual."

Gael dice que mientras en el Distrito Federal podía darse el lujo de vivir "20 personalidades distintas con 20 tipos de vida distintas", en Londres cuando llamaba a sus amigos para decirles "vamos aquí, o vamos allá", a menudo le daban la misma excusa: "no, ¿sabes? Quiero pasármelo tranquilo". Otra observación que ha hecho de la vida en Londres es que allá la gente suele meterse temprano a sus casas. Se van a pensar, dormir o hacer la limpieza. "Londres es una ciudad que te obliga a verte a ti mismo. Fomenta la introspección", afirma. Sin embargo, Gael hizo buenos amigos en la capital inglesa.

Fue en Londres que conoció a Pablo Cruz, quien se volvería años más tarde (junto con Diego Luna), su socio en la fundación de Canana Films. Pablo cuenta una anécdota divertida: Gael le pidió que fuera su aval cuando finalmente encontró en la ciudad un departamento que se adecuaba a su presupuesto y sus expectativas. Cruz firmó una carta en la que Gael aseguraba que estaba a punto de protagonizar una serie de televisión que, por supuesto, era ficticia. Cuando Pablo presentó la carta a la casera, notó que Gael había exagerado: la casera le preguntó: "¿Oye, es cierto que Gael es hermano de Andy García?"

Ludwika visitó Inglaterra cuando terminó la preparatoria: "Fui, pero no a Londres, a Oxford. Vivía con una amiga que ya tenía tiempo en esa ciudad. Quería aprender inglés." La estancia de Paleta en Londres fue relativamente corta: "dos meses antes de venir de vacaciones, conocí a mi futuro marido, tres meses después decidí que mejor no entraría en la escuela de teatro, como había pensado." Paleta volvió a México, pero guarda hermosas memorias de Inglaterra en general y de Londres en particular: "Iba a la capital cada fin de semana y me quedaba en el departamento en que vivía Gael. Cuando comenzaron los estudios de inglés, me daba tiempo para ir a verlo. Llegaba a Londres y nos íbamos a pasear con sus amigos de The Central."

Cuando Gael llegó a Londres no conocía absolutamente a nadie. Lo más firme, en todo caso, era un contacto: la dirección de un amigo anotada en una hoja de papel. Sus primeras semanas la pasó durmiendo en apartamentos de diferentes personas. Andaba errante buscando la opción más barata para dormir y procurando no cargarse de compromiso. Entrar a The Central School significó la posibilidad de conocer caras nuevas en Londres, relacionarse con estudiantes, con gente parecida a la que trataba en México. Más adelante, se cambió a un piso que compartía con un amigo en *Finsbury Park* y en Londres vivió en los barrios de Kilburn Golders Green, Stoke Newington y Muswell Hill, entre otros. Ludwika cuenta: "Gael vivía en una casa de dos pisos que sus padres le ayudaron a rentar. Estaba muy lejos del centro, un autobús y una línea completa del metro, según recuerdo."

El metro (*The Tube*, como le llaman los londinenses) trae a García Bernal recuerdos agridulces: "Tengo toda clase de reminiscencias con respecto al *tube*: atmósferas, olores; humedad y sudor. Estar en el *tube* en verano me trae todavía a la memoria las veces que estuve en ese lugar. Tal vez la mayor parte de mi retrasada adolescencia en Londres." Sea cual sea esta "retrasada adolescencia" de la que habla, la vida en *The Big Smoke* lo obligó a crecer con rapidez: "Es cierto que hay millones de personas que viven así, como yo estaba viviendo, sin dinero, sin familia y sin el apoyo de nadie, aquel tiempo me estaba resultando difícil hacer que las cosas despegaran. Sin embargo, Londres te lanza hacia el interior de ti mismo, a la introspección. Es una característica de esta ciudad que no tiene ninguna otra de las que conozco. Es una introspección hecha de soledad." Conocerse en semejante soledad no resultó, al final, mala cosa. Cuando menos desde el punto de vista profesional: "Londres es un lugar perfecto para comenzar tu carrera. Es una ciudad en la que parecería que hay un millón de lanzas apuntando a tu ser interior y tienes que aprender a vivir con ello, entrar en ti, mirar tus demonios, afrontar tus pensamientos", ha dicho a la revista *Time Out*. "Tal vez sea por esto que los británicos tienen tan buenos actores y actrices." Y tal vez por esto justamente, por la introspección, Gael haya llegado a ser un gran actor.

Cuando se le pregunta con respecto a las diferencias concretas de la aproximación británica al arte del teatro, García Bernal responde espontáneamente: "En México la actuación tiene raíces en una tradición que nació en Rusia, en el este europeo; se trata de una especie de 'vamos a dejar las cosas bien claras antes de comenzar a actuar, tenemos mucho que pensar'. En la tradición inglesa uno se levanta y, nada más, hace las cosas." Gael encontró ventajas en esta actitud de "deja de darle vueltas a las cosas y ponte a hacerlas: Fue para mí una experiencia estupenda explorar el teatro desde este punto de vista. Ponerme en el escenario y verme haciendo cosas de las que no tenía ni idea."

Gael dice que los actores ingleses tienen más confianza en sí mismos que sus colegas en cualquier otra parte del mundo. Subraya el papel de la audiencia como un elemento fundamental: "El público inglés analiza seriamente lo que está viendo." Con respecto a sus contemporáneos en Inglaterra, afirma: "Son asombrosamente concretos. Dejan que la complejidad salga de ellos mismos. Tienen confianza en lo acertado de sus decisiones, porque saben lo que está sucediendo al interior de su vida."

García Bernal da a su entrenamiento en Londres el mérito de desarrollar una técnica que directores de distintas nacionalidades y generaciones aprecian en él. Estas declaraciones adquieren dimensión cuando uno escucha la convicción con la que Gael habla sobre sus estudios de teatro. En una entrevista pública organizada por el periódico *The Guardian* en el National Film Theatre, el moderador le preguntó: "¿Qué importancia concedes al estudio de la actuación?" García Bernal contestó:

> Es imprescindible. Soy un firme creyente en las bondades de la escuela. Cualquiera que quiera ser actor tiene que ir a una escuela de teatro, porque es ahí donde puedes experimentar toda clase de cosas. En la escuela puedes echarlo todo a perder y no sucederá nada. Es un sitio seguro para ti, estás a salvo y puedes lanzarte fuera de ti; aprender a darte. Es cierto, vas a llorar, vas a pasártelo mal, pero vale la pena por ese despertar fuertísimo que vas a sentir: el despertar de ese 'algo' que vive dentro de ti. Hay buenas y malas escuelas de teatro; buenos y malos maestros, pero esto no es lo importante, es la forma en que aprendes a recibir las cosas independientemente del día o tu estado de ánimo. Por eso estoy convencido de lo importante que es aprender a abrirte a la interpretación subjetiva de tu trabajo. Una inaprensible percepción subjetiva de la gente es lo único que tienes cuando sales de la escuela. Las ideas que la gente se forma con base en tu trabajo. Puede que tengas una idea más o menos clara o verosímil de lo que eres y de lo que estás haciendo, pero cuando estás arriba, en el escenario te pierdes y es justamente eso lo que tienes que hacer: perderte, no saber qué carajos estás haciendo, dejarte devorar por el torbellino esperando que, tal vez, haya alguien al final para recibirte. Esto es actuar y el trabajo del director es esperarte al final del torbellino. Tiene que ser él quien te acoja, quien te atrape, quien te sostenga. Si todo esto sucede, la audiencia lo agradece. Agradece que les hayas permitido tener fe en algo tan increíblemente desconocido. En fin, que para aprender todas estas cosas, creo que es básico estudiar en una escuela de teatro.

Los cursos en Central estaban divididos en el siguiente currículo: actuación, movimiento, trabajo con la voz y *clown*. Los alumnos participan en producciones teatrales que ellos mismos montan con asesoría de los maestros. Uno de los primeros trabajos escénicos de Gael fue en *Las tres hermanas* que dirigió Alain Dunnet, su tutor artístico durante el tiempo que estudió en Central School. Dunnet recuerda muy bien a su joven alumno mexicano. Lo recuerda entregado y humilde. Humilde en el mejor sentido de la palabra: capaz de dar.

Gael García trabajó también en *Madre coraje y sus hijos* bajo la dirección de Peta Lilly. Fue una coproducción con el *Youth Music Theatre*. Lilly era tutora de Gael en la clase de *clown*. Bertolt Brecht escribió *Madre coraje* en 1939. La historia gira en torno a la madre temeraria que da título a la pieza, una mujer dispuesta a obtener algo de dinero usando la guerra a su favor (la Guerra de los Treinta Años en este caso), pero termina perdiendo a sus dos hijos durante el conflicto. Gael García interpreta al más joven de los vástagos de la madre temeraria: Swiss Cheese.

Sin presupuesto para comprar utilería, Lilly tuvo una idea: hacer una obra de teatro dentro de una obra de teatro. La pieza terminó siendo la historia de un grupo teatral formado por indigentes del norte de Londres que estaban montando una obra de teatro callejero. ¿Cuál? *Madre coraje* de Bertolt Brecht, evidentemente. Con este recurso, un carrito de compras haría de automóvil, una escoba sería un fusil y, en fin, todos los objetos de utilería podían improvisarse con toda facilidad.

La idea de la profesora Lilly requería que los estudiantes construyeran no sólo a un *clown* con los personajes de Brecht, sino que hicieran a un *clown* indigente, el de la obra callejera. Uno de los muchachos decidió interpretar a un mendigo que predica y lanza sermones sobre una caja de jabón; otro a uno que se prostituye en las calles de Londres y Gael... "vino y preguntó: 'Oye, ¿puedo interpretar a uno que todo el tiempo está drogado?' Le dije que sí, claro. Todo el tiempo estaba en papel", dice la señora Lilly: "Tal vez haya tenido formas particulares de dar vida a su personaje." Como había tantos estudiantes para una obra en la que no hay tantos papeles, solían intercambiar los personajes. Había cuatro interpretes de la *Madre coraje*, y sin embargo Gael siempre hizo a Swiss Cheese. Recuerda la maestra. "Tengo años montando esta obra y siempre encuentro espacio para que todos intercambien sus papeles, pero el de Gael era tan particular y el muchacho estaba tan involucrado en el suyo que preferí dejarlo en paz. La verdad es que todos los otros estaban más preocupados en demostrarle a sus tutores esto o aquello, pero a Gael no le importaba en absoluto lo que pensáramos porque estaba profundamente convencido de lo que estaba haciendo."

Gael García era un estudiante impuntual, malo para un alumno de teatro (valor fundamental para un actor); no obstante, cuando hizo la obra de Brecht en el segundo año de estudios en la Central, adoptó una actitud diferente: "Fue sorprendente verlo llegar a tiempo", recuerda la profesora Lilly. "Era tan profesional, no sólo en el empeño que ponía en los ensayos y en el trabajo en equipo, sino en su forma de interpretar, me parece, venía desde muy adentro. No sobreactuaba, su personaje tenía una profunda vida interior. Una vez hicimos una representación en la noche y aunque era tarde, la audiencia estaba muy metida en el trabajo de los muchachos. La obra es larga y no tiene intermedios, parte de la disposición de la audiencia era Gael. Durante una escena, *Swiss Cheese* es brutalmente asesinado, al tiempo que el predicador lanza sermones parado en su caja de jabón. Y es que Gael era adorable así que todos estaban conmovidos, lo resolvimos con luces intermitentes que dejaban ver las escenas en que dos soldados lo torturaban y golpeaban hasta asesinarlo mientras él estaba amarrado a una silla. Fue una escena muy conmovedora."

En el aula, Gael García Bernal demostró tener el mismo compromiso que había conseguido en las tablas. "En mi seminario de *clown* se entregaba tanto como en el teatro. Es muy significativo, porque en aquel tiempo Gael ya había conseguido su papel en *Amores perros*. ¡Me lo contó como si nada! Estaba a punto de irse a filmar *Amores perros* y seguía comprometido en este trabajo, como cualquier alumno."

La última puesta escénica en la que trabajó para la Central School fue *The Lights*, dirigida por Kristie Landon-Smith, cofundadora de la compañía teatral Tamasha. Gael García causó una magnífica impresión en la directora: "Era fabuloso trabajar con él, más que con cualquier otro estudiante", afirma. "Había en sus movimientos un aire fresco y era muy sorprendente en todo lo que hacía, en cada ensayo se reflejaba su frescura; en cada representación, lo cual significaba muchas expectativas porque cuando aparecía en el escenario cada movimiento, lo sentías, era vivo, real. Un tipo extraordinario, sin duda." *The Lights* fue escrita por Howard Korder. La obra gira en torno a la vida de los barrios bajos de Nueva York. El grupo de Gael en Central School interpretó *The Lights* sólo cuatro veces, pero Gael tuvo siempre uno de los papeles principales: "Tenía cualidades fantásticas para la improvisación. Recuerdo haber tenido el texto frente a mí, estarlo leyendo y sin embargo decirme: '¿está improvisando? No, está diciendo exactamente cada línea'. ¡De verdad!, tenías que leer línea por línea para darte cuenta de que seguía el libreto con toda puntualidad. Te sorprendía encontrar ahí lo que el muchacho estaba diciendo en el escenario, delante de ti", concluye Landon-Smith.

"Gael García tiene, además, un gran sentido del *timing*, ese tiempo propio del hecho teatral o fílmico. Esto implica que puede ser muy interesante porque sus personajes quedan abiertos. En general, los muchachos que comienzan a estudiar teatro, tratan de cerrar completamente las cosas, explicarlas, completarlas, en cambio a Gael le gusta dejar abierto el carácter de sus personajes. Lleva a sus últimas consecuencias cualquier interpretación." Con esta afirmación de Landon-Smith confirma la claridad que Gael dice haber obtenido gracias a la forma enigmática para construir a los personajes en la Gran Bretaña. La directora hace notar que la aproximación de Gael al arte histriónico muestra una disciplina distinta a todo lo que hubiera visto en Inglaterra. "No sé si tenga que ver con el hecho de que sea mexicano, pero puede ser. Era divertido. Llegaba al último. Uno lo veía entrar apurado y no podía dejar de pensar: 'ya me imagino lo que estuvo haciendo toda la noche'. Y sin embargo, en cuanto comenzaba a trabajar, se sumergía en su papel, se concentraba en la obra por completo. Nunca se entregó a medias, actuaba completamente involucrado en su personaje."

A veces le resultaba intolerable hacer lo mismo dos veces. La mayoría de los estudiantes de teatro se repiten y hacen las acciones escénicas una y otra vez, pero Gael siempre quería cambiar al menos un poco, porque es un actor instintivo. "Nunca he visto este tipo de cualidad en nadie. Y déjame decirte que he trabajado con muchos actores jóvenes talentosos. Actores que ahora tienen brillantes carreras." Afirma. Gael mismo estaba a punto de embarcarse en una brillante carrera: "Ahora me causa gracia. Me decía: 'oye, estoy haciendo una película de bajo presupuesto en mi país y quisiera pedirte tiempo para prepararme, ¿puedo faltar el viernes?', yo lo miraba y le respondía, 'por supuesto que sí, Gael'. Resulta que esa misteriosa película 'de bajo presupuesto' era *Amores perros*."

Los estudios de Gael en Central estuvieron a punto de impedir que actuara en la película que lo lanzaría a la fama. García Bernal fue invitado a trabajar en *Amores perros* a la mitad de su segundo año en la escuela. Era el tercer semestre y la escuela tiene criterios muy estrictos. Estaba claramente escrito en el reglamento que los estudiantes no podían trabajar en ninguna pieza "profesional" al menos durante los primeros dos años de sus estudios. Alejandro González Iñárritu se vio obligado a venir personalmente a la Central para explicar que contaba con el consentimiento de los padres del alumno. El director llegó a un acuerdo con la dirección de la escuela: permitieron que Gael hiciera la película, pero sólo durante las cuatro semanas de vacaciones de Semana Santa. Así no perdería ninguna clase.

La filmación tuvo lugar en la ciudad de México, en abril de 1999 pero, como suele suceder, hubo un retraso en el calendario lo cual significó que Gael no podía regresar a Londres a tiempo para comenzar los cursos de verano. Estaba muy preocupado de que lo expulsaran. Explica a la audiencia del National Film Theatre:

> Le dije a Alejandro que podrían correrme si no volvía a tiempo a Londres. Llegamos a una solución al problema digamos, muy latinoamericana. Me dijo que tenía un familiar que era el director de un hospital y que me podía dar un certificado médico diciendo que había contraído una exótica enfermedad tropical en mi última visita a México. ¡Resultaba perfecto! Sobre todo porque cuando regresé a Londres no tenía pelo porque me lo cortaron en *Amores perros*. Todo mundo se lo creyó por completo y sólo perdí una semana de clases lo cual no fue tan terrible. De cualquier forma mi maestro de movimiento me pidió que lo tomara con calma y algunos compañeros me enviaron a México postales con buenos deseos para que me recuperara pronto, así que también me sentí un poco avergonzado.

Al año siguiente, Gael regresó a México para trabajar en la filmación de *Y tu mamá también*. Era su tercero y último año en la Central cuando llegó la noticia de que *Amores perros* había sido seleccionada para presentarse en el Festival Internacional de Cine de Cannes. Su carrera parecía asegurada con o sin diploma de la Central; y el actor decidió dejar la escuela una vez que completó siete de los nueve trimestres que necesitaba para recibirse. Haber dejado la escuela le causa cierto arrepentimiento. "Tal vez, ahora que lo pienso, creo que hubiera estado bien volver a mis clases de actuación", ha dicho. "Pero estaba muy joven y preferí encontrarme con la vida de frente y no regresar a las aulas."

A pesar de que dejó de asistir a la Central, Gael siguió viviendo en Londres. Hizo base en la capital inglesa durante varios años, aunque al principio se trataba de una comodidad frívola: "Había traído tantas cosas de México que mudarme con todo eso me daba una flojera inmensa." Para un ídolo en ascenso no vivir en su propio país ofrecía algunas ventajas. "En Londres mi vida fue calmada. Y me gustaba. Tengo amigos, pero prefiero salir con ellos en un ambiente de lo más natural", ha dicho.

La ciudad tenía sus propias maneras de incorporar a un actor tan profesional. En Londres, Gael recibió la propuesta para trabajar en *The Last Post*. También allí recibió la propuesta para trabajar en Almería, España, en una aparición especial en la serie televisiva *Queen of Swords*, una historia tipo *El Zorro* en la que Gael interpretó a uno de los hombres que captura al malvado gobernador Montoya. Puede que no haya sido un gran momento en el conjunto de su carrera, pero sirvió para pagar las cuentas.

En el verano del 2001, Gael García Bernal fue invitado a participar en el proyecto *Lilly and the Secret Planting*, en Londres. Ensayaron y todo estaba listo para que Gael filmara en agosto, pero el proyecto se cayó después de las dos primeras semanas de filmación, Wynona Ryder —coestelar en la película— se enfermó. Una vez que la producción tuvo claro que Ryder no regresaría a filmar, se hicieron intentos por trabajar con Kate Winslet aunque finalmente la producción se desmoronó.

García Bernal filmó una película en la capital de Inglaterra. Un año después del fracaso de *Lilly and the Secret Planting* (en verano del 2002) *Dot the i* llegó a las pantallas. A *Dot the i* le siguió *Los diarios de motocicleta*. Su futuro fílmico había comenzado a de-

En *La ciencia del sueño*

mostrar que su destino no estaba en Londres. Un entrevistador de la revista española *Fotogramas* preguntó a Gael, en diciembre del 2001, qué le daba la vida en Gran Bretaña. Contestó: "Muchísimas cosas, tener mi propia casa en Londres es algo que me hace muy feliz." Las condiciones cambiaron y en abril del 2004, la misma revista le preguntó que por qué dejó la famosa casa que tan feliz lo había hecho. Esta vez contestó: "La respuesta es simple: vivo en México y no puedo mantener una casa en Londres. Mira, estoy haciendo cine en América Latina, no he hecho un solo filme en Hollywood, todo mundo sabe que cuando trabajas para Hollywood es cuando llega el dinero grande. El cine en América Latina deja poco. He hecho cinco películas y todavía estoy corriendo de aquí para allá porque tengo que pagar la renta de mi departamento." Con respecto al cambio de residencia de Londres a México, dijo al diario *The Sunday Herald*: "Es un poco triste, pero he decidido vivirlo como un rito de transición: a veces hay que dejar el lugar en el que has estudiado. Es difícil explicarlo, pero recuerdo haber estado en México y querer vivir en cualquier otra parte. Comenzó a sucederme lo mismo en Londres. Fue como haber estado hambriento de una cosa de la que de pronto me sentí satisfecho."

La oportunidad de volver a la capital inglesa se presentó en 2005. Gael fue a Londres para preparar su participación en *Bodas de sangre* de Federico García Lorca. La obra le permitió volver a pisar los teatros de la capital por primera vez desde que había dejado la escuela. El deseo de volver a Londres era grande. Se involucró en el proyecto y pasó todo el verano trabajando en el Almeida. Durante el tiempo en que hizo *Bodas de sangre* estuvo viviendo en *Shoreditch* justo a la vuelta de la esquina del bar Cuba Libre en el que comenzó a trabajar cuando no tenía un centavo y era sólo un actor joven y aventurero. Como ya se dijo, cuando Gael aparece por Londres le gusta ir al Cuba Libre. Contempla su propio pasado y disfruta del curso que ha tomado su vida desde la primera vez que pisó esa ciudad.

El inglés de Gael mantiene una sonora musicalidad británica que juega un papel fundamental en el destino del talentoso actor mexicano.

La aventura de *Amores perros*

Gael estaba tomándose una cerveza en un bar londinense cuando recibió una llamada: era Alejandro González Iñárritu que quería preguntarle si estaría interesado en trabajar con él en el proyecto de *Amores perros.*

Apenas comenzaba el año de 1999, pero el proyecto de *Amores perros* ya tenía una larga y complicada historia. Alejandro González Iñárritu y Guillermo Arriaga (el guionista de la película) se conocieron en 1997. Iñárritu era un exitoso director de comerciales que trataba de levantar su primer largometraje, para lo cual necesitaba un guionista. Un trabajo de Arriaga le había llamado la atención así que, *El Negro* Iñárritu, le echó un telefonazo para formalizar una reunión. Guillermo comenzó a escribir la historia que Iñárritu le propuso. Era una comedia ligera, pero al final el guionista se sintió atorado: le resultaba difícil desarrollar ideas de otros autores. Arregló una nueva reunión con Iñárritu y le propuso un proyecto completamente distinto; un guión coral en el que convergían tres historias paralelas. Esta idea germen terminaría siendo *Amores perros*, un acontecimiento de grandes magnitudes tanto entre la crítica como entre el público. *Amores perros* fue un éxito inusitado no sólo en México, sino en el resto del mundo: una victoria del dinamismo y la iniciativa frente a la adversidad que implica hacer cine en América Latina. Pero hay que decir que fueron requeridas una serie de coincidencias inusuales para dar a González Iñárritu y a Guillermo Arriaga la plataforma que necesitaban. Una particularmente feliz fue que mientras Guillermo y Alejandro exploraban ideas para escribir el guión, en México se constituía un ambicioso grupo empresarial enfocando sus esfuerzos en la creación de una productora de cine mexicano: *Altavista Films.*

Antes de *Altavista*, la producción de cine en el país era patrocinada por el gobierno. Los inversionistas privados comenzaban a

Una escena de *Amores perros*, con Vanessa Bauche

mirar con ganas al sector del arte audiovisual. Compañía Interamericana de Entretenimiento (CIE) era una exitosa firma que se dedicaba a la industria. Los ejecutivos de la CIE estaban seguros de que a pesar de que el ingreso al cine se había deprimido desde la Edad de Oro del cine mexicano, era posible recuperar a la clase media del Distrito Federal para alimentar las taquillas. La plataforma parecía puesta para comenzar un cine nacional enfocado a una audiencia joven e inteligente. *Altavista* tenía dinero para apostar en el cine, pero no era un jarro sin fondo y hacer cine es una industria costosa en México y en cualquier parte. El dinero era demasiado poco para nombres conocidos o grandes efectos especiales así que necesitaban levantar proyectos orientados al área del director. Hicieron diversas convocatorias y los guiones comenzaron a fluir.

Con Federico González Compeán y Martha Sosa a cargo de descubrir las historias que tenían mayor potencial, el dúo de Iñárritu y Arriaga destacó entre los otros. En verano de 1998, Sosa hizo un primer acuerdo de derechos con los autores y en noviembre de ese mismo año, las compañías gemelas CIE, *Altavista* y SYNCA Imbursa otorgaron a *Amores perros* el visto bueno para obtener un presupuesto de 2.4 millones de dólares. Del total de ese dinero, 82% venía directamente de *Altavista* y 14% de *Zeta Films*, la propia compañía productora de Alejandro González Iñárritu. "Fue un riesgo enorme", dice Compeán, "incluso irresponsable. Era el mayor presupuesto que se había otorgado a una película mexicana. Pero después de leer el guión y conocer el talento de Iñárritu, su trabajo con actores, su eficiencia en comerciales y campañas televisivas; viendo su entusiasmo y su obstinada tenacidad, Alejandro Soberón, el principal ejecutivo de CIE, Martha Sosa y todo el equipo, dijeron: '¡Está bien, vamos a hacerla!'"

Los ejecutivos de la CIE conocieron a Alejandro González Iñárritu en los tiempos en que trabajaba para WFM. CIE donaba boletos para conciertos *pop* y *rock* e Iñárritu los repartía en diversas emisiones radiales. Alejandro había incursionado en la dirección, aunque hay que decir que su primer trabajo distaba de ser un éxito desde cualquier punto de vista, pero en la década de 1980, Iñárritu tenía 23 años. Después se convirtió en uno de los presentadores de radio preferidos; abandonó el cine para ser productor y director de la estación de radio, WFM.

En la década de 1990, *El Negro* dejó la radio para entrar a la televisión. Tomó las riendas de la sección publicitaria de la televisora más grande de México, Televisa, y con las ganancias aprovechó para fundar *Zeta Films*, combinación perfecta entre productora de cine y agencia de comerciales. Se convirtió en un poderoso competidor en el enorme mercado publicitario de México. González Iñárritu, consolidado como uno de los dueños de la publicidad televisiva decidió incursionar en la producción y dirección. Por desgracia el piloto de una serie en la que invirtió mucho trabajo, *Detrás del dinero*, no llegó a las pantallas. Cuenta Compeán: "Mucha gente pensó que estábamos locos: hacer una película con un director de comerciales. ¡Qué estúpida manera de tirar el dinero! ¡Qué capricho tan exquisito perder millones de dólares con un novato que hace anuncios y anuncios de radio, para acabarla! Lo bueno es que fuimos nosotros los que soltamos la última carcajada."

Arriaga tampoco era nuevo en la industria fílmica de México. Era un escritor con cierto éxito en la literatura. Una novela suya se había adaptado al cine: *Un dulce olor a muerte*, estelarizada por Diego Luna. Como sea, el filme no parece haber satisfecho a Arriaga de ninguna manera, su participación en esta película fue mínima.

El caso es que *Altavista*, Iñarritu y Arriaga firmaron el contrato que daría origen a *Amores perros*, pero convinieron en cinco puntos fundamentales: sería una película coral con tres historias sucediendo alrededor de un accidente automovilístico, el trabajo de cámara sería de tipo documental y la copia final sería repintada, las peleas de perros serían filmadas con cuidado, el reparto tendría que incluir sólo a actores desconocidos y el soundtrack tendría que ser un hitazo. Alejandro González Iñárritu y Guillermo Arriaga comenzaron a trabajar en el primer tratamiento y consiguieron un primer borrador de 160 páginas. Y 36 versiones más tarde, se sintieron satisfechos.

El hecho de que el proceso resultara tan largo tuvo que ver con que el director y el guionista comenzaron a tener diferencias. Su visión de la película resultaba contrastante en varios asuntos, así que *El Negro* y Arriaga pidieron ayuda a amigos comunes. Antonio Urrutia, director de *De tripas, corazón* entró a aliviar las tensiones e invitó a Alejando y a Guillermo a su casa de campo. Fue un largo fin de semana que redundó en acuerdos y resultados del todo positivos para el proceso creativo.

La premisa básica consistía en hacer interactuar las historias de tres personajes diferentes (y sus perros) usando como punto de unión un choque automovilístico. La primera historia trata de un muchacho que descubre que la mascota de la familia es en realidad el rudo jefe canino del barrio: el adolescente entra a peleas de perros para conseguir dinero. La segunda historia gira en torno a un perrito consentido que se pierde bajo las duelas del elegante departamento que ha adquirido su ama recientemente. La tercera, es la historia de un viejo vagabundo que camina por la ciudad aparentemente sin rumbo, seguido por una corte de perros y pensando en los caminos que ha seguido en su vida; fue un guerrillero que quiso luchar por la libertad del pueblo mexicano.

Los tres cuentos parten de una anécdota real: cuando era un muchacho, el perro de Arriaga mató al perro del jefe del barrio, el campeón de las peleas. A Iñárritu alguien le contó la truculenta historia de un perrito perdido bajo las duelas de un piso y cuyo cadáver fue devorado por las ratas. Por su parte, Arriaga escuchó la historia de un maestro universitario que había dejado su vida familiar y académica para unirse a la guerrilla mexicana: nadie más supo que sucedió con él.

Las vidas de los perros y sus dueños chocan en el sentido más literal de la palabra en un tremendo accidente automovilístico. El primer auto es conducido por Octavio (Gael García Bernal). Octavio está huyendo por la ciudad luego de una pelea de perros que terminó en pelea de humanos. Octavio entra a las peleas de perros porque ve en ellas la posibilidad de hacerse de dinero y como está enamorado de su cuñada (con quien tiene un apasionado *affair*) quiere ahorrar para llevársela lejos de la opresiva casa que comparte con su mamá y su brutal hermano (el esposo de su amante). En el segundo automóvil viene la hermosa y joven modelo Valeria: su amante, Daniel (un hombre mayor que ella) acaba de dejar a su mujer y a sus hijos para cambiarse al lujoso apartamento que acaba de adquirir; Valeria sale a comprar una champaña para brindar. Pronto se encuentra atada a una silla de ruedas, con la carrera tan destruida como sus huesos y confinada al departamento en el que había puesto tantas ilusiones.

Pasa el tiempo compadeciéndose y tratando de sacar al perrito que se ha perdido bajo las duelas del piso. El choque lo observa El Chivo, un viejo sucio, un aparente mendigo que pasa la vida recordando sus días de juventud, cuando dejó casa y universidad para unirse a los revolucionarios de México. Decepcionado tal vez de la guerrilla (el asunto no es muy explícito en la película) se dedica a observar de lejos a la hija que abandonó. Una muchacha que no tiene idea de lo que ha sido de su padre. Amargado por sus experiencias, El Chivo se gana la vida como matón a sueldo. Lo acompaña un séquito de perros que ahora son sus únicos compañeros. Luego de presenciar el aparatoso accidente entre el muchacho y la modelo, El Chivo rescata al perro de Octavio; lo cuida y lo alimenta hasta que recupera la salud. Sin embargo, el animal, acostumbrado a la vida que le ha dado su dueño sigue sus instintos y un día en que El Chivo no está en casa, mata a los perritos que han sido sus compañeros.

Además de seguir tres historias individuales, la película ofrece una continuidad temporal; Arriaga ha dicho que la primera historia habla de su propia infancia, cuando creció en la Unidad Modelo, un barrio de clase media de ambiente violento e incluso criminal. La segunda historia de *Amores perros* habla sobre el enamoramiento sexual del hombre de edad madura que deja todo por seguir la belleza de la juventud. Y la tercera de un viejo que mira hacia atrás en su vida con un dejo de amargura y desaliento. Arriaga continúa dando claves: "Pensamos que era fundamental que todas las clases sociales se vieran representadas en esta película. Además, la primera historia está contada en tiempo pasado, la segunda en tiempo presente y la tercera en futuro, todas ellas usando la temporalidad como *leit motiv* temático. Así, teniendo en cuenta que la última historia termina con un rayo de esperanza —toda vez que hemos llegado al último círculo del infierno— queríamos dar la idea de que es posible la redención a través del amor."

Como puede verse, la historia trata efectivamente de "amores perros", un título que hace juego con la idea de que los animales son un poco como sus amos: un niño inocente y un perro inocente se terminan volviendo asesinos; una hermosa mujer y un hermoso perro se encuentran atrapados en un infierno y un asesino a sueldo se mira en el espejo de su contraparte canina.

El papel del asesino es interpretado por Emilio Echevarría, el actor más experimentado en el reparto de la película y que cuenta con una sólida carrera a sus espaldas: ni él ni Gael tuvieron que audicionar porque Alejandro estaba interesado en que ambos actores se involucraran en el proyecto desde el principio. A García Bernal lo conoció en una filmación de comerciales que hizo para televisión, en Music Television (MTV) —*El Negro* produjo una serie de clips ganadores para la industria de la publicidad—; y en uno de ellos, el guión requería a un niño que llorara sentado en la soledad de su recámara. García interpretó a ese niño y la profundidad y dedicación que puso en un papel aparentemente pequeño impresionó al director. Años más tarde, Gael bromearía diciendo que tuvo que pensar en las desventuras del elefantito *Dumbo* para poder concentrarse y llorar de manera natural.

Antonio Urrutia, director de *De tripas, corazón,* e Iñárritu eran amigos porque habían trabajado en el mundo de los comerciales. Cuando Alejandro comenzó a buscar a su protagónico para *Amores perros,* Urrutia le recomendó a Gael quien había sido su estrella en el documental que le abrió las puertas en Hollywood. Aunque Urrutia le advirtió a su amigo *El Negro* que el muchacho era mejor trabajando con las emociones que con el diálogo. En *De tripas, corazón,* García Bernal habla poco. Sin nada que perder (y con el recuerdo de aquel niño llorando emotivamente en el comercial para *Music Television)* consiguió el teléfono celular del muchacho, le llamó a Londres, le pidió se grabara leyendo cualquier cosa y enviara la grabación a México lo antes posible. Como Gael no había hecho este tipo de audición se sintió un poco desorientado, pero siguió las órdenes del *Negro* al pie de la letra y su formación teatral debe haber pagado dividendos, porque cuando Iñárritu miró el trabajo del estudiante quedó muy impresionado. Y le llamó para decirle "tienes la parte, el guión va para Londres". Cuenta Gael en *The Faber Book of Mexican Cinema:* "Esa intensidad que te golpea en la película está también, desde el principio en la escritura. Me sentí fascinado y emocionado con el ritmo. Estaba bien escrito y además de entretenido era fuerte y conmovedor. Gocé cada una de las cuartillas."

Con respecto al equipo, hay que decir que González Iñárritu tiene un amplio conocimiento gracias a sus inicios en el mundo audiovisual como director de comerciales. *El Negro* y Rodrigo Prieto —el fotógrafo— habían trabajado en muchos comerciales juntos así que conocían a gente de la talla de Brigitte Broch (su directora de producción), Carlos Hidalgo (su asistente de dirección) y Tita Lombardo (su coordinadora de producción) de tiempo atrás. A pesar de que el equipo completo había compartido decenas de experiencias juntos, seguía siendo el primer largometraje de González Iñárritu. Lombardo afirma que lo sintió nervioso desde el principio: "Teníamos años trabajando juntos en comerciales así que fue raro verlo llegar tan nervioso el primer día, aunque en su favor hay que decir que en cuanto dijo 'acción' los nervios se le evaporaron y comenzó a dirigir al equipo y a los actores como lo había hecho durante toda su vida." La filmación fue planeada para durar 10 semanas: de abril a junio de 1999. Gael García Bernal tuvo llamado sólo durante las primeras tres semanas. Para cuando llegó a México, el equipo tenía ya trabajando varios meses en el proyecto. "Alejandro es muy demandante", reitera Hidalgo "así que estuvimos preparando todos los detalles 14 semanas antes del inicio. Es más, durante las últimas seis o siete semanas, trabajábamos 17 o 18 horas seguidas. Cuando comenzamos a filmar, todos estábamos perfectamente adaptados, en sintonía con la historia y el plan del trabajo."

Parte de la preparación incluyó la búsqueda de locaciones, lo cual condujo al equipo a una que otra experiencia en zonas difíciles de la ciudad de México. Hubo momentos tensos: "Todas las escenas de peleas de perros fueron filmadas en un barrio muy jodido que está detrás de Tacubaya. Es un área pesada, pero la locación tenía su encanto y Alejandro se enamoró de ella. Estuvimos yendo antes del inicio del rodaje porque Brigitte Broch, la directora de arte tenía firmado un compromiso con otro proyecto, así que tuvo todo listo antes de que comenzara la película", recuerda Hidalgo. "Un día regresamos al barrio para ver lo que tenía y ¡era brillante!" También "Nos sucedió que mientras estábamos dando vueltas buscando una locación, nos cayó una banda armada. Lo más chistoso es que eran niños de 10 años, 12 a lo más, pero traían pistolas; lo más impresionante es que Alejandro no se dio cuenta de que lo estaban amenazando. Los chavitos lo jalonearon, pero él creyó que era una broma. Seguía hablando por celular y el chavito le apuntaba con una pistola.

¡Claro! Al final se dio cuenta que el asunto iba en serio, que teníamos que darles todo así que... les dimos todo." El caso inevitablemente forzó a un cambio de planes: "Nos sacamos de onda. Y pedimos seguridad para la producción a las autoridades, pero ya sabes, la policía nos dijo que ellos no entraban a ese barrio y sugirieron que si queríamos filmar tendríamos que negociar directamente con los jefes de la mafia de la zona para que la película pudiera filmarse sin problemas." Negociaron, claro. Comenzó la filmación en el barrio y la tranquilidad regresó al equipo: "Usamos extras del barrio. A los chavos les gustaba la idea de salir en una película así que al final se volvieron amigos nuestros. ¡Claro! Los jefes no tenían como que muchas ganas de salir en las pantallas para que no fueran a reconocerlos."

Las peleas de perros implicaron nuevas aventuras en el bajo mundo. Mayores peligros. "Hicimos una investigación muy interesante que incluyó ir a verdaderas peleas de perros. Debo decir que a mí me encantan los animales y es horrible lo que esa gente les hace. Es increíble ver cosas así, la emoción que les da a los humanos el sufrimiento, lo bien que se sienten haciendo sufrir a los perros. Me da escalofríos. El lugar estaba lleno de borrachos, de drogadictos. Era una atmósfera ilegal en todos sentidos." Puede que haya sido pesado, pero los viajes al inframundo de la ciudad de México cumplieron su cometido: "nos ayudó a entender cómo teníamos que filmar las peleas sin lastimar a los animales. Alejandro escogió a un perro para cada pelea con el principal: tuvimos que conseguir 10 perros y de cada uno hicimos 10 maniquíes con el mismo color del pelo. Creamos 10 pares de cubrebrazos, porque los entrenadores de perros agresivos usan cubrebrazos muy especiales. Al final filmamos los *close ups* de las mordidas y usamos los maniquíes para las tomas abiertas. Para esas tomas, cubrimos a los perros con escudos de goma de cera pintados del mismo color de su pelo. Aunque se mordían y se pegaban no pudieron lastimarse de ninguna forma." Pero por más que hayan usado maniquíes y escudos de goma, los animales seguían siendo peligrosos. Para la revista *Fotogramas*, Gael comparó la experiencia con protagonizar una corrida de toros. "Desde la primera toma, recuerdo el miedo que sentí cuando me vi teniendo que controlar a uno de esos animales. Y no fue fácil aprender. Estuvimos tres semanas entrenando con animales que eran verdaderos asesinos. Iban a mordernos si no aprendíamos a hacerlo bien. Me sentía como un torero tratando de controlar a la bestia." Hay un paralelismo interesante hacia el final de *Amores perros*: dos seres humanos que han estado tratando de engañarse todo el tiempo, con el fin de matarse, se encuentran encadenados a una distancia muy corta de una pistola que podría acabar el conflicto. La lucha por destruirse resulta en perfecta sintonía con las peleas caninas.

A pesar de las precauciones que se tuvieron con los perros y de que no hubo ningún animal herido durante la filmación, la Asociación defensora de animales en la Gran Bretaña no pudo resistir la tentación de condenar las peleas de perros. Pidieron a *British Board of Film Classification* que prohibieran la película. Es extraño que estas secuencias no hayan causado semejante impacto en México. Iñárritu reflexionó que las peleas de perros son una realidad cruel, pero que le pareció curioso que en una película que subraya la vida miserable de seres humanos en los barrios de México, lo que más importa en países "desarrollados" son los perros. "No se trata de otra cosa: es fascismo del primer mundo", ha declarado. "Quiero decir: la gente se siente confortada preocupándose de que los animalitos se hieran pero no se les ocurre la idea de hacer algo por ayudar a personas que viven inmersos en la violencia." Agrega *El Negro*: "A mí nadie me preguntó si maté a alguien en un accidente automovilístico, es absurda la preocupación por los perros, no lastimamos a un solo animal." Tampoco lastimaron humanos, claro, aunque el accidente parece muy aparatoso.

Gael García Bernal llegó con sólo dos semanas de ensayos, así que tuvo que poner todo de su parte para estar al corriente. En *The Faber Book of Mexican Cinema*, Iñárritu cuenta que hubo un momento en que se sintió preocupado con él. Gael le preguntó: "Oye, ¿tú crees que Octavio juega tenis? Le respondí, 'qué te pasa, güey, este chavo es un jodido, es un chavito de clase baja'. Comenzó a preocuparme que no hubiera entendido quién era Octavio", dijo. Hidalgo opina que por el hecho de que Gael llegó tarde a la filmación tuvo desventaja con respecto a los otros actores. "Sin embargo, creo que entendió de inmediato que estaba atrasado y que tenía que ponerse listo, ensayar para ponerse a tono." Gael afirma que el entrenamiento con los perros le ayudó particularmente: "Los instintos de estos animales son analógicos a la forma en que Octavio se ve forzado a tomar decisiones en un segundo para decidir su futuro. De hecho, es durante un segundo que tiene que decidir si vive o muere."

Puede que *Amores perros* haya sido su primer largometraje, pero el actor no tuvo ningún reparo en usar sus instintos para improvisar. Rodrigo Prieto, el fotógrafo, recuerda la escena en que Susana le confiesa a Octavio que está embarazada otra vez. Octavio está consternado. Se levanta. Gael García hace que su personaje camine más allá de la marca que Rodrigo le puso en el piso para que no desenfocara. "Llegó tan cerca de la cámara que perdimos el foco", ha dicho Prieto. "Un poquito nada más, pero lo perdimos." Mientras el fotógrafo trataba de arreglárselas para hacer girar la cámara y seguir al actor, algo del equipo de filmación se vino abajo. Gael siguió improvisando la escena, como si no hubiera sucedido nada. Y lo hizo con semejante carga emocional que esta toma fue la que usaron para la edición final. Por otra parte, el hecho de que estuviera cerca del foco le daba a la imagen un sentido de claustrofobia que encajaba con la casa que, en la película, el muchacho comparte con su mamá (interpretada por Adriana Barraza quien, por cierto, volvería a trabajar con él en *Babel*), su hermano, su cuñada y un bebé. Director y fotógrafo tomaron conscientemente la decisión de dar diferentes texturas a los distintos segmentos de la película. Así, mientras la primera historia está construida con tomas cerradas, *close ups* que enfatizan la intensidad de las facciones, la segunda sección echa mano de tomas abiertas y trata de subrayar, en la colocación del lente, lo amplio de la soledad que ha llegado a la vida de Valeria. Por si la razón estética no fuera suficiente, hay otra para el uso de dicha técnica: al filmar a Octavio en cuadros cerrados, su personaje hace crecer a Gael en la pantalla. Durante la secuencia de la persecución, luego de la última pelea de perros, Gael corre frente a la cámara de Prieto, que le sigue los talones y como el actor no es precisamente un gigante, el uso del gran angular ayudó mucho.

"El uso del *close up* tiene la función de hacer que la narrativa en la primera parte sea más íntima. Alejandro estaba consciente de que necesitaba que Gael creciera en la pantalla en sentido literal, porque el chavo es delgado y bajito; quería que el personaje tuviera una fuerza incuestionable así que Prieto decidió contarlo todo cerradito. Es una cosa intencional." Agrega, luego de pensarlo: "sea como sea, Gael tiene una presencia escénica increíble." Iñárritu ha dicho que Gael tiene una relación sobrenatural con la cámara. Muchos críticos hacen referencia a sus ojos en *Amores perros,* a la intensidad de la mirada.

Hacer buen uso de los ojos se ha convertido en piedra angular en la carrera de Gael García Bernal con el paso del tiempo, pero en *Amores perros* había poco tiempo y poca magia para jugar. Una vez que la película se filmó, el negativo pasó por un proceso químico de decoloración para limpiar el exceso de plata. La idea era crear un particular efecto de color. Prieto e Iñárritu decidieron utilizar este efecto para enfatizar el contraste entre los colores, lo cual produce, entre otras cosas, un blanco del ojo más brillante.

El proceso de edición fue tortuoso para *El Negro.* Como con el guión y como con Arriaga, González Iñárritu trabajó muchísimo. El filme pasó por 36 reencarnaciones durante siete meses continuos. Al final tenía una película de 160 minutos entre manos. Antonio Urrutia vio un primer corte y se dio cuenta que resultaba demasiado largo. Fue Alfonso Cuarón quien sirvió de intermediario entre Iñárritu y Guillermo del Toro, quien ayudó a llevar a puerto seguro el proceso de edición de *Amores perros.* Cuarón estaba escribiendo con su hermano *Y tu mamá también,* y había visto el primer corte de Iñárritu, que en aquel momento duraba más de tres horas. Le llamó a Del Toro y le dijo: "Tienes que ver esta película." Alfonso comentó con Del Toro la actuación de García Bernal para quien estaba escribiendo el guión de *Y tu mamá también.* El libreto, de hecho, iba camino a Londres. En lo que respecta al trabajo de Iñárritu, Guillermo del Toro vio una copia de *Amores perros* que duraba 160 minutos. Le llamó a Alejandro para decirle que había conseguido una obra maestra pero que estaba 20 minutos larga y le ofreció su ayuda para cortar el tiempo que le sobraba a la película.

El corte final de *Amores perros* dura 2:30. La película nunca se vuelve aburrida, gracias a que las expectativas se mantienen siempre en alto. Los espectadores van armando en sus mentes los diversos fragmentos de la historia. El trabajo de edición debió resultar complicado. No sólo hay tres historias distintas interactuando, varios *flash backs* llevan la historia de adelante hacia atrás haciendo que el filme crezca en profundidad conforme pasa el tiempo y la narrativa progresa. Las escenas que aparecen a los ojos del espectador refieren a escenas anteriores y enriquecen su contexto en forma excepcional. Así, la interpretación de los eventos es un edificio que se esclarece en la mente del auditorio que va llenando los espacios dejados, a propósito, en blanco.

Muchos cinéfilos compararon inmediatamente la frenética descomposición temporal de *Amores perros* con *Pulp Fiction* de Quentin Tarantino. Es cierto que hay similitudes, pero Iñárritu y Arriaga trataron de evitar cualquier referencia o conexión. La estructura de esta película parece más bien surgida de un recurso novelístico aplicado al cine. No es raro: Guillermo Arriaga es justamente un novelista.

La genialidad de la estructura de *Amores perros* es que construye un mosaico con pedazos de vida de personajes que en primera instancia no tendrían porque tener ningún tipo de contacto. Así, el punto climático, el accidente, se vuelve capital. En una de las ciudades más grandes del mundo, con 18 millones de habitantes, se dice que el Distrito Federal es la ciudad más grande del mundo: urbe con estas dimensiones y características no favorece la interacción entre las diversas clases sociales. Los autores querían justamente subrayar este punto, que "por accidente" se encontraran personajes que de otra forma no entrarían jamás en contacto. Octavio representa al proletariado, mientras que Valeria es la burguesa y el Chivo el marginado social.

La casa de Octavio contrasta en su suciedad y lo cerrado de sus espacios con el amplísimo departamento de Valeria. La diferencia de clases en la ciudad de México es fenomenal. Hay gente que vive en barracas a pocos metros de millonarios en algunos de los edificios más elegantes del mundo. *Amores perros* cumple su cuota de cine de denuncia social y muestra cómo las vidas separadas en clases que se niegan mutuamente tienen que aprender a convivir en el mismo país, quieran o no.

Si bien la película es un retrato de la ciudad de México, es notable la ausencia de publicidad característica en la urbe. La Torre Latinoamericana puede verse en el horizonte durante algunos instantes en una toma, pero no hay ningún otro edificio que sirva para situar a la ciudad de México. Rodrigo Prieto evitó edificios o zonas que pudieran ayudar a identificar localmente a la ciudad: metro, taxis verde-blancos, locales con coloridas lonas de plástico, etcétera. Así, la ciudad se vuelve genérica. Alejandro González Iñárritu ha dicho que le parece que la ciudad de México es un gran experimento social que merece ser estudiado. No hay civilización en ninguna época de la humanidad que haya construido una metrópolis de este tamaño, con semejantes cantidades de contaminación, densidad y corrupción. "¡Es tan hermosa!", dice el realizador. Continua: "Muchos directores mexicanos tienen pánico de filmar en la ciudad de México, tal vez sea por esto que en nuestro cine hay tantas historias que suceden en pueblitos con anécdotas mínimas que pudieron haber sucedido cientos de años atrás. Es difícil filmar aquí, en México, pero vale la pena, es un increíble reto técnico e intelectual." Afirma Tita Lombardo: "Si puedes hacer una película en la ciudad de México, puedes hacerla en cualquier parte. El Distrito Federal es, en muchos sentidos, un personaje más de *Amores perros*. Es una influencia corrosiva que ha descompuesto hasta el extremo el interior de cada uno de los protagonistas."

La historia del Chivo es particular. El asesino a sueldo parece querer castigarse por los nexos que tuvo con grupos guerrilleros. Y en otro sentido, la obra muestra la negligencia que la ciudad ha sufrido en manos de los gobiernos corruptos. El pasado revolucionario del Chivo no se explica en esta película. Iñárritu y Arriaga dejan abiertos muchos cabos con respecto a las circunstancias sociales en las que estuvo involucrado este personaje. Este trato al personaje es una marca común a las películas del nuevo cine latinoamericano; construido con base en historias personales en donde el contexto pareciera ser incidental. Mas, cada decisión de los protagonistas es obviamente producto de su contexto, del ambiente en el que vive: Octavio entra al oscuro mundo de las peleas de perros porque encuentra en éste la única forma para conseguir dinero para ayudar a su cuñada-amante y escapar con ella. Daniel, el ejecutivo cuarentón de la segunda historia trae a su joven amante a vivir en un departamento simplemente porque puede, porque es un hombre de clase alta, triunfador. Al lado opuesto está un jefe de la policía que sirve de contacto para los asesinatos del Chivo. Es lógico, si uno lo piensa: el policía gana un sueldo ínfimo y evidentemente tiene otra forma de conseguir lo necesario para vivir. El filme parece estar diciendo que los habitantes del Distrito Federal han perdido la esperanza en que un día las autoridades hagan algo, simplemente se resignan a sus destinos: "¿Cómo haces que Dios se ría?", pregunta Susana durante una escena de la película: "¡Pues le cuentas tus planes." Se trata de una afirmación característica de la gente de un país en el que los directores de cine tienen que tratar con el mafioso del barrio para que los dejen filmar. Toda esta complejidad antropológica y social está reflejada en la obra.

La película muestra una crisis generalizada de la masculinidad. Arriaga ha hablado de *Amores perros* como un cuento en tres partes en la vida de todo hombre: el joven Octavio se siente confundido con respecto a sus reacciones hacia el machismo y rudeza que imprime su hermano en los problemas de la familia, pero cree encontrar la solución a sus problemas hundiéndose en las peleas de perros. Daniel, el ejecutivo cuarentón puede que sea un mexicano "moderno" y hasta cocine para su amante española, pero en lo demás es un macho incapaz de afrontar sus compromisos. En el ala marginada del filme, El Chivo es un hombre que quiso cambiar el mundo a la fuerza. Ha fallado y la redención puede que venga sólo si usa el lado compasivo de su corazón. Emilio Echevarría, como El Chivo produce un magnetismo misterioso y amenazador que proyecta en cada escena en la pantalla. Álvaro Guerrero en el papel de Daniel provoca al mismo tiempo piedad y asco. Pero es, sin duda, Gael García Bernal quien se lleva la pantalla y atrae hacía sí todas las miradas del público. No se trata sólo de sus ojos, los críticos han elogiado esa extraordinaria capacidad para construir un personaje complicado como Octavio, rudo y sin escrúpulos pero sensitivo y vulnerable. Las mujeres en la película son un soporte perfecto para esta situación: la mamá de Octavio y Susana son víctimas pasivas del poder del macho mexicano. En cierto sentido Valeria representa la frivolidad de su profesión y de su clase, pero también es afectada por la irresponsabilidad de su amante, un hombre incapaz de cuidarla después del accidente. Las tres actrices, Vanessa Bauche como Susana, Goya Toledo como Valeria y Adriana Barraza como la madre de Octavio, hacen extraordinarios papeles.

Gracias a la presencia de Gael en la pantalla, la secuencia de inicio exhala ese dramatismo que ha sido tan elogiado por la crítica y el público en todo el mundo. Para decirlo simple: en muchos sentidos la magia de *Amores perros* se debe al arte histriónico de Gael García Bernal: con este trabajo nació una estrella. Su interpretación le ganó el premio a mejor actor en los Arieles, preseas que entrega anualmente la Academia Mexicana de Ciencias y Artes Cinematográficas, aunándose los muchos premios que había obtenido Gael gracias a la película. Pero sin duda, a nivel mundial, el reconocimiento más importante de *Amores perros* lo obtuvieron en Cannes: "Alejandro quería que la película entrara en competencia oficial", dice Compeán, "pero yo traté de disuadirlo. Era más fácil ganar la semana de la crítica." La estrategia de Compeán era inteligente, podría volver a Mexico como "triunfadora del festival de Cannes", ponerle un cintillo a la publicidad y nadie se interesaría por saber de la sutil diferencia entre ganar una Palma de Oro y ganar la semana de la crítica; iba a ser necesaria la credibilidad internacional que daba Cannes para promover una película mexicana de dos horas y media.

Como había previsto Compeán, *Amores perros* triunfó en la semana de la crítica y el éxito se elogió en México cual victoria nacional, algo parecido a ganar una copa del mundo. En este sentido hubo eficiente estrategia de *marketing* que ideó El Gordo Compeán: "Pagamos a 10 periodistas mexicanos para que fueran a Cannes. Era una iniciativa nueva y vaya que hizo la diferencia; *Cronos* —de Guillermo del Toro— había ganado el mismo premio en 1993 y aún así Guillermo y Bertha Navarro, la productora, tuvieron que ponerse a pegar afiches en la ciudad de México para que la gente viniera a ver su película." Los autores de *Amores perros* llegaron a Cannes como auténticos desconocidos y volvieron a casa convertidos en héroes nacionales. La reservación del hotel, incluso, fue cosa de último minuto: "Reservé en el primer hotel que no estaba a reventar", ha dicho Compeán. "Gael, que estaba en Europa, me pidió más noches

para estar en la ciudad, pero ya le habíamos pagado su vuelo y dos noches, así que con toda la pena tuvimos que decirle que no. Se quedó
a dormir con unos amigos." Con el premio en la bolsa llegó a México
la ola noticiosa que había comenzado en Cannes. Como primera
reacción, los distribuidores del filme, Nuvisión, compañía gemela de
Altavista, movieron la fecha de presentación para agosto (Cannes se
había realizado en mayo). La idea era ocupar el tiempo en "calentar"
a la gente con publicidad, dejar que crecieran las expectativas. La
maquinaria publicitaria de Compeán había metido segunda. Usualmente una película mexicana gasta alrededor de 60 mil dólares en
publicidad. Los productores de *Amores perros* gastaron un millón
100 mil dólares para el mismo efecto. Se trata de un costo elevado,
sobre todo si se piensa que en México este presupuesto supera el de
muchas películas completas. La ciudad se llenó de *posters* y *stickers*
de *Amores perros*. Se regalaban recuerdos del filme en todas partes
y, por si fuera poco, una de las canciones del *soundtrack*, *Lucha de
gigantes*, de Nacha Pop, dominó las estaciones de radio.

Hubo una glamorosa *premiere* a la que fue invitado todo el "alguien" del ambiente político y cultural que aseguró cobertura extra
por parte de la prensa. Nuvisión persuadió a los cines de que to-
maran más copias. El paquete original consistía sólo de 40 copias;
luego del ruido que hicieron los medios, abrieron en 220 salas. Alrededor de 260 mil personas se congregaron en los cines durante la
primera semana. *Amores perros* se convirtió en la película con mayor
impacto de entradas en el año. Al final ganó un total de ocho millones 800 mil pesos, convirtiéndose en la segunda película mexicana más
exitosa de todos los tiempos; el primer lugar le seguiría correspon-
diendo a la hasta entonces imbatible *Sexo, pudor y lágrimas*, de
Antonio Serrano. Aunque a diferencia de *Sexo, pudor y lágrimas*, *Amores perros* tuvo un éxito similar en otros países. A la victoria en
Cannes le siguieron numerosos premios en festivales como Porto,
Chicago, Los Ángeles, São Paolo en Brasil, Tokio y La Habana. En
El festival internacional de Edimburgo, Alejandro González Iñárritu
fue nominado a los British Academy of Film and Television Arts, BAFTA
(los "oscares" de Gran Bretaña) en la categoría de mejor director.
Este hecho abrió a *Amores perros* el camino para la distribución en
la Gran Bretaña, pues como se sabe es un mercado cerrado a las

producciones extranjeras. En Estados Unidos, una nominación para el Globo de Oro otorgó al filme la oportunidad de participar en los Oscares en la categoría de mejor película en lengua extranjera. Hecho que resultó efectivo para la presentación de *Amores perros* en ese país en marzo del 2001, y fue el pretexto para organizarse un reestreno en México.

Amores perros fue la primera película desde *Actas de Marusia*, del chileno Miguel Littin en 1976, que competía por un Oscar en la categoría de mejor película en lengua extranjera. Por desgracia para *Amores perros,* ese año se presentó *El tigre y el dragón* así que puede decirse que la ópera prima de Alejandro González Iñárritu perdió contra una digna contendiente. En los BAFTA, sin embargo, *Amores perros* ganó el premio a mejor película extranjera. En resumen, el primer largometraje de Gael se había convertido en el filme más premiado en la historia de México.

Amores perros cambió la vida de Gael. Así lo dijo al público que asistió a escucharlo en el National Film Theatre de Londres:

> Vi la película por primera vez en el Festival de Cannes. La verdad es que nunca me había visto en una pantalla tan grande y quedé impactado. Es una sensación de lo más extraña. Me atrapó. Me atrapó porque la película había trascendido lo que pensé cuando estaba haciéndola. Y no sólo yo, toda la audiencia estaba interesada. Fue entonces que me di cuenta de que estaba entendiendo la naturaleza del cine: cuando estás viendo una buena película estás viviendo dentro de la película. Por eso el cine puede cambiar la vida de una persona. Es un asunto trascendentemente espiritual, pero antes de *Amores perros* no me había dado cuenta, no lo había vivido y es paradójico, comencé haciéndolo como si fuera a un partido de fútbol, como jugando, pero nunca pensé que esta película llegaría tan lejos.

Cuando Gael terminó la filmación, tuvo que ser "bautizado". Explica Hidalgo: "En México, tenemos esta tradición: cuando haces tu primera película, te trae buena suerte que te 'bauticen', así haces otra y luego otra y finalmente muchas películas. Yo tuve el honor de bautizar a Gael el último día que filmó. El muchacho tenía que volver al día siguiente a Londres, nos odió porque le echamos encima una lata completa de pintura verde óptico. Tuvo que regresar así a Inglaterra y creo que le salió pintura verde de las orejas durante dos semanas, pero ¡ya ves! Le sirvió bastante. Ha hecho muchas películas desde aquel 'bautizo' que le hice cuando terminó de filmar *Amores perros*."

Las dificultades del cine en México

Amores perros llegó a las pantallas de cine justo en medio de una ola de fervor político. El hecho de que el filme hablara en forma tan descarnada de asuntos que concernían al país, que lo hiciera sin miedo, armonizaba perfectamente con el ánimo en las calles. El triunfo de la soñada democracia coincidió con el premio en Cannes, lo cual resultó en un doble orgullo nacional que redundó en determinación para ver los errores, las faltas existentes en el país. Era tiempo de hacer un recuento y sacar fuerza de los errores: "Es cierto que la política ayudó en el éxito de *Amores perros*", admite Francisco González Compeán, bastante feliz. "Pero básicamente era una buena película, con talento en todos los rubros, pero sí, la suerte también nos ayudó." El que *Amores perros* impactara tanto en el clima político no era nuevo. Las altas y bajas de los gobiernos habían estado estrechamente ligados a la historia del cine mexicano.

El cine nació en México un mes de agosto de 1896 y la primera imagen que vio el presidente Porfirio Díaz fue la película *Llegada de un tren a la estación*. En sus viajes por el mundo, los Lumière se habían dedicado a documentar la vida cotidiana. Al mismo tiempo un colega francés, Georges Méliès exploraba distintas posibilidades del nuevo medio. Méliès descubrió pronto que el cine podía ser un asunto tan imaginativo como documental con *Le Voyage dans la lune;* fantasía circense basada en la novela de Julio Verne que llegó a las pantallas parisinas en 1902. Las primeras producciones mexicanas siguieron el ejemplo de los Lumière con pequeñas tomas que documentaban noticias o eventos diarios de relevancia nacional. En poco tiempo se echó a andar lo que se convertiría en la industria de la Edad de Oro del cine mexicano.

En la Revolución Mexicana (1910-1921), la industria fílmica era tan estable que el general Francisco Villa aceptó un cheque de la Mutual Film para que lo siguiera un camarógrafo filmando sus batallas. En su contrato, Villa se comprometió a luchar de día y fusilar o colgar a los traidores a una hora razonable, con luz, de modo que la cámara pudiese captar la ejecución. Cuando finalmente la calma llegó a la ciudad de México (y se restableció el orden y la economía) el cine se había convertido durante la guerra en un negocio estable con un sistema para hacer estrellas nacionales.

Hollywood se había fundado en 1911, en la periferia de una hacienda de Los Ángeles. Los pioneros del cinematógrafo en Estados Unidos venían huyendo de las condiciones monopólicas en la costa del Este. Hubo un gran éxodo de realizadores hacia las tierras de California, un lugar más barato, con impuestos bajos y un amplio rango de locaciones para filmar: en las inmediaciones de Hollywood había desierto y mar, montañas y bosques. Antes de la Primera Guerra Mundial, el escenario fílmico había sido dominado por franceses e italianos. Muchas de las películas que se habían presentado en la década de 1920, en la ciudad de México, venían de Europa, pero como la guerra destruyó la producción franco-italiana, Hollywood aprovechó el vacío, se hizo del mercado y aprendió pronto a dar a la gente justo lo que estaba esperando. La industria californiana refinó la popular fórmula de finales felices, personajes buenos o malos y un estilo fílmico que buscaba introducir al espectador en una suerte de ensueño, con la menor cantidad de distracciones. A este estilo se le ha llamado "Estilo de continuidad" (*Continuity Style*) y sigue siendo el que rige en Hollywood para juzgar los valores de una película. El cine del Este de los Estados Unidos ha sido conducido con la idea de formar "estrellas", personajes especiales y atractivos. La producción de estrellas condujo inevitablemente a la aparición de una cultura en contubernio con el estudio industrial: apareció el *Star System*.

El cine, que se había convertido en un negocio vigoroso, invadió desde Estados Unidos a todo el sur del continente. Era un proceso lógico. En América Latina faltaban salas cinematográficas. En la década de 1920, se podía ir al cine sólo en las grandes zonas urbanas: México, Buenos Aires, Río, São Paulo. Estados Unidos se enriqueció explotando su propio mercado doméstico y reinvirtiendo en la construcción de cines en un círculo económico virtuoso que permitió que la industria creciera como para ofrecer en el sur películas a un precio más barato que los empresarios locales (se trataba de una forma de *dumping*). Difícilmente los países latinoamericanos hubiesen estado en condiciones de competir sin salas cinematográficas más allá de los centros urbanos. Una red de distribuidores era fundamental si se quería que una película alcanzara grandes audiencias y permitiera asegurar a los inversionistas un riesgo que valiera la pena. Los inversionistas que en América Latina se interesaron en el cine se concentraron en la infraestructura de proyección y distribución más que en la producción. Para llenar salas, primero hay que tenerlas así que los inversionistas apostaron "a la segura" favoreciendo los proyectos hollywoodenses en detrimento de la producción nacional. Construir cines era una inversión menos riesgosa que entrar en competencia con la poderosa industria estadounidense.

En la entreguerra, México dio inicio al género del melodrama musical ranchero: "Películas rancheras" han sido llamadas. Con la llegada del sonido en 1930, el país se hizo de un nicho en el mercado hispano lanzando películas con historias enmarcadas en el campo, donde las canciones aderezaban la trama. Época que produjo grandes estrellas en el mundo hispano: Pedro Infante y Jorge Negrete, los más notables, caminaban a la vanguardia de una producción fílmica que de pronto se volvió un *boom*. Es importante hacer notar que el nacimiento de dicha producción está ligado con la interrupción de la competencia estadounidense: mientras Europa y Estados Unidos se esforzaban durante la segunda guerra mundial combatiendo y fabricando armas, nosotros hacíamos comedias rancheras.

México dominó el mercado hispano del cine en la década de 1940, contaba con una de las industrias más grandes del mundo. Clásicos de este tiempo incluyen *Allá en el rancho grande*, *María Candelaria* (protagonizada por Dolores del Río quien había vuelto a México luego de una larga trayectoria como estrella de Hollywood) y *Ahí está el detalle*, comedia que colocó a Cantinflas en la línea de los grandes cómicos del mundo, al lado de Charles Chaplin. Exitosa en términos de recaudación y audiencias, la famosa Época de Oro fue muy atacada por la crítica por su esnobismo. Produjo verdaderas joyas y sin embargo, fue enjuiciada por la crítica por su falta de "compromiso social", se quejaron de que las películas mostraban una versión idealizada del país: la versión de México que el gobierno quería exportar.

La Época de Oro comenzó a venirse abajo. Durante la década de 1960, la cultura estadounidense produjo nuevos tipos de película, filmes de clasificación B que los adolescentes veían como un pretexto para socializar. En México mientras tanto se crearon los filmes de luchadores: verdaderas comedias moralizantes con malos y buenos perfectamente definidos que mostraban a héroes enmascarados. Los más notables: Santo, el enmascarado de plata, y Blue Demon.

Durante las décadas de 1950 y 1960 la industria en México era lo suficientemente estable como para seducir al exiliado Luis Buñuel. El maestro del surrealismo vino a México huyendo del franquismo español y encontró tierra fértil para expresar sus ideas sin censura y con facilidades técnicas y artísticas superiores a las que en ese momento había en España. En 1950, Buñuel filmó la que sería seguramente su gran obra del periodo mexicano: *Los olvidados*, un retrato de desigualdad y desesperación que hoy sigue teniendo el mismo impacto que el día de su estreno. En México, Buñuel escribió y dirigió cerca de 20 películas, probablemente lo más importante de su producción es: *Nazarín*, en 1958; y el *Ángel exterminador*, en 1962.

En la década de 1960, en 1968, tuvo lugar un evento trágico y vergonzoso protagonizado por el presidente Gustavo Díaz Ordaz que impactó el futuro de todas las generaciones y, por supuesto, el futuro del cine. Los estudiantes tomaron las calles de la ciudad de México para denunciar el autoritarismo del gobierno, pero como país era sede de los Juegos Olímpicos, Díaz Ordaz —quien quería proyectar su paz social al mundo— lanzó al ejército para aplastar la manifestación de forma violenta: la armada disolvió la protesta. El 2 de octubre de 1968, los estudiantes se unieron con simpatizantes, obreros e intelectuales en la Plaza de las Tres Culturas al norte de la capital; y sin provocación alguna, las tropas del gobierno comenzaron a disparar contra una multitud indefensa entre la que había cientos de mujeres y niños. Asesinaron a alrededor de 400 manifestantes. Alfonso Cuarón, director de *Y tu mamá también* está escribiendo actualmente una crónica sobre esta tragedia que desenmascarará el verdadero rostro del partido en el gobierno. Piensa, por supuesto que será Gael García Bernal quien tendrá el papel protagónico.

La brutalidad del 68, a la que siguieron otras represiones semejantes, golpeó y marcó a una generación. Todos los que vivieron alrededor de los eventos de aquel año, emergieron más tarde en la escena cultural con cicatrices y con coraje que ventilar. Ondeando la bandera de un cine contestatario, aparecieron autores como Felipe Cazals, Arturo Ripstein, Jorge Fons, Paul Leduc y Alfredo Joskowicz. *Canoa*, de Cazals, se estrenó en 1975, que sería el despertar de aquel tiempo.

Fue tan malo el manejo económico y político que la década de 1980 llegó con una gran recesión que afectó a la industria fílmica directamente: disminuyó la asistencia de la audiencia en las salas y era difícil convencer a los inversionistas de arriesgarse en algo tan volátil como el cine. Entonces aparecieron las videocaseteras. La gente prefería hacer una pequeña inversión y pasar la tarde cómodamente en casa sin tener que ir a las salas de cine que a causa de la pobreza se estaban volviendo peligrosas. El gobierno tuvo que cumplir sus obligaciones culturales y ayudar con financiamientos a la industria del cine. Como si las cosas no estuvieran lo suficientemente mal, Carlos Salinas de Gortari, presidente de México, logró después de una larga negociación tripartita que México entrara en 1994 al Tratado de Libre Comercio de América del Norte al lado de Estados Unidos y Canadá. Las "cuotas" que por ley habían forzado a los cines mexicanos a dedicar la tercera parte de sus espacios al producto doméstico fueron vistas como proteccionismo injusto y tuvieron que desaparecer. Sin posibilidad de competir contra los efectos especiales de sus vecinos del norte, sólo unos pocos productores mantuvieron viva la producción mexicana realizando algunos trabajos de calidad que llegarían a los circuitos de festivales más que a una audiencia masiva. Arturo Ripstein, por ejemplo, triunfó en el Festival de Venecia con *Profundo carmesí*; Carlos Carrera se volvió famoso internacionalmente con *La mujer de Benjamín*. Ambas películas financiadas por el Instituto Mexicano de Cinematografía (Imcine) establecido por el gobierno para ayudar la producción fílmica en 1983. En otra línea, aparecieron dos directores con brillantes carreras en su futuro: Alfonso Cuarón, que se enfrentó a los sindicatos que dominaban desde tiempos de la Época de Oro al cine nacional para filmar *Sólo con tu pareja*; y Guillermo del Toro, que consiguió financiamiento privado para hacer *Cronos*. Ambas películas fueron muy exitosas. La primera a nivel nacional y la segunda más allá de las fronteras.

Ahora, si una producción puede simbolizar lo que fue el cine mexicano de la década de 1990, esa es *Como agua para chocolate* de Alfonso Arau. En aquel tiempo, la estrategia del gobierno hacia el cine consistía en apoyar a un selecto grupo de cineastas que sabían hacer su trabajo, pero al reducir el patrocinio y promover la inversión privada se fomentó una producción de basura, sexo y violencia. *Como agua para chocolate* resultó un producto diferente, era un sueño encarnado del régimen. Basada en la exitosa novela de Laura Esquivel, *Como agua para chocolate* era una ligera probada de realismo mágico que ignoraba los problemas y descontentos de México. Favoreciendo la versión romántica de un país siempre contento y afortunado, *Como agua...* es un filme que respeta los valores tradicionales de las clases medias: sin duda la clase de película que el gobierno quería ver en las pantallas para mostrar a los extranjeros. Tal vez no sea coincidencia que dos de los promotores privados del filme fuesen la Secretaría de Turismo y el estado de Coahuila, donde se filmó: la línea aérea Aviasco y el Imcine pusieron el resto del dinero. *Como agua para chocolate* se mantuvo en cartelera durante seis meses seguidos volviéndose así la película mexicana más exitosa de la década. Franqueando las fronteras, el filme tuvo el privilegio de ser la película hablada en español que más dinero había recaudado. Independiente de que *Como agua para chocolate* fuera un filme enfocado a la ensoñación de los estereotipos mexicanos, fue una producción que trabajó por primera vez con principios de mercado. A pesar de este éxito, el cine en México cayó en una crisis mayor de la que ya se estaba viviendo: no se produjeron más de 20 películas entre 1995 y 1997. El número de boletos vendidos en toda la República, cayó de 400 millones en 1980 a 60 millones en 1995.

No se puede dejar de mencionar el curioso caso de *La ley de Herodes*, una película de Luis Estrada. El Partido Revolucionario Institucional (PRI), que había gobernado por 70 años, estaba a punto de ser destronado por su contraparte política, el Partido Acción Nacional (PAN), mas gozando todavía de suficiente poder como para mover sus influencias en los círculos cinematográficos, trató de evitar que se distribuyera la cinta mencionada. *La ley de Herodes* daba cuenta de las prácticas corruptas de los partidos políticos (particularmente el PRI y el PAN) en un pueblo mexicano de la década de 1940. Es una película que habla de la corrupción no sólo como algo sugerido en "un país cualquiera". Era la primera vez que en un filme mexicano se usaban las siglas del PRI dando nombre y apellido a los causantes de 70 años de corrupción. Resultaba paradójico y misterioso que hubiera sido el mismo Imcine (parte del gobierno) quien patrocinara obra tan subversiva. La institución se vio obligada a vender el 60% de comisión que le correspondía por derechos como primer movimiento para iniciar una campaña de boicot. Los fallidos intentos por censurar *La ley de Herodes* resultaron una causa a favor que le permitió a Estrada, el director, estrenar su obra en más de 250 cines en toda la República. Desde entonces el Imcine provee sólo la tercera parte de la producción total de las películas (en algunos casos sólo la quinta parte).

La producción privada se volvió un factor fundamental para levantar cualquier proyecto. En tales circunstancias, las estrategias comerciales tuvieron que entrar en juego y los artistas aprender a negociar con las necesidades de taquilla. La dinámica había cambiado, los directores tenían que apelar a las audiencias. Compeán retoma la historia: "Antes de aquel tiempo, los directores no se preocupaban de que su película fuera vista. Su trabajo, lo que les daba de comer, era hacerla y nada más. En este tenor surgieron vacas sagradas como Arturo Ripstein, conocido en Cannes, pero sólo en Cannes. En México muy poca gente; sólo las 'élites' culturales sabían quién era este señor. Las cosas cambiaron para bien. Los directores dejaron de hacer proyectos personales y abrieron la mente. Con toda sinceridad se dijeron: 'la verdad es que a mí si me gustaría que la gente viera mis películas.'"

Otra notoria repercusión del Tratado de Libre Comercio en la industria mexicana fue que el gobierno tuvo que quitar el control al precio de los boletos en taquilla: "Antes del TLC, los boletos eran parte de lo que se llama en México 'canasta básica' el precio estaba controlado, como el precio del maíz, de la tortilla, de los frijoles, etcétera. El Tratado de Libre Comercio liberó los precios de taquilla, lo que permitió importantes inversiones en salas de cine. Apareció primero *Cinemark* y poco más tarde la importante cadena *Cinemex*. Ambas comenzaron a construir salas múltiples, primero en la capital y luego en todo el país." Las nuevas pantallas y las salas a todo lujo atrajeron a un nuevo público de mayores exigencias. Los multicinemas significaron más pantallas y apertura a la distribución de filmes nacionales.

No todas las noticias eran buenas, los multicinemas tuvieron que llenar todas sus salas; se abrió la oferta y aunque Hollywood abrumaba vendiendo por paquete de verano o el invierno películas "de relleno" no era suficiente para recuparar los costos y hubo espacio para proyectar películas nacionales. En este panorama apareció el éxito de éxitos del director Antonio Serrano: *Sexo, pudor y lágrimas*. Un célebre y divertido melodrama que gira en torno a las camas de dos parejas de clase media y un ecléctico círculo de amigos que los siguen.

Cosa inusual, *Sexo, pudor y lágrimas* fue lanzada en México por un distribuidor extranjero *(Twentieth Century Fox)*, lo cual redundó en un gran número de copias. La película fue recibida con un dejo de frialdad. No había tenido gran publicidad, pero de repente comenzó a ganar fama. *Sexo, pudor y lágrimas* fue como una bola de nieve que terminó siendo una avalancha. Tanto que hoy sigue siendo la película con mayor ingreso nacional en toda la historia de la taquilla mexicana.

En cierto sentido, *Amores perros* le siguió el rastro a *Sexo, pudor y lágrimas*: honesta en el retrato de una sociedad que se reflejaba en la pantalla; aunque era una pieza original y atrevida que encontró audiencias donde su predecesora no pudo. Una película que mostraba a mexicanos reales, gente que vivía y hablaba como los mexicanos. En el fondo, el hecho de que mostrara las partes crudas de la realidad en la ciudad le daba a toda la obra credibilidad.

La audiencia esperó lo que vendría después. No se vio decepcionada: *Y tu mamá también* inflamó las pantallas de México con una aguda interpretación de la *generación perdida* de la capital. *Y tu mamá también* hacía, además, un comentario social de lo que estaba viviéndose en México, pero lo hizo sin la desesperanza de películas internacionales que habían tocado el mismo tema. Como ha dicho Gael García Bernal: "*Y tu mamá también* tocó las cuerdas de lo que eran los jóvenes de este país como ninguna película mexicana lo había hecho jamás."

Las libertades de *Y tu mamá también*

Gael García Bernal frecuentemente cita a Julio, su personaje en *Y tu mamá también*, como el que más quiere. Afirma que la filmación de la película fue una de las experiencias más hermosas de su vida. Justamente esta película es, junto con *Amores perros*, la que lo hace sentirse más orgulloso de lo que ha hecho con su carrera. El éxito que obtuvo dentro y fuera de México con *Y tu mamá también*, después de su trabajo en *Amores perros*, lo confirmó como estrella internacional en toda la extensión de la palabra.

A primera vista, *Y tu mamá también* es una clásica *road movie*: dos adolescentes calenturientos se embarcan en un viaje a la playa que en el fondo representa el viaje de crecer y conocerse a sí mismos, pero lo que hace de *Y tu mamá también* una película especial es que al interior de esta premisa básica emerge sutilmente un asunto más interesante. Julio es uno de los tres protagonistas principales. Al principio de la película, él y su mejor amigo, Tenoch (Diego Luna) aparecen en un acostón apresurado con sus novias respectivas. Las niñas están por irse de viaje a Italia para pasar el verano y ellos no parecen especialmente molestos de verlas partir. Una vez solos tendrán dos o tres meses de libertad e ir a cazar chicas antes de tomar en serio la vida ingresando a la universidad. Durante una fiesta que el acaudalado padre de Tenoch (político corrupto) ofrece en un lienzo charro, Julio y Tenoch descubren a una mujer madura muy guapa, Luisa (Maribel Verdú). La diferencia en edades le agrega cierto atractivo sensual. Un poco en broma y para hacerse los hombres de mundo, los muchachos invitan a Luisa (que es española) a que venga con ellos a la playa. Inventan una mentira: el virginal paraíso de Boca del cielo. El nombre, por supuesto se lo sacan de la manga, pero como Luisa está cansada de su papel de esposa fiel (casada con un primo de Tenoch) y como descubre que su marido la está engañando, decide hablarles a los muchachos al

Una escena de *Y tu mamá también*, con Maribel Verdú y Diego Luna

día siguiente para aceptar la invitación. Julio y Tenoch están en un aprieto. Tienen que conseguir un coche e idear un plan para llegar a la playa que inventaron sus encendidas imaginaciones.

La película inicia como un inocente *road movie*. Se trata en realidad de dos viajes paralelos. El viaje físico habla de un trío que sale fuera de la monstruosa ciudad para introducirse en la exótica vida de un paisaje rural al sur de la República. El otro viaje está relacionado con las actitudes inmaduras y machistas de los adolescentes que poco a poco se ven transformados por esta mujer madura que sufre una epifanía libertadora. Mientras que ellos compiten por la atención de Luisa presumiendo exitosos encuentros sexuales, es ella en realidad quien los va seduciendo. Primero va por Tenoch. Más tarde dirige sus baterías contra Julio. Para bien de la intriga en la película, la conquista de Tenoch trae consigo una confesión: el muchacho ha tenido relaciones sexuales con la novia de su mejor amigo. Por su parte, cuando Julio se acuesta con Luisa, hace una confesión semejante: él también se ha acostado con la novia de su mejor amigo. Como los secretos salen a luz, los muchachos pelean, cosa que aprovecha Luisa quien de pronto pierde la paciencia con estos inmaduros machorrones. Los amenaza con abandonar el viaje a menos que comiencen a actuar maduramente, esto es, bajo sus propias reglas. Es así que el viaje continúa con Luisa a cargo y los jovenes enojados el uno con el otro, porque el asunto de sus infidelidades no se ha resuelto. Finalmente los viajeros llegan, como por milagro a una playa que se ajusta con la descripción que imaginaron al principio de la película. Pasan la tarde emborrachándose y surgen toda clase de confesiones. Por fin el asunto de la infidelidad toma el lugar que le corresponde y ellos se ríen de lo que han hecho, incluso del *y tu mamá también* que lanza Julio asegurando que se ha acostado con la madre de Tenoch. Pero en el paraíso de esta playa surgida de su propia fantasía, nada parece importante y Luisa, quien tiene ojo experto para el corazón de los hombres, descubre la tensión sexual entre los muchachos y los conduce a la recámara para inducirlos en un *ménage à trois* en el que dejará que experimenten algo que, evidentemente, hace mucho deseaban hacer. Julio y Tenoch despiertan horrorizados con aquella probadita de homosexualidad, pero la película, para ser congruente con su denuncia sobre la hipocresía, tiene que ir adelante: los muchachos se dan cuenta que después de semejante acto su amistad no podrá recuperarse. Todo termina con un epílogo triste; uno que da a la historia nueva dimensión y *pathos*: se descubre que durante todo el viaje Luisa estuvo muriendo de cáncer.

En tanto *road movie*, *Y tu mamá también* no es nada nuevo, pero hay elementos interesantes. La cámara, por ejemplo, pasea aparentemente distraída por una serie de tomas cotidianas de la República Mexicana y nos informa de la injusticia social. Lejos del panfleto se mantiene fresca todo el tiempo gracias a los personajes impetuosos, calientes y simpáticos que construyen Diego Luna y Gael García Bernal. Ellos aseguran la identificación de las audiencias con un par de adolescentes que en el fondo son niños luchando por abrirse paso hacia la madurez.

La idea original de *Y tu mamá también* surgió por vez primera 14 años antes de que la película apareciera en las pantallas. Alfonso Cuarón siendo estudiante de cine buscaba una idea para desarrollar el guión de lo que sería su ópera prima y de bajo presupuesto. Emmanuel Lubezki, fotógrafo de *Y tu mamá también* y amigo suyo (se conocieron en la escuela fílmica) le sugirió hacer una *road movie* con dos muchachos viajando hacia la playa. Cuarón recuerda sus palabras exactas: "Imagínate un *road movie* de unos güeyes que van a la playa, güey." Con su hermano Carlos (guionista y director de *Rudo y cursi*) estuvo dándole vueltas a la idea. Hicieron progresos, pero el libreto nunca los convenció así que lo dejaron incompleto. Y realizaron otra idea: Carlos Cuarón escribió *Sólo con tu pareja* que se convertiría en la ópera prima de Alfonso y le daría fama mundial. La película cuenta la historia de un chavo ligador que está al borde del suicidio porque es engañado por una amante despechada y cree que tiene sida.

Desde su lanzamiento en México, Cuarón comenzó a recibir ofertas para trabajar en Hollywood: en Tinseltown filma *La Princesita*, película infantil muy exitosa tanto en taquilla como en sus valores estéticos. Pero los hermanos Cuarón seguían con la idea de "unos güeyes que van a la playa, güey" sin conseguir el balance perfecto. Tenían miedo de acabar haciendo una típica película de adolescentes con el estilo de Hollywood. Alfonso quería mantenerse lejos de cosas como *American Pie*.

La historia fue encontrando su propio camino, la tensión erótica que tuvo desde el primer tratamiento tenía una razón de ser. No se trataba de un despertar sexual, erótico de estos dos adolescentes, sino también de una fuerza motivacional que los llevaría a descubrirse a sí mismos, a descubrir México. La historia dejaba de ser una frivolidad calenturienta. Se trataba de reflejar la verdadera identidad de los jóvenes tratando de hacerse adultos: dos chavos mexicanos tratando de ponerse en paz consigo mismos y con la vida que les sigue. En un concepto más amplio, *Y tu mamá también* cuenta la historia de un país que está viviendo su propia crisis de identidad. México está en el corazón de la película y es, como Julio y Tenoch, una nación adolescente que está luchando por abrirse paso en un mundo de países "adultos".

Cuarón se contactó con el inversionista Jorge Vergara, dueño de la compañía *Omnilife Healthcare* y presidente del club de futbol Guadalajara, para proponerle una campaña publicitaria. Cuarón aún estaba ocupado con el guión de *Y tu mamá también*, pero se lo enseñó incompleto a Vergara, a quien le gustó; le propuso comenzar a trabajar al instante y juntos formaron Producciones Anhelo. Luego de cinco tratamientos del guión, los hermanos por fin se sintieron contentos con lo que habían escrito. A decir verdad, más adelante hicieron arreglos durante la filmación, parece inevitable que las ideas aparezcan una vez que estás en el camino, así que incluso los actores dejaron su marca particular en el tratamiento final. Explica Gael: "Diego y yo tuvimos que poner al día el guión, darle actualidad. Carlos y Alfonso lo habían comenzado a escribir años atrás, la forma de hablar de Julio y Tenoch era bastante anticuada." La cuestión del lenguaje no podía ser subestimada. Al proveer a Julio y a Tenoch con palabras de hoy, el filme ganaría credibilidad y ayudaría a franquear una importante barrera entre generaciones; introducir al público adulto a un mundo con el que no estaba familiarizado. La forma de hablar de los jóvenes en esta película resultó tan básica que el *slang* se abrió paso hasta llegar al título mismo que permaneció así, en español común para el resto del mundo, cosa extraña sin duda: *Y tu mamá también*. El título es ambiguo y puede ser de lo más inocente o estar cargado de connotaciones sexuales de acuerdo con el contexto en el que se utilice. *Y tu mamá también* es un golpe bajo en la pelea lingüística entre dos muchachos que se están "albureando". Habla de una actitud sobresexuada en la que uno de los contendientes afirma no sólo que es capaz de someter a su adversario sino *a su mamá también*. Gael García Bernal dice las palabras inmortales hacia el final de la película, cuando Julio y Tenoch presumen con respecto a cual de ellos se ha acostado con más mujeres... "yo me he acostado con tu novia, con tu hermana y... ¡*con tu mamá también*!"

"Un día me llamó Alfonso Cuarón", cuenta Diana Bracho, una de las actrices más celebradas de México. "Me dijo, 'mira, estoy haciendo esta película. Es una historia que escribió mi hermano y hay un pequeño papel, pero es el de la mamá del título de la película. Realmente me gustaría mucho que tú lo interpretaras.' Así que soy la mamá que se acuesta con Gael", ríe Bracho, "aunque por supuesto ni siquiera nos dimos un beso en toda la película."

El director afirma que buscaron hacer crecer el tema de la sexualidad materna porque de una u otra forma Julio y Tenoch demuestran al público que las madres de todos son seres sexuados, que fueron adolescentes y que tuvieron sus propias aventuras. Es posible que las madres de los machos mexicanos tuvieran alguna aventura parecida a la que están teniendo los jóvenes, y de seguro conocieron en el camino a alguien que finalmente quedó atrás. Por otra parte, el hecho de que el personaje de Verdú sea una mujer mayor que se hace cargo de los muchachos —hasta el grado de volverse una imagen materna para ellos— da al filme una dimensión mayor.

Cuando Alfonso Cuarón tuvo completo el guión, comenzó a diseñar el reparto. Había audicionado infructuosamente a cientos de muchachos para el papel de Julio y Tenoch. Entonces recibió la llamada de Alejandro González Iñárritu quien había terminado el primer corte de *Amores perros* y quería que su amigo viniera a verlo cuanto antes. La primera escena de *Amores perros* ilustra a un muchacho en medio de una extraña persecución en la que quieren matarlo. Antes de hacer cualquier comentario, Cuarón preguntó: "¿Quién es?" Iñárritu le contestó: "Gael." Con esa primera escena de *Amores perros*, Cuarón supo no sólo que *El Negro* había hecho una excelente película, sino que él había encontrado a su protagonista.

González Iñárritu le informó a su amigo que el muchacho vivía en Londres. Al día siguiente le envió el guión. Gael quedó fascinado con el escrito. Comentaría mas tarde: "Creo que es el mejor guión que he leído en toda mi vida. Empecé a reírme desde el primer párrafo." Cuarón había mandado el último tratamiento del guión también a Fernando Trueba, director español que ganó el Oscar a mejor filme extranjero con *Belle Epoque*. Quería que le dijese qué pensaba. Trueba respondió positivamente y le recomendó a Maribel Verdú, quien había estelarizado *Belle Epoque* en el papel de Lucía.

García Bernal se sintió contento con la idea de comprometerse en la filmación del guión que le había gustado tanto. En el encuentro con Cuarón sugirió para el papel de Tenoch a su amigo de toda la vida: Diego Luna. Cuarón conocía a Luna desde que era niño. De pronto, todo resultó bastante obvio: eran perfectos, su larga amistad agregaba dinamismo a la obra, cierta intimidad que no podría ser creada artificialmente de ninguna manera. Diego Luna no había visto a Gael desde que se embarcó en su aventura a Londres dos años antes. Recuerda un correo en el que Gael le daba la buena nueva: estaban a punto de hacer una película juntos. Diego pensó que era de broma, sobre todo porque recibió un segundo correo en el que le decía que el filme sería dirigido por Alfonso Cuarón. Lo que más raro le pareció a Luna fue que a él nadie lo había llamado, aunque uno o dos días después recibió la llamada del director y todo quedó cerrado.

La filmación comenzó en febrero del 2000, en la ciudad de México. La primera escena que filmaron fue justo la última de la película: Julio y Tenoch se encuentran en un café y —dice la voz en off— "nunca volverán a verse." Curioso, los amigos que apenas se reencuentran se están despidiendo para siempre al interior de una ficción. "La última escena la hicimos en el Vips de Reforma", recuerda Manuel Hinojosa, asistente de la dirección. "La hicimos por continuidad. Luego podríamos cortarle el pelo a Gael y seguir filmando."

Maribel Verdú, "La Chica Española", nunca había venido a México y el hecho de que la película fuera filmada en orden cronológico le dio al trabajo una dimensión extra de realismo. Verdú vivió el trayecto dramático de su personaje, del desconocimiento total a la comodidad con sus alrededores y con sus contrapartes masculinas. Su personaje conoce a Julio y a Tenoch al mismo tiempo que ellos están descubriendo con la española su propio país. Para maximizar semejante potencial, Cuarón tuvo cuidado de mantener a los tres intérpretes lejos los unos de los otros hasta que comenzara la filmación. Diego Luna, Gael García Bernal y Maribel Verdú tuvieron un solo encuentro, un pequeño ensayo en España porque se trataba de asegurarse que no habría problemas de química. El proceso de familiarización entre actores y actriz llega directo a la pantalla. La familiaridad entre los dos jóvenes actores estaba más que establecida: "Me pareció como si hubiéramos estado ensayando durante 20 años de nuestras vidas para hacer esta película", ha dicho Gael.

El viaje de la capital hacia la costa comienza en la ciudad de México, localizada al centro del país. De camino hacia el sur, el grupo atravesó el estado de Puebla hasta llegar a Oaxaca, uno de los estados más pobres —y hermosos— de México. La filmación culminó en la playa de Huatulco.

Hubo problemas en la carretera. Para empezar, el camino mismo. En el video de "detrás de cámaras" de *Y tu mamá también* se ve a varios conductores enfurecidos en la carretera que gritan cuando descubren la causa del retraso. Por otra parte, afirma Cuarón, obtener el permiso requirió de cierta improvisación: "Tienes que hacerlo a la mexicana, darle dinero al policía, al jefe, al gobierno. Detener a la gente que pasa por la carretera es un asunto difícil, especialmente en lugares donde la gente carga machete." El momento de mayor prueba para Gael tuvo un carácter muy personal: un hombre de 21 años que interpreta a un adolescente de 17 tiene sus bemoles: "Tuve que rasurarme hasta la raíz todos los días para dar la edad." Y dijo que no se pondría los anticuados calzones Rimbros con los que Julio aparece en la pantalla. "Los Rimbros son súper nacos y bastante incómodos", dice Hinojosa. "Gael odiaba usarlos y como hicimos una especie de bitácora de la filmación y yo tomaba fotografías fijas de cada día, yo le iba a tomar una foto en esos calzones pero él me dijo: 'puedes fotografiarme de la cintura para arriba, nada más.' Como yo sabía que Cuarón puede ser muy especial le dije: '¿voy a tener que llamarle al jefe?' Cuarón llegó al set y le dijo: 'mira, deja de actuar como un niño chiquito que no hace lo que tiene que hacer a menos que llamen al prefecto de la secundaria. Estamos tomando una foto de Julio, no de Gael García Bernal. No puedes estar todo el tiempo súper arregladito y lindo. Deja de ser tan estúpidamente vanidoso.'"

Aunque también hubo otros inconvenientes. El calor, por ejemplo. Las escenas en la playa se filmaron con 27 grados a la sombra sin contar que durante un momento —en el clímax de la película— se utilizaron también lámparas de cine. A esas temperaturas, un coche es el último lugar donde se antoja estar, pero justo ahí tuvo que pasarla el reparto y el equipo durante tres semanas, sudando al interior de Betsabé, que fue el nombre con el que bautizaron al coche... más bien dos. Filmaron en un par de *Le Baron* 1983, que se alternaban para filmar. "Pasamos mucho tiempo en ese coche", ha dicho Gael. "Y fue la parte más difícil de todo el proceso, más que quitarme la ropa o hacer las escenas de sexo. En las de sexo pensaba: 'no tienes nada que perder' y me sumergía en ellas, pero filmar en el coche tres semanas, con ese calor fue lo más difícil de la filmación de *Y tu mamá también*." Además de las secuencias en que Julio y Tenoch se pelean, las escenas favoritas de Gael son esas en las que vienen en el coche hablando casi de cualquier cosa. En ellas, emerge la familiaridad y la confianza que existe entre los amigos: "Cuando fuimos a la premiere de la película, aparecimos en Betsabé."

Las razones por las que estuvieron tanto tiempo en el coche, fue el método de trabajo del director. "Durante la preparación, Cuarón está abierto a nuevas ideas. Escucha a cualquiera mientras está haciendo el *scouting* o revisando las locaciones, pero una vez que ha comenzado a filmar se apega al guión y quiere tener control absoluto de todo." Afirma Hinojosa: "Con Alfonso no hay espacio para la improvisación. Es cuidadoso con el ritmo de la película, por eso usamos dos coches. Uno estaba siempre listo para filmar; en el otro se sentaban los protagonistas, el fotógrafo y Alfonso con un cronómetro. Corría la escena y luego decía: 'nos tomó tres minutos hacerla. Vamos a bajarla a dos', aunque se empalmaran los textos. Entonces Cuarón decía: 'Está bien, vamos a hacerla ahora de un minuto 45'. Tal vez la escena terminaba durando dos minutos 30', pero lo que es cierto es que el director acostumbró a sus actores a trabajar a un ritmo muy ágil." Para Gael era difícil trabajar así, mantener ese ritmo: "Como actor, García Bernal es pausado. Diego se sentía cómodo haciendo las cosas rápido, pero la técnica de Gael razona cada una de sus acciones. Y esto se refleja en sus películas: reacciona, hace pausa y luego habla."

Es posible que la aproximación de Gael con respecto a las escenas sexuales haya sido la de "no tienes nada que perder", pero el equipo manejó las secuencias con mucho cuidado y sensibilidad: "No es que no tenga problemas quitándome la ropa", ha dicho el actor, "pero ahora no podría imaginarme esta película sin los desnudos." Agrega que hubiera estado más preocupado si le hubieran pedido un bronceado perfecto o rasurarse toda la piel.

Luna ofrece una reflexión: "La única forma de hacer este tipo de escenas es mandar al cuerno tu timidez y yo, si me tengo que encuerar, pienso que mi cuerpo está haciendo arte y para bien o para mal me voy a sentir orgulloso de lo que estoy haciendo." Aunque Diego tuvo que dejar atrás algunos prejuicios para hacer *Y tu mamá también*: "Hay una escena en que salgo con un pene de plástico, el pene está circuncidado, pero yo no, así que me sentía vestido porque ese, definitivamente no era mi pito."

Con respecto a la escena final, *el ménage à trois*, el que los actores fueran amigos de toda la vida resultó algo incómodo: hacer una escena de amor entre dos muchachos heterosexuales, como Gael y Diego, es de por sí raro. Más si a la persona que estás besando es uno que conoces desde que naciste. Dice García Bernal: "Hubiera sido mucho más fácil si el tipo al que iba a besar no fuera mi mejor amigo en la vida real. Fue como echarse un clavado en agua fría. Lo hice. Nada más."

Gael García dice que esta escena fue una especie de "el arte imita a la vida": la actriz española, más experimentada, guió a los jóvenes y los puso en el camino correcto: "Estoy muy agradecido con Maribel, ella fue quien tomó nuestras manos y las puso donde tenían que estar: en el horno, ¿entiendes? Fue ella quien se atrevió." La escena ha sido importante para el actor. Fue liberadora en términos de su carrera, pues habiendo hecho algo tan riesgoso y con semejante nivel de reto, el futuro comenzó a parecer fácil. Había roto sus propios moldes.

Antes de la escena, vemos una larga secuencia en la que el trío se pone cada vez más borracho. Comienza un baile candente que irá conduciendo la acción hacia el cuarto. Esta escena en la que los tres beben y bailan es la esencia de todo el filme. Afirma Gael: "Yo resumiría *Y tu mamá también* en esos seis, siete minutos hacia el final. Todo es preciso y sincronizado. El grupo tenía cuando menos seis cosas que hacer y sin embargo el espíritu y el trabajo de equipo emergió perfecto."

Gael dice que el proyecto de *Y tu mamá también* tuvo éxito porque fue hecho con gente inteligente y con mucho afecto. Siente mucha admiración hacia Cuarón: "Al llegar a la locación hablaba con los actores, marcaba la escena y luego pensaba en dónde colocar la cámara. Los buenos directores trabajan la posición de la cámara alrededor de la historia, de los actores, de la vida misma de la película." A su vez, Alfonso Cuarón encuentra naturales las actuaciones de Gael y de Diego Luna. Originalmente quería un reparto de *amateurs* para capturar y engrandecer el sentido de sorpresa que va causando en los personajes el viaje, pero pronto se dio cuenta que las escenas requerían profundidad: Gael y Diego son capaces de producir actuaciones espontáneas, pero al mismo tiempo dan a sus personajes una buena dosis de inseguridades que resulta característica. Se trata de un logro histriónico extraordinario.

Gael García Bernal ha dicho que Julio es el personaje que más se parece a él: "Yo crecí en una situación muy similar. Era fan de los Pumas, hice viajes a la playa muchas veces. De hecho, es la película con la que más cosas tengo en común en mi vida real." Aparte de sus afinidades con Julio, estelarizar con Diego Luna, amigo entrañable, ayudó a completar el proceso de identificación: "Lo conozco desde que éramos niños. Pasamos por muchas experiencias parecidas. Bueno, no todas, claro, pero el viaje en carretera, el churro por primera vez, cosas así."

Julio como personaje fue divertido de interpretar: él y Tenoch se la pasan "mentando madres", son irreverentes y se burlan de casi todo. En ciertos momentos se revelan no sólo inmaduros, también machistas, prejuiciosos e incluso racistas. Aunque son adorables desde todos los puntos de vista. Todo el tiempo el espectador se puede sentir identificado con ellos.

De una mujer madura capaz de acostarse con dos adolescentes, el suyo puede ser leído como el papel de madre-amante confrontando el machismo y el Edipo de estos jóvenes. Lo hace en control del juego, con una aptitud más lúdica que perversa, lo que otorga al filme una agenda feminista. Luisa no se siente ni timorata ni avergonzada por romper los tabúes de estos chavos mexicanos y sacar sus pulsiones homosexuales. Tal como conduce a Julio y a Tenoch hacia el gran final de la película, así Verdú conduce a su personaje que crece en confianza y fortaleza, se vuelve sexy, capaz de hacer brillar su inteligencia sin presumir. La de Luisa es una voz madura que ayuda a la audiencia a sentirse identificada. El suyo es el carácter justo entre la hiperactividad adolescente de sus amantes y la frialdad juiciosa y descorazonada del narrador. El triángulo amoroso tiene gran significación; Luisa se ve forzada a tratar con una enfermedad que atenta su vida al tiempo que los muchachos luchan con sus propias pesadillas. Después de todo, pareciera que no es posible confiar ni siquiera en tu mejor amigo cuando el deseo sexual entra en juego.

Loenardo García Tsao, uno de los críticos más leídos en México, rechazó el filme y escribió que era como un capítulo de *Beavis and Butthead* con una línea dramática extraída del *Penthouse*. Un comentario difícil de refutar: la historia es una pura fantasía calenturienta de adolescentes, pero hay que decir, en favor de la película, que el sexo se integra eficientemente con la historia. Los muchachos conciben el viaje a la playa, en primer lugar, como una astucia para seducir; es la líbido la que empuja el desarrollo emocional de los tres personajes principales. Al tiempo que Luisa se libera a través de la exploración de su poder sexual, las relaciones de los muchachos con la mujer madura y con ellos mismos, inevitablemente los obliga a crecer.

Otro punto de debate gira en torno a los desnudos. Hay quienes piensan que fueron integrados con el único fin de crear controversia. *Y tu mamá también* comienza con una franca y abierta escena sexual que anuncia las credenciales atrevidas del filme. Desde esta primera secuencia demuestran Cuarón y compañía que quieren divertirse rompiendo tabúes. En una de las escenas más entretenidas del filme, los muchachos se masturban en un trampolín sobre una alberca. Luego un *close up* muestra gotitas de semen dispersándose en el agua. El erotismo de los episodios sexuales no llega a ser explícito, pero lo importante es que invita a ver a México como un país adolescente y las actitudes de Julio y Tenoch hacia el sexo en su aproximación machista hacia Luisa, resonaron las alarmas de los conservadores.

El estreno "oficial" de *Y tu mamá también*, en julio del 2001, se hizo en el teatro Metropolitan, ahora rehabilitado como cine y sala de conciertos en el centro de la ciudad de México. La sala estaba repleta. Cuarón advirtió a periodistas e invitados que había escenas que podrían escandalizar a los más sensibles. Pidió que cerraran los ojos o fueran al baño si algo les molestaba. La gente explotó en carcajadas y, por supuesto, las escenas sexuales, desde el semen cayendo en la piscina hasta Gael García Bernal y Diego Luna dándose un apasionado beso homosexual fueron fervorosamente aplaudidas.

La distribuyó la 20th Century Fox y a pesar de que no era la primera vez que un gran estudio ponía su infraestructura al servicio de una película mexicana (*Crónica de un desayuno* y *Sexo, pudor y lágrimas* habían disfrutado del mismo privilegio), se trataba de algo inusual que redundó en la exhibición de 230 copias en el país. Cerca de 400 mil personas hicieron largas colas durante la primera semana y el escándalo de la censura (que alcanzaría su clímax más tarde, con *El crimen del padre Amaro*), ayudó a que un filme con indudables valores estéticos recaudara en poco tiempo 12 millones de dólares estableciendo un nuevo récord en las taquillas de México. Fuera de México, *Y tu mamá también* gozó de una historia similar de éxito: al norte, en los Estados Unidos fue una sorpresa; igualmente toda Europa.

A pesar de que el equipo y el reparto estaban orgullosos de lo que habían hecho, el éxito los sorprendió. Gael había pedido a los productores que le enviaran una copia en CD a su casa para ver la película terminada porque, acostumbrado a los altos y bajos del cine mexicano, no creyó que llegaría a las salas. No pensó que estaría en todos los circuitos comerciales y "festivaleros" del mundo: en San Sebastián, en Río de Janeiro, en Nueva York. En Venecia la presentación fue un éxito rotundo: el festival más viejo del mundo, en su edición número 58, premió a los hermanos Cuarón en la categoría de mejor guión; a Gael y a Diego Luna les dieron conjuntamente la presea como revelación en la pantalla. Recibieron el prestigiado premio *Marcello Mastroiani* de manos de Peter Fonda. La película atrajo el premio de la crítica tanto en Londres como en Los Ángeles. En contraste la situación en casa era diferente: *Y tu mamá también* no participó en los premios de la Academia Mexicana de Ciencias y Artes Cinematográficas, los Arieles; como protesta a la exclusión para competir en los Oscares del 2002. *El espinazo del diablo* de

Guillermo del Toro tampoco fue considerada. Este hecho habla de los cotos de poder que se mueven dentro del Imcine.

La Academia Mexicana seleccionó para participar en el Oscar a *Perfume de violetas*, de Marisa Sistach. Durante la ceremonia de los premios Goya en España, los hermanos Cuarón y el resto del equipo declararon que apoyaban la elección de *Perfume de violetas* (un melodrama de final cruento sobre la amistad de dos niñas en los suburbios pobres de la ciudad). Pero era obvio que si la idea era buscar una estatuilla para México, *Y tu mamá también* en sí misma (por su hechura, frescura, actuaciones y guión) tenía mayor oportunidad en Hollywood. *Perfume de violetas* ni siquiera fue seleccionada por la Academia de Estados Unidos para participar en la ceremonia.

Por el éxito que en otros festivales tuvo la película de Cuarón y compañía, era difícil no imaginar la no-selección para los Oscares como un asunto relacionado con la censura o con las redes de poder tejidas hacia el interior de la organización burocrática productora de cine. Sobre todo porque al año siguiente sucedió algo sin precedentes, la Academia de Ciencias y Artes de los Estados Unidos nominó sin intermediación de su contraparte mexicana a *Y tu mamá también* para un Oscar en la categoría de guión original. Era la primera vez que una película mexicana obtenía semejante distinción. Con sus propios meritos, *Y tu mamá también* logró —luego de tanto tiempo— que una película mexicana fuera aclamada al mismo tiempo por la crítica y el público. Todo esto sumado al gran éxito que tuvo en las taquillas de todo el mundo.

Antes de lo sucedido con *Perfume de violetas*, Gael pensó que el Oscar estaba por venir. Era difícil no ser optimista: había estado cerca con *De tripas, corazón* y con *Amores perros*; puede que haya creído que la tercera sería la vencida. No contaba con las mafias dentro de su propia casa ni tampoco que como guión competiría contra *Hable con ella*, de Pedro Almodóvar. Como sea, haber sido invitado a la ceremonia fue un reconocimiento.

Cuba libre

Gael trabajó de coctelero en un bar de Londres, lo cual resultó una especie de "preparación" para las dos filmaciones que haría más tarde con respecto a la revolución cubana. Una de ellas terminó con el mismo nombre del bar en el que trabajaba: "Cuba libre."

Bautizada con el nombre de *Soñando con Julia*, hubo muchos cambios en el nombre hasta que finalmente llegaría a México como *Cuba libre*. *Dreaming of Julia*, para usar su nombre original se localiza en los días de la revolución que tomó el poder en La Habana en 1959. La película sucede en Holguín, un pequeño pueblo al otro extremo de la isla, lejos del calor revolucionario que ya se respiraba. Se trata de un muchacho enamorado del cine que se ve contrariado por un apagón de luz en el pueblo justo durante la presentación de la película *Julie,* con Doris Day. El muchacho está desesperado por ver el final, no sabe que el corte de energía se debe a que los rebeldes de Fidel Castro están muy cerca del pueblo. Gael aparece como el líder local de la guerrilla castrista. A pesar de que la rebelión crece, el círculo de amigos del muchacho y su familia tratan de seguir adelante con la rutina de sus vidas. *Dreaming of Julia* no es en un filme político; es un retrato de los efectos de la revolución en una familia típica en Cuba. Pero difícilmente un modelo de unidad familiar: el abuelo del niño —interpretado por Harvey Keitel— está teniendo un *affair* con otra Julia, en este caso la única ciudadana norteamericana en Holguín. Julia fue interpretada por la danesa Iben Hjejle, y la abuela del niño por Diana Bracho, un personaje que trata de soportar, estoicamente, las infidelidades de su marido. La sexualidad entra en escena con sus propios ritmos: el niño termina enamorado de Julia, por su encanto y belleza. Por si fuera poco, la mujer se parece a Doris Day, así que la abuela comienza a perder a los hombres más importantes de su vida a causa de una u otra Julia.

Dreaming of Julia es una película nostálgica que trata de la propia infancia del director, Juan Gerard González quien, dejó la isla muy joven para convertirse en los Estados Unidos en un exitoso arquitecto. Su amor por el cine lo llevó a realizar el guión del final con su esposa Letvia Arza-Goderich y, gracias a su empeño, consiguió no sólo que se produjera, también dirigirla él mismo. Convencido de que Harvey Keitel podría hacer a un abuelo perfecto, le envió el guión. El hecho de que Keitel aceptara aseguró al filme tres millones de dólares. Habiendo trabajado en las primeras obras de autores como Martin Scorsese, Keitel se solidarizó con Gerard como debutante, dada la naturaleza tan personal del proyecto. Gerard y Arza-Goderich que iban regularmente al Festival de Cine de Guadalajara, conocieron a Diana Bracho y querían que interpretara a la abuela. A su vez, el matrimonio escuchó hablar de un nuevo talento que estaba levantando expectativas: Gael García Bernal. El actor se interesó en la película sobre todo por el tema que tocaba. Cecilia Suárez fue contratada para interpretar a la madre soltera del muchacho. Gerard consiguió un reparto ampliamente internacional que incluyó a los cubanos Reynaldo Miravalles, al español Gabino Diego, la chilena Aline Küppenheim y el puertorriqueño Daniel Lugo.

El papel de Gael es más bien de reparto: una subtrama que a veces parece que, más que apoyar, distrae la atención. Dicho esto, es notable la forma en que García Bernal representa el fervor revolucionario que estaba creciendo en Cuba hacia finales de la década de 1950, contra el régimen de Batista. Gael no aparece demasiado en pantalla. La historia de su personaje ni siquiera se cierra hacia el final: "Era un *cameo*, aunque adorable", dijo Diana Bracho. "Gael es un muchacho muy subversivo, comulga mucho con las ideas de los rebeldes." Y pese a lo escaso de sus apariciones, Gael estuvo involucrado en la filmación todo el tiempo. Hizo más escenas de las que había en el guión original —por petición del director—, pero su personaje terminó casi cortado durante el proceso de edición final.

La primera versión tenía tres horas más de lo previsto. *Dreaming of Julia* llegó a los circuitos de festivales con el retraso de un año y con un corte de sólo 109 minutos de duración. Gael está feliz de haber sido víctima de la edición, insistió en que su personaje fuera cortado lo más posible: "Gael aparece poco porque me pidió que lo cortara", ha dicho Gerard. "Me pidió que quitara diálogos suyos a cambio de acciones y diálogos de otros personajes. Al final acepté lo que me estaba proponiendo porque tenía sentido: ayudaba a darle interés a la historia." *Dreaming of Julia* es un trabajo que habla de la inocencia perdida en los sueños de un niño que se ve involucrado en un mundo adulto, lleno de política y pasiones sexuales. El apagón que le impide seguir viendo a Doris Day tiene sus propias implicaciones metafóricas; habla de un niño que en la oscuridad se siente deseoso de ver a la mujer de sus sueños. La película toca el tema de una vida que de pronto se ve puesta al revés.

Puede que la aparición de Gael sea pequeña, pero esto no impidió a los distribuidores aprovechar su nombre para darle mayor éxito de taquilla. Cuando filmó la película, ya se había filmado *Y tu mamá también* y, aunque no se había presentado, dado el retraso de *Dreaming of Julia*, Gael ya era una estrella cuando se estrenó el filme en México en enero del 2006. Su parte no era mayor que la de una estrella invitada, los posters mexicanos anunciaban a Gael García como protagónico. "De acuerdo con mi contrato, yo tenía que ser la tercera en el orden de créditos, pero cuando salió la película decía 'Gael', en letras enormes", recuerda Diana Bracho con humor, riendo de los trucos de los mercadólogos. Sin embargo, agrega: "Estas cosas no me preocupan porque estoy acostumbrada a que la calidad de la actuación no tenga que ver con tu estatus en el sistema, pero creo que son cosas terribles para el actor, porque crea expectativas en el público que no se ven satisfechas, la gente piensa: 'oh, una nueva película de Gael'. Van y el muchacho aparece dos minutos. La gente con razón se siente engañada y no tiene nada que ver con Gael García Bernal, sino con los distribuidores."

Los equivocados trucos mercadológicos condujeron a malos entendidos. El título original de la película, *Dreaming of Julia*, refiere al deseo de un muchacho que quiere ver el final de una película con Doris Day y que se enamora de otra Julia estadounidense. "Soñando con Julia" es un título que da cierto sentido de nostalgia, pero en México y Brasil los distribuidores la titularon *Cuba libre* sugiriendo una película política que abordaría el asunto de la lucha revolucionaria. Y lo peor, para el DVD en los Estados Unidos, luego de una presentación limitada en las salas de cine, *Dreaming of Julia* terminó

Interpretando al Che Guevara en *Fidel*

llamándose *Sangre cubana,* lo que dio la idea de una guerra violenta con luchas de gángsters en el bajo mundo de Miami y no un filme de sabor dulce y natural sobre la infancia de un niño de la provincia isleña. Puede que mucho se perdiera en la traducción del título pero más significativo fue hacerla toda en inglés. Bracho describe la experiencia como un asunto "surrealista". Quién sabe cómo se pensó que la audiencia podría suspender todo juicio con respecto a la veracidad del lenguaje para aceptar que todos eran cubanos cuando hablaban en inglés, tratando de esconder su acento hispano.

Gael García Bernal hizo otro filme ese año en el que se insistió que su personaje —otro hispanoparlante— fuera interpretado en inglés: *Fidel* es una épica de la Revolución Cubana hecha para la televisión de los Estados Unidos. *Fidel* compartía con *Dreaming of Julia* el deseo del director de hacer que todos hablaran con acento latino. El personaje de Gael era de soporte y otra vez hizo de líder rebelde aunque al menos el personaje era el Che Guevara, una pequeña muestra de lo que más tarde sería su extraordinaria interpretación en *Los diarios de motocicleta.* Otra cosa que unió a estos dos proyectos sobre Cuba y que proveía algo muy significativo en lo que se refiere a Gael, fue la participación de Cecilia Suárez. Más adelante la pareja se ligó sentimentalmente por un tiempo. En *Fidel,* Suárez interpretó a la militante Cecilia Sánchez, su viejo amigo Diego Luna tuvo un papel menor y, curiosamente, también el hermano menor de Gael, Darío, que en aquel tiempo tenía 10 años. La película contó con otro mexicano en el papel principal, el del comandante Castro, Víctor Huggo Martín, un actor que participó en *Sexo, pudor y lágrimas.*

El director británico de la serie televisiva, David Attwood, nacido en Sheffield, se unió al reparto internacional que incluía a la venezolana Patricia Velázquez como Mirta, la esposa de Castro, y a la colombiana Rosa de Francisco como la amante del revolucionario. Producida para la televisión por cable de Estados Unidos, Hallmark, la biografía de Castro se filmó en México y no en Cuba. Se produjo en estudios de la capital y en locaciones de Morelos. Esto al menos da cierta autenticidad a algunas escenas ya que Fidel Castro preparó su invasión a Cuba desde México.

Para Víctor Huggo Martín la filmación fue difícil. Grabó durante cuatro meses y requirió muchos cambios de peso o de apariencia conforme la obra se movía a lo largo de 60 años de vida del comandante Castro. Las cosas para Gael fueron menos serias: "Lo hice por dinero, la verdad. Me pagaron bien y lo necesitaba. Ya había filmado *Amores perros*, pero no se había estrenado y todavía estaba buscando trabajo: era eso o volver a las telenovelas", explicó.

La ironía de interpretar a uno de los revolucionarios más comprometidos en la historia del mundo sólo por hacerse de unos dólares no se le escapa a Bernal: "El Che es la antítesis de lo que yo hice trabajando en *Fidel*. Él sí que tenía ideales en los que creía profundamente." Aunque García Bernal no parece estar muy orgulloso del producto final. *Fidel* está lejos de ser su mejor actuación. Se sintió ridículo en esa barba postiza; parece un niño en una fiesta de disfraces o haciendo una obra de teatro escolar. Sus dotes histriónicas no van más allá de sentarse a fumar puros y gesticular como cubano asintiendo a todo lo que dice Víctor Huggo Martín en una interpretación sublime. Cuando llega el momento en que el Che abandona Cuba para irse a Bolivia, al menos Gael tiene la oportunidad de lucir su inglés. La filmación en Bolivia es la parte más interesante. La transmisión en Estados Unidos causó descontento en la comunidad cubana. Gael hace notar que es difícil tratar de contar una historia épica en tan poco tiempo. Una pieza de cuatro horas dividida en dos partes no da para contar la historia de *Fidel*.

Gael prefiere enfocarse en sus diálogos más que en su interpretación, "es increíble pensar las cosas locas en las que se embarcaron estos revolucionarios para cambiar el gobierno de su país." García Bernal subraya el hecho de que fue un proyecto estadounidense el que finalmente se atrevió a tocar el tema de Castro. "Es una pena que esto no haya sido contado en español. Nuestros países no han querido explorar estos personajes, son intocables. Sólo los gringos se están atreviendo y si nosotros no nos aplicamos, van a seguir siendo ellos quienes cuenten nuestras historias... ¡en inglés!"

En alguien con el coraje de sus convicciones estos comentarios adquieren importancia tomando en cuenta el magnífico papel que hizo interpretando al joven Che Guevara en *Los diarios de motoci-*

cleta. Se trata de una película en español, con talento latinoamericano y hecha con mucho mayor honestidad e integridad. Tal vez la
discreta vergüenza que siente por haber participado en un proyecto
de la biografía de Fidel Castro hecha para Hallmark, le haya servido
como motivación para hacer justicia al Che en esa película.

Vidas privadas

Todo mundo tenía grandes esperanzas en el proyecto *Vidas privadas*. Gael se unió al equipo en abril del 2001. *Amores perros* se había estrenado en varios países hispanos y García Bernal era una estrella en ascenso. Para cuando *Vidas privadas* llegó a los cines, *Y tu mamá también* cumplía su ciclo y su reputación estaba asegurada. Por si no fuera suficiente, el público esperaba ansioso el estreno de *Vidas privadas* como ópera prima del *rockstar* argentino Fito Páez.

Páez tenía 20 años de grabaciones exitosas y cuando decidió embarcarse en este proyecto, acababa de ganar los premios como mejor artista y mejor canción de rock en el Grammy Latino del 2000. Gael ha dicho que se comprometió con *Vidas privadas* porque creció escuchando a Páez. Cecilia Roth audicionó para el papel antagónico de Gael, lo cual dio una nueva dosis de emoción al proyecto. La actriz es estrella de muchas películas de Pedro Almodóvar y era, en aquel tiempo, compañera en la vida real de la estrella de rock. *Vidas privadas* estaba planeada para ser una controvertida obra con mucho sexo y mucha política jugando en la pantalla.

Roth interpreta a Carmen Uranga, una mujer de edad madura que vuelve a Argentina 20 años después de exilio en España, luego del golpe de estado de la dictadura militar. Roth viene a visitar a su hermano, pero los fantasmas de su pasado le salen al encuentro. Uno de esos fantasmas es Gustavo, interpretado por García Bernal. Gustavo es un joven modelo y gigoló a quien Uranga contrata para satisfacer sus apetitos sexuales poco ortodoxos: Carmen se excita escuchando a la gente hacer el amor. Más se enciende si hay al otro lado de la puerta un hombre diciéndole cosas sucias. El gusto parece venirle a la mujer como consecuencia del tiempo que estuvo encarcelada antes del exilio.

Páez cuenta las líneas generales de su idea al escritor argentino Alan Pauls y entre los dos comenzaron a hacer florecer el guión. A fines de 1994, Pauls tenía fresco todavía el éxito que vivió con su libro *Wasaby*. Además de que había sido guionista. Incluso Gael estelarizaría en 2007, una adaptación de su novela: *El pasado*.

Pauls escribe los juegos sexuales de Carmen con Gustavo con una idea basada en la tragedia de *Edipo Rey*, que condujo hacia un mundo de historias ocultas, de secretos que eran mejor no contar. Escribió que, mientras Carmen estuvo en la cárcel dio a luz un niño, Gustavo, el muchacho con quien da rienda suelta a sus perversiones. Se trata sin duda de un papel intenso. De los que le gusta afrontar a Gael García Bernal. Sería su tercer largometraje y aparte de la admiración que ha expresado siempre por la música de Páez era lógico que, politizado como siempre, una película sobre la dictadura argentina le llamara la atención.

Mientras hacía las audiciones para el filme, Páez fue invitado al estreno argentino de *Amores perros*. Inmediatamente supo que Gael estaba hecho para la parte que estaba escribiendo con Pauls: "Me enamoré de su belleza, de su mirada, de su fuerza. Le llamé a un amigo mexicano para que me contactara con él. Al día siguiente Gael me devolvió la llamada." Gael ha dicho: "Yo crecí escuchando su música. Fue un privilegio que me llamara para darme el papel de Gustavo. Después de haber hecho *Amores perros*, quería dejar México para hacerme de nuevos acentos, de nuevas experiencias. Entonces llegó la propuesta de Fito." Puede que el reto de interpretar un nuevo acento lo haya animado, pero paradójicamente: "Es un personaje que me llama mucho la atención porque habla poco y piensa demasiado. A veces el cine adolece de demasiadas palabras." Con todo y que la película de Páez tiene pocas palabras, la meta principal de Gael fue perfeccionar su acento argentino. Para ello trabajó con un asesor de voz durante varios meses.

En marzo del 2001, luego de dos meses de haber iniciado la filmación, los productores se esfumaron. Eran tiempos difíciles para la industria argentina y los presupuestos comenzaron a estirarse por todas partes. Se sentían los inicios de lo que eventualmente conduciría al terrible colapso económico argentino de ese año. Finalmente fue la empresa *Mate*, en España, la que salió al rescate. *Mate* se alió con la productora argentina *Circo Beat* (llamada así por una canción de Páez), que contaba con inversión tanto del mismo Páez como de

Cecilia Roth. Y con otro poco de ayuda del Instituto Argentino de Cine comenzaron a rodar.

Páez dice que la filmación fue un puro placer: los actores, dice, son como los músicos, cada uno tiene su propia especialidad: "Fue como si todos estuviéramos en una recámara con nuestros juguetes, discutiendo, molestándonos, dando forma a algo que no sabíamos qué era. Estábamos dando luz a este nene pieza por pieza: su cara, su pelo, su ropa, su maquillaje, sus deseos, sus defectos, sus sentimientos."

Fue extraño. Basta imaginar un equipo formado por marido y mujer rodando una película en que la esposa se masturba con tipos extraños susurrándole cosas perversas al otro lado de la pared. Es una imagen, cuando menos excéntrica. Páez mismo reconoce que la filmación tuvo sus complicaciones, pero nada que las fuerzas personales y profesionales no pudieran flanquear. Las escenas de sexo fueron manejadas con delicadeza: "Siempre fue muy cuidadoso con estas cosas", dice Roth. "Ensayamos muchísimo y con Gael hubo una gran relación porque es un genio." El respeto era mutuo. Afirma García Bernal: "Cecilia es una gran actriz. Nunca trató de abochornarme con su pedigrí profesional. Uno, mientras más trabaja, más humilde se vuelve."

Vidas privadas se estrenó en España en noviembre del 2001. En Argentina los productores encontraron que las condiciones no eran propicias sino hasta mayo del 2002, y a pesar de que el tiempo de espera había elevado las expectativas con respecto al resultado, de que en toda Argentina resonaba el nombre de las estrellas protagónicas y de que para ese año la gente estaba queriendo ver una película sobre su pasado reciente, las críticas fueron muy negativas. Se reconoció que el filme tenía buenas intenciones y la mayoría trató de encontrarle elementos positivos (el tratamiento del tabú, el debate moral, el tema complejo, etcétera), también se encontró que la obra era bastante pretenciosa. Lo justo era que una película que hablaba de la represión en el país a tantos niveles merecía el beneficio de la duda; pero las mayorías no estaban interesadas en ver el filme de un *rockstar*. Simplemente *Vidas privadas* no funcionó: el guión es disparejo y no encuentra nunca suelo firme para despegar. No permite a las audiencias identificarse con la corriente narrativa; coquetea con ser un *thriller* pero se mueve rápidamente hacia el melodrama. El espectador comienza a sentirse frustrado cuando no logra entender justamente de qué va la película. La primera mitad mantiene el suspenso, pero como nada queda explicado uno comienza a preguntarse por qué todos actúan de forma tan rara. Una lectura generosa de este inicio puede ser que refleja el carácter argentino que trata de reconciliarse con su horrible pasado, que los secretos son algo intrínseco a la gente y que hay cosas que es mejor no tratar de decir... ni explicar.

Conforme la trama avanza, los blancos en la película se agrandan y la historia se cae por completo. Hay pedazos que parecen disonantes, pegoteados. Hay otros predecibles, pero lo más desagradable es que el dramatismo narrativo depende en gran parte de que Carmen de 48, se enamore de Gustavo de 28, sin haberse visto jamás y, lo peor, de un momento a otro. Es cierto: el amor es una cosa misteriosa y sucede en las condiciones más extravagantes. Es posible que la cosa tenga que ver con las complejidades del Edipo, pero hacer creer este romance exige demasiada concesión por parte del espectador. Parte del problema está en la caracterización. La película confía demasiado en la fuerza de una actuación basada en emociones reprimidas. No hay momentos de ternura, calidad o vulnerabilidad para atraer —e identificar— a las audiencias. No hay nada que produzca empatía con los personajes: Carmen es demasiado fría.

Es cierto que Cecilia es una gran actriz; su trabajo en *Todo sobre mi madre* ayudó a Almodóvar a ganar el Oscar como mejor película en lengua no-inglesa, pero no tuvo mucho material para trabajar aquí. Hizo lo mejor que pudo y sacó adelante la película con elegancia, con valiente profesionalismo y mucha fuerza de voluntad. Gael puede justificarse con la falta de diálogo, pero también hay algo que falta en cada una de sus escenas. Este hecho redunda en que no es posible saber qué es exactamente lo que provoca a Gustavo sexualmente. Gael pasa frente a la cámara mucho tiempo: primero en la cama como gigoló y luego en una agencia de modelos, pero en general aparece como un personaje carente de sentimientos. Las escenas que comparte con su padre, por ejemplo, parecen ilustrar la historia de una familia disfuncional, pero los lloriqueos del padre nos dicen más de él que del hijo que es el protagónico. En otro momento se inicia una discusión con Carmen bastante prometedora: Gustavo dice que no conoce otra cosa del mundo que Buenos Aires y el pueblito en el que creció; parece que algo va a despegar, que vamos a encontrar la manera de engancharnos con este hombre, pero la audiencia se queda fría, nunca se ahonda en un momento de su vida en el que se haya sentido fuera de lugar o que haya sentido que no pertenece a ninguna parte. Todo en él parece normal.

Mención aparte merece el final de la película con Gael García Bernal y Cecilia Roth dándose un adiós emocional, pero a Páez en el cuarto de edición le vino otra idea y terminó el filme con una muerte. En Argentina, el DVD presentaba, como un plus, el final original. Y fue este último el que se usó en los Estados Unidos para el estreno de la película. A pesar de que el final es de lo que más desagrada al público y a la crítica, Páez se defiende diciendo que lo filmó por razones comerciales.

Sea como sea, *Vidas privadas* se presentó en 20 salas y un número suficientemente de personas compró su boleto en la taquilla como para recuperar los costos. Pero contrario al fracaso, casi nadie culpó a Gael de ser el responsable. Se atribuyeron las faltas, en todo caso, a las carencias del material a su disposición. Páez afirma que disfrutó mucho del trabajo con el actor. Comparó su interpretación con la de Alain Delon en *Rocco y sus hermanos,* de Luchino Visconti.

Gael García Bernal encuentra que valió la pena trabajar en *Vidas privadas*, aunque a un entrevistador del diario argentino *La Nación* le dijo que lo mejor de todo había sido ver a su novia en el set. Cuando lo cuestionaron sobre la chica él sonrió y dijo: "No voy a decir el nombre para que todas crean que me estoy refiriendo a ellas." En realidad, tampoco era un secreto, la chica en cuestión era Dolores Fonzi. Gael y Fonzi estuvieron saliendo por un tiempo y cuando acabo el efímero romance, siguieron siendo amigos.

El diario *La Nación* elogió mucho al joven mexicano: "Gael García Bernal ha demostrado nuevamente que es uno de los mejores actores jóvenes de América Latina. No sólo le ha dado credibilidad al conflictivo personaje de Gustavo en *Vidas privadas,* además resulta convincente en su imitación del difícil acento porteño." El "porteño" es el *slang* bonaerense. Reproducir el cantadito propio del puerto de Buenos Aires no fue un trabajo difícil, hay que decir. Recordando con entusiasmo el tiempo que pasó en la capital argentina durante la filmación, García Bernal declara al mismo diario: "¡Ay cabrón! Qué mujeres hay en Buenos Aires, es el paraíso." Luego hace una pausa y concluye: "Te voy a decir cómo logré perfeccionar el porteño, no hay mejor manera de aprender ese acento cantadito que con una mujer que te susurra cosas dulces al oído."

La búsqueda del cine en Argentina

Si bien *Vidas privadas* estaba lista para presentarse a finales del 2001, se pospuso hasta abril del 2002, a causa del quiebre económico. Con la devaluación y el ambiente casi anárquico, no fue la única película que sufrió semejante retraso; muchos filmes argentinos que habían ganado premios internacionales, más de 20 películas hechas en 2001, terminaron en el limbo. El colapso económico tomó a los distribuidores por sorpresa, si hubieran estudiado el cine que se hizo en el periodo previo a la emergencia pudieron haberlo previsto.

Nueve reinas de Gabriel Bielinski fue un éxito internacional y habla de un grupo de estafadores en Buenos Aires que se están engañando los unos a los otros. Dan ciertamente la idea de un país hundido en la corrupción que no sabe qué esperar de su futuro. Otra producción exitosa fue *La ciénaga*, de Lucrecia Martel; estrenada a principios del 2001, la película retrata a una clase media complaciente que espera sin entusiasmos a que el gobierno termine por llevarlos a la perdición. Por su parte, *Bolivia*, de Ismael Caetano, cuenta la historia de un inmigrante de los países mas pobres de Sudamérica que va a Argentina para buscarse una vida mejor: todo termina probando que las cosas están lejos de ser mejores en esta "tierra prometida". El muchacho boliviano se las arregla para encontrar trabajo en Buenos Aires, pero hay racismo entre los bonaerenses, ya que la gente que también está sin empleo o quebrada vive en un ambiente de desesperanza. El título sugiere que Argentina no puede seguir sintiendo ese proverbial complejo de superioridad del que se habla, con respecto a sus vecinos, Argentina se está convirtiendo justamente en otra Bolivia.

La historia del cine argentino es muy rica y en muchos sentidos sigue el mismo patrón de desarrollo que México. Desde finales del XVIII hubo un gran interés por las imágenes en movimiento. Dicho interés se desarrolló hasta la década de 1920, cuando tuvo que competir contra la producción hollywoodense. Las oportunidades que surgieron en toda la región a partir de la gran depresión estadounidense parecieron favorecer a las exportaciones. Además, el tango se había popularizado en el mundo y con la irrupción del cine sonoro en la década de 1930, Argentina comenzó a exportar tangos con artistas tan importantes como Carlos Gardel. En la década de 1940, el país gozaba de un sistema de estudio especializado que siguió creciendo hasta formar su propio *Star System*. En 1942, Argentina tenía más de 30 estudios de cine. Pero por desgracia, a partir de la Segunda Guerra Mundial, Holywood retomo su posición imperialista y volvió a dominar la escena. El cine argentino perdió viabilidad comercial, pero continuó experimentando en búsquedas artísticas. Inclinados a seguir el ejemplo cultural de Europa y rechazando el de los Estados Unidos, los argentinos tenían en la mira las modas del cine que venía de París, Roma, Berlín y Londres. Torre Nilsson atrajo atención internacional en 1957, con su éxito en Cannes, *La casa del ángel*, filme que toma prestado elementos del neorrealismo italiano.

Argentina se vio afectada por una serie de golpes militares en la década de 1970. De hecho, no hubo elecciones entre 1960 y 1973, el régimen se volvió autoritario a partir de 1966, lo cual redundó en un cine censurado. En 1968, los cineastas Fernando Solanas y Octavio Getino tuvieron cuidado en ir desmantelando su película *Detrás de los hornos* conforme la iban filmando, en caso de ser detenidos antes de poder terminarla. *Detrás de los hornos* fue un documental de naturaleza subversiva que terminó mostrándose en reuniones clandestinas. La democracia volvió en 1983, con una economía argentina devastada e incluso, se cortó el pobre apoyo que el estado militar les había otorgado. De 46 películas en 1982, la industria pasó a sólo cuatro en 1989. Aunque el apoyo estatal volvería con fuerza en poco tiempo. En circunstancias increíbles Menem llegó al poder y, a partir de 1989, condujo una serie de reformas de libre mercado que, si bien conducirían a los desastrosos eventos del 2001, dieron al pueblo un breve alivio con una aparente explosión económica.

El cine se vio apoyado con ciertas leyes protectoras pese a que el peso argentino fue igualado con el dólar, se privatizaron las instituciones públicas y la economía se desregularizó para hacer de Argentina una economía liberal. En el contexto de la idiosincrasia del régimen de Menem, sigue siendo un misterio saber qué inspiró estas leyes, pero los cineastas argentinos prefirieron mantenerse en silencio para proteger los subsidios y se pusieron a trabajar aprovechando los nuevos apoyos.

Una de estas leyes, por ejemplo, estipulaba que un 10% de cada boleto o renta de video debía irse directo a la producción cinematográfica. Al mismo tiempo, las cadenas televisivas se vieron forzadas a apoyar al cine. Los incentivos ayudaron al cine comercial, casero y "artístico". Otro de los esquemas destinaba ciertas sumas fijas para cubrir las pérdidas en largometrajes experimentales y, había uno que premiaba el éxito en taquilla. A pesar de que Argentina estaba a punto del colapso, todos en el cine parecían ser ganadores. Se inyectó dinero a las escuelas de cine a través del Instituto Nacional de Ciencias y Artes Argentinas (el INCAA) y se restableció el Festival de Mar de Plata en 1996, luego de 28 años en que no se había celebrado. Surgió, además, un nuevo festival en la capital argentina: el Festival Internacional de Cine de Buenos Aires.

Los críticos del gobierno de Menem atacaron sus estrategias con respecto al cine como otro ejemplo de populismo y maquillaje de cifras. En el cine como en el resto de la industria, decían sus detractores, se estaba gastando más de lo que se estaba ganando. Sea como sea, el régimen fertilizó la tierra para hacer crecer una nueva industria, aunque algunas exitosas películas hechas en aquellos tiempos demuestran que el negocio comenzó a ser exitoso, los cineastas no estaban tan seguros. Los nuevos estudiantes de cine tenían profesores que habían vivido los duros años de la dictadura, bajo la regla del terror y la censura. Se recordaba dolorosamente las desapariciones que promovió la junta militar así que no era extraño que hubiera desconfianza en las autoridades. Pocos se creían el aparente milagro económico de Menem.

Lucrecia Martel, estudiante de cine en aquel tiempo, habla del ambiente que se vivía en esos años en *The Guardian*: "Hubo un periodo de euforia justo después de la dictadura, pero muchos ya veían venir la crisis de la década de 1990. Era evidente, había demasiado dinero corriendo en un país que no estaba creciendo. Todas las películas que se hicieron hablan de una u otra forma de esta situación." Martel está hablando tanto de su propia película, *La ciénaga*, como de *Mundo grúa*, *Sólo por hoy* y *Bolivia*, las cuales debutaron en el Festival de Cine Independiente de Buenos Aires en 1999.

Mundo grúa fue la ópera prima de Pablo Trapero. Es una pieza en blanco y negro que trata de un operador que pierde su trabajo y decide ir a la Patagonia en busca de algo que hacer y lo que encuentra es una miseria absoluta. *Sólo por hoy* es un trabajo de Ariel Rotter que habla de una juventud sin ambiciones enrolada en trabajos que son callejones sin salida. Muchachos que no pueden hacerse dueños de su propia vida. *Bolivia* fue el primer proyecto de Caetano, quien había codirigido *Pizza, birra y faso*, con Bruno Stagnaro en 1997. *Pizza, birra y faso* es una pieza que puso a rodar el balón de lo que sería el nuevo cine argentino. Debutó en el Festival de Mar de Plata en 1997, y generó expectativas como ninguna otra película desde *La historia oficial* (sobre los hijos de los desaparecidos durante la guerra sucia) ganadora del Oscar en 1986. El filme de Caetano y Stagnaro habla de un grupo de muchachos de la calle que planean cometer un asalto para salir de la pobreza sin sentido que les tocó vivir.

Estas tres películas argentinas tienen puntos en común: favorecían el realismo y estaban comprometidas con el retrato de los males sociales y económicos de su país. Sugieren que Argentina perdió la brújula en sus ideales, esperanzas y pensamiento. Las historias de estos filmes son pequeñas en apariencia. Pero en realidad están usando dramas personales para subrayar grandes problemas. No ofrecen ni soluciones ni sermones. De hecho, se siente en ellos una falta generalizada de pasión.

A pesar de que estos filmes fueron aclamados en los festivales, los argentinos no se sintieron entusiastas con su nueva camada de filmes, aunque el INCAA contaba con su propia cadena de cines (la proyección siempre estuvo asegurada, al menos domésticamente); a nivel general, los argentinos se resistieron a sus carismas.

El éxito de taquilla en aquel tiempo fue *El hijo de la novia*, de Juan José Campanella. Película escrita para televisión que resultó un éxito ante la crítica y el público. Se estrenó en Buenos Aires en agosto del 2001, *El hijo de la novia* narra el drama familiar de un cuarentón llamado Rafael (interpretado por Ricardo Darín). Vacío de afectos, el mayor de sus dolores es que su madre sufra de Alzheimer y viva ahora recluida en un asilo. El padre de Rafael quiere darle a su mujer, antes de que muera, la boda por la iglesia que nunca tuvo. Es, sin duda, un filme cálido de gran corazón y sin miedo de sumergirnos en un sentimentalismo azucarado. *El hijo de la novia* fue nominada en la categoría de Mejor película extranjera en la ceremonia de los Oscares y, aunque pareciera que no, también representa los problemas sociales que aquejan a los argentinos del momento.

Los tiempos eran difíciles, sí, pero la tradición de levantarse una y otra vez es fuerte en un país como éste. Una vez que la gente se las arregló para ponerse otra vez en pie, volvieron a las salas y, lo mejor, lo hicieron con un nuevo apetito: ver cómo se había reflejado en sus vidas la terrible crisis que acababan de soportar. Tal vez esto explique el éxito de *Pizza, birra y faso* y *Nueve reinas*. Filmes que describían el sentimiento generalizado de los argentinos, inspirados por una necesidad de dar salida catártica a una ira legítima. Dar sentido a las cosas; documentar el aquí y ahora de un país en crisis.

Juan José Campanella estrenó *Luna de Avellaneda*. Otra vez Darien protagonizaba y otra vez el director se las arreglaba para tratar asuntos serios con una frescura capaz de atraer a las grandes audiencias: un centro comunitario está luchando para salvarse. Los miembros del club sopesan los pros y los contras de transformar el lugar en un casino. Se trata de una propuesta del gobierno que al menos, piensan algunos, les dará trabajo. Lo interesante es que el club había sido fundado por inmigrantes hispanos que vinieron a Buenos Aires en los días en que España se veía golpeada por la dictadura y la crisis económica. Ahora, como podía verse en *Luna de Avellaneda*, eran los argentinos los que estaban volando a Madrid en oleadas.

Sin noticias de Dios

Gael García Bernal estuvo a punto de perder la luz divina como Davenport, el ejecutivo en jefe del infierno en el filme español *Sin noticias de Dios*. Se pensó en un actor más grande; se rumoró que estaban tratando de contratar a Mick Jagger para el papel, pero la idea de alguien más joven fructificó y Gael fue elegido. Compromisos en su agenda estuvieron a punto de evitar su participación. Afortunadamente para él, la estrella del filme, Penélope Cruz, se retrasó con la filmación de *Vanilla Sky* en Estados Unidos así que *Sin noticias de Dios* se pospuso tres meses dando a Gael la oportunidad de hacerla después de todo.

Los que participaron en *Sin noticias de Dios* parecen haber tenido una experiencia cuando menos compleja. Si bien la obra fue un fracaso, la interpretación de Gael es divertida y el papel interesante: uno más para poner en el canon. Le ganó incluso una nominación como mejor actor de reparto en los Goyas de España.

Sin noticias de Dios cuenta con la participación de Penélope Cruz y su compatriota Victoria Abril en los papeles principales. Es la primera película que hacían las divas en su país natal luego de muchos años. Cruz se había hecho ya de una sólida reputación en Hollywood con películas como *Blow* junto a Johnny Depp. Mientras tanto, Abril se había dedicado a filmes europeos. Agustín Díaz Yánez, escritor y director de la película, pensó en las dos para actuar juntas en una película así que estaba dispuesto a esperar lo que tuviera que esperar para lograrlo. Este hecho explica tal vez por qué pasaron seis años entre la opera prima de Díaz Yánez (la prometedora *Nadie hablará de nosotras cuando hayamos muerto*) y la decepcionante *Sin noticias de Dios*.

Yánez trabajó en varias películas protagonizadas por Victoria Abril. La actriz le había dicho que le parecería frustrante tener su talento y no tener todos los hilos a su cargo; lo convenció de que sus guiones no lograron sacarle su máximo potencial. Finalmente lo convenció de filmar *Nadie hablará de nosotras cuando hayamos muerto*. Abril le hace la promesa de que ella sería la protagonista lo cual ayudó. Un thriller de acción, a menudo violento, *Nadie hablara* toca diversos asuntos sociales.

Al tiempo que filmaba, Díaz Yánez escribía *Sin noticias de Dios* y por alguna razón parece que este último guión tomó su propio rumbo. Inicialmente similar, al menos en tono, a su opera prima, el nuevo proyecto terminó volviéndose una comedia a pesar suyo. Díaz Yánez se había acercado a Penélope Cruz quien como Victoria Abril quedó fascinada con la historia. Además, a las dos divas les atraía la idea de protagonizar juntas por fin. Se comprometieron al instante. Dos años más tarde, con 6.5 millones de dólares de presupuesto asegurado (una cifra prometedora para una película española que suele costar una tercera parte) el equipo estaba listo para comenzar la filmación en abril del 2001.

Díaz Yánez cita el *Nazarín,* de Luis Buñuel, como su fuente de inspiración: "Quería hacer una película sobre el bien y el mal", dice. "Hacerlo de tal forma que se confundieran y cada que el ángel tratara de hacer algo bueno causara una terrible cònfusión." Inspirada en historias de espías bastante convencionales, Yánez proyectó un *thriller* tipo CIA contra KGB, sólo que poniendo al centro de la arena dramática la lucha del cielo contra el infierno.

El que a Gael le ofrecieran el papel de director del infierno no resulta extraño; Yánez tiene en alto concepto a los actores mexicanos. En la conferencia de prensa que dio durante la presentación de la película dijo: "Los actores de México son para la lengua hispana lo que los actores ingleses son para Estados Unidos. Son los mejores y lo demuestran en cada película. Son los más guapos, los que saben sacar mejor provecho de las situaciones difíciles y en fin, por eso siempre que puedo, pongo un actor mexicano en mis películas." Lo había hecho en su ópera prima. El elenco de *Nadie hablará de nosotras cuando hayamos muerto*, incluyó a seis mexicanos entre los cuales destacan los hermanos Damián y Bruno Bichir. Para probar el punto de que los mexicanos se lo toman muy profesional, Bichir, para interpretar al boxeador de la película de Yánez, decidió entrenarse durante varios meses con Ricardo "Finito" López, leyenda pugilística de México. Yánez comentó más tarde en tono un tanto irónico: "La verdad no es que estuviéramos filmando *Toro salvaje*".

Al inicio, Yánez se había imaginado a un distinguido inglés o a un estadounidense como jefe ejecutivo del infierno, pero en un golpe de inspiración y luego de haber visto un video promocional en el que salía Gael García Bernal, reescribió toda la película y se puso en contacto con él. Gael leyó la historia, le gustó y aceptó trabajar con Yánez. En el *making off* que puede verse en el DVD de la película, el director explica lo fascinado que quedó con su elección: "Gael tenía todo lo que necesitaba: habla inglés perfectamente, es fantástico imitando acentos y estaba en un buen momento porque *Amores perros* había sido vista en todo el mundo. Lo hizo tan bien que todo mundo estaba a sus pies." Junto a Gael estelarizarían grandes estrellas: Penélope Cruz y Victoria Abril, pero también la leyenda del cine francés, Fanny Ardant. El español Juan Echánove cuya obra más conocida es *La flor de mi secreto* de Pedro Almodóvar coronaba el reparto.

La filmación se llevó a cabo entre Madrid y París durante 12 semanas. No hubo ningún problema relevante y todo resultó divertido: "Todavía tengo la resaca de semejante experiencia", diría Gael García Bernal más adelante. El director era la razón principal de todo el jolgorio fuera de la pantalla: "Yánez es encantador; es un tipo agradable e inteligente, un verdadero caballero y tremendo seductor. Es el director más guapo con el que he trabajado y tal vez uno de los más generosos, siempre he dicho que a causa de su carácter lo considero un mexicano honorario." Gael García Bernal era un colega muy popular. Victoria Abril lo invitó a visitarla en su casa de París y con esta visita comenzó una larga amistad que echó raíces. El mexicano se hizo también amigo de Elena Anaya quien había interpretado a una cajera del supermercado en la película: hubo roces amorosos con todo y que no filmaron ninguna escena juntos. A Penélope Cruz, Gael la había conocido en la fiesta que ofreció Salma Hayek después de la ceremonia de los Oscares.

Sin noticias de Dios es un claro ejemplo de apostar mucho y perderlo todo. La premisa central es que Dios está deprimido y cansado por tener que tratar con los humanos: después de haber hecho todo por ayudarlos simplemente se va, renuncia: ¡Adiós! En ausencia del creador, el paraíso entra en crisis. Los diablos se lanzan todos al mundo a la caza de almas humanas. Fanny Ardant, jefa del paraíso, trata de reiniciar la lucha por el bien humano enviando a la Tierra a un ángel: Victoria Abril. Abril tiene que salvar precisamente a un boxeador, Manny, tipo rudo y de pasado turbulento. Por supuesto, el jefe del infierno (Gael) se entera de la movida y envía a uno de sus oscuros agentes, Penélope Cruz, para hacer caer al boxeador en toda suerte de tentaciones y asegurarse de que la última morada del pugilista sea el infierno. Las dos divas españolas luchan por el alma de Manny: una se encarna en su esposa y la otra en su prima.

Suena un poco inocente; si uno ve la película, hay cosas que no quedan claras. Para empezar, el alma del boxeador, un personaje sin encanto, ¿por qué es tan importante para los directivos del cielo y el infierno? Nunca se esclarece, aunque hay una explicación que complica todo atrayendo al espectador más despistado hacia la inconsistencia de la película. Otro capricho estético es representar las escenas del cielo en un París en blanco y negro atrapado para siempre en la década de 1950, dirigido por una mujer paciente y hermosa (Ardant). Mientras que el infierno es una pesadilla enloquecedora futurista, dirigido por un hombre sutilmente loco: Gael.

La película fue hecha con la intención de poner juntas en la pantalla a Penélope Cruz y a Victoria Abril. Cruz, tan delicada y femenina, interpreta a una diablita machorra, con tendencias bizarramente lesbianas que camina presuntuosa y grita vehemente cuando mira películas de gángsters. Por su parte Abril, reconocida, al menos en España, por sus papeles de mujer dura (como en *Tacones lejanos* o *Kika* de Pedro Almodóvar) hace aquí de una perfecta y santa figura materna. Puede que el chiste funcione en España donde ambas actrices son extraordinariamente conocidas y populares, es decir, que la gente ría viendo el reverso de los papeles en los que está acostumbrado a verlas, pero se trata de una premisa muy sutil como para hacer que todo un largometraje funcione, sobre todo porque el público internacional no entiende cual es el chiste de ver a Penélope Cruz haciendo la machorra. En España la película fue un éxito. Obtuvo más de 13 nominaciones al Goya pero no ganó nada. *Los otros*, de Amenábar la dejó en blanco.

García Bernal interpreta al jefe ejecutivo del infierno no como

El Mal encarnado, sólo lo dibuja para justificarlo. Se aproxima a él como una suerte de Julio en *Y tu mamá también* crecidito y en drogas. Hiperactivo y necesitado a veces de subir para quitarse la cruda, a veces de bajar para quitarse el pasón. Hay referencias a un problema de alcoholismo del jefe del infierno: cuando él y Ardant comparten una mesa (cada vez que el cielo y el infierno tienen que negociar un intercambio de papeles), la francesa sugiere que tal vez el jefe demoniaco haya bebido demasiado. La ropa que usa Gael para su interpretación es tan extravagante como la obra misma: trajes de rojo sangre, chillantes playeras de la época disco (una de ellas muestra la cara de Maradona y dice "El dios"). Gael hace del Gerente General del inframundo, un corrupto y deshonesto dueño de clubes nocturnos (o al menos su equivalente mexicano). Él mismo lo ha dicho, que basó su interpretación en un promotor de toros al que conoció y del que sabe no tiene escrúpulos. Otra referencia para el actor fueron los políticos mexicanos: "Mi personaje es el promotor del averno y todo el asunto, del cielo y el infierno, resulta en verdad burocrático." Como puede verse, la película tiene un sentido del humor oscuro y recargado. Por cierto, Jack, el personaje de Gael aprovecha una escena para lanzar un discurso político: dice que su posición como jefe del infierno corre peligro a causa de un complot para correrlo, ya que sus rivales piensan que es anticuado. En su defensa argumenta que si lo corrieran sería desastroso, pues quines quieren el trono no respetan ni siquiera las tradiciones y reglas no escritas que se han establecido desde hace tanto. Cielo e infierno, concluye, tienen que existir para que sea posible que los hombres elijan entre el bien y el mal, entre actuar con o sin honor. Viendo la escena uno puede imaginarse a Gael completamente borracho diciendo algo así, medio en broma, medio en serio con sus amigos. Se trata de una aproximación ética bastante básica. Sus conclusiones lógicas parecen dar a la película una moraleja. Y lo malo no es esto, sino que al final haya moraleja en un filme que todo el tiempo ha presumido no tomar nada en serio.

Cuando está en el infierno, las habilidades de Gael con el idioma inglés son realmente impresionantes. Resulta muy simpático; es capaz de hacer levantar la ceja al inglés más flemático. No hay en su forma de hablar nada de *American nonsense.* El actor disfruta de ese idiolecto suyo sazonado con palabras y sonidos que evidentemente habrá aprendido durante su vida en Londres. Al mismo tiempo, cuando visita la tierra, mantiene el *slang* mexicano introduciendo un "güey" cada cinco palabras. Es evidente que Gael se debe haber divertido mucho con este papel. Para empezar, están las escenas que comparte con Ardant. En una secuencia, los dos suben a un taxi y se dan tiempo para coquetear. Todo indica que hubo una historia amorosa entre los directores del cielo y el infierno, aunque la virtuosa jefa tiene más fuerza de voluntad que su contraparte demoniaca. Le dice de pronto: "Ya estamos muy viejos para esto, Jack." ¡Vaya! Parece que en el universo de esta película, una francesa cincuentona y un veinteañero chilango pertenecen a la misma generación. Y no importa que estemos hablando aquí de Fanny Ardant, icono de la pantalla francesa con belleza eterna, pero la cosa resulta del todo inverosímil. Como sea, Gael reconoce "lo que compartí con ella fue increíble, quiero decir: la he visto bostezar, ella me ha visto estornudar. Viajamos en la misma barca y compartimos un taxi. Son detalles aparentemente sin importancia, pero resultan muy significativos para mí porque es la mujer más hermosa con la que he tenido la oportunidad de hacer este tipo de cosas."

Además de que disfrutó ampliamente su experiencia, *Sin noticias de Dios* le dio a Gael García Bernal una primera experiencia introductoria en las ventajas de la colaboración lingüística. Cuando promocionaba la película dijo: "Los cineastas hispanos deberían trabajar en bloque, como hacen los asiáticos con todo y que ellos hablan lenguas distintas." Es un mensaje que ha repetido varias veces desde entonces.

Por su trabajo como jefe del infierno, García Bernal obtuvo una nominación al Goya como mejor actor de reparto. Volvió a casa sin haber obtenido el premio y los comentaristas vieron el hecho como una discreta forma de ignorarlo.

El crimen del padre Amaro

Luego del éxito de *Amores perros* y de *Y tu mamá también*, Gael García Bernal trabajó en varios proyectos fuera de México. *El crimen del padre Amaro* significó el regreso a casa ¡y qué regreso! *El crimen...* rompió récords de taquilla en el país, le dio exposición internacional y una nominación al Oscar.

En *El crimen del padre Amaro*, García Bernal interpreta a un sacerdote de cara fresca que acaba de salir del seminario. Le espera un brillante futuro en la Iglesia, pero es enviado a una pequeña parroquia donde será expuesto a las prácticas del sacerdocio del día con día junto al padre Benito. Sale a luz el asunto de que su mentor no maneja las cosas en forma ortodoxa. Además, Benito mantiene una curiosa relación con el jefe local del narcotráfico (bautiza a sus hijos a cambio de cuantiosas limosnas). Por si fuera poco, el corrupto padre mantiene un alocado *affair* con Sanjuanera, la dueña del bar del pueblo. La mujer tiene una hija de 21 años, Amelia (interpretada por Ana Claudia Talancón). El joven Amaro de 24 años se enamora de ella... o cuando menos le causa deseo. Antes de que pueda rezarse un Ave María, Amaro rompe el voto de castidad y Amelia queda embarazada. La solución del joven es poco católica: la conduce a una clínica clandestina y la obliga a abortar. A pesar de semejante pecado, Amaro es visto en la película haciendo progresos profesionales, demostrando que puede ser excelente aprendiz del excéntrico padre Benito y del padre Natalio, otro sacerdote que apoya a los guerrilleros locales.

A diferencia de *Amores perros* y de *Y tu mamá también*, enteramente financiados con inversión privada, *El crimen del padre Amaro* siguió rutas más convencionales y recibió apoyo del Imcine. Fue producida por Daniel Birman, hijo del legendario *auteur* y diva Arturo Ripstein y nieto de Alfredo Ripstein, productor desde tiempos del cine de oro mexicano. Don Alfredo Ripstein trató de llevar a la

El crimen del padre Amaro

pantalla *El crimen del padre Amaro* desde la década de 1940. No lo había conseguido, pero renovó esfuerzos en 1975 pasando la estafeta a su nieto. El financiamiento vino de productoras españolas, francesas, argentinas y Daniel Birman completó lo necesario con dinero del Imcine. *El crimen del padre Amaro* fue la primera novela de Eça de Queiroz, clásico de la literatura portuguesa, escrita en 1875, y para adaptarla a la pantalla, Alfredo Ripstein pensó en el México contemporáneo. Como había trabajado con Buñuel, en el *Ángel exterminador*, el productor tenía experiencia con cine anticlerical, pero para no exagerar la nota pidieron a Vicente Leñero que escribiera la adaptación. Vicente Leñero es un distinguido periodista y dramaturgo conocido también por ser un católico confeso.

Entre muchas otras cosas, Leñero había escrito, junto con Fernando León, el guión de *La ley de Herodes,* aquel filme que tanta polémica causó por su retrato de la corrupción que tuvo sumergido al país durante 70 años. Acostumbrado a los trabajos difíciles (pues fue un importante colaborador de *Proceso*, la única revista realmente subversiva en los momentos difíciles del país), Vicente Leñero no parecía tener miedo de meterse ni con el gobierno ni con la Iglesia. En cuanto a los directores, fue un poco más difícil encontrar quién se embarcara en la aventura. Varios de ellos rechazaron el proyecto porque encontraron el tema demasiado candente para el México de aquel momento. Sin embargo, Carlos Carrera, cineasta muy apreciado en México, ganador de la Palma de Oro en Cannes por su cortometraje *El héroe*, pensó diferente. Abiertamente anticlerical, Carrera no sólo estaba dispuesto a entrar al proyecto, quería también provocar controversia. Al final, la mancuerna Carrera-Leñero trabajó el guión en torno a la Iglesia. Fue una excelente combinación que no estuvo exenta de roces. El guión de *El crimen del padre Amaro* toca los principales problemas del México contemporáneo: el tráfico de drogas, las luchas guerrilleras y, por supuesto, el aborto. Para trasladar al país la novela original, hubo que hacer otros cambios estructurales; cambiar el nombre del pueblo, por ejemplo. El portugués Leira se convirtió en Los Reyes, y como se pensó que Gael podría interpretar al padre Amaro, hubo que bajarle varios años al protagonista. En la obra de Queiroz, Amaro está en sus 30, pero Gael (gracias a quien consiguieron el financiamiento, al menos al principio) estaba iniciando sus 20. Amaro tendría que tener 20 también.

Carrera ha dicho que "escogió" a Gael por la ambigüedad que siempre ha sido capaz de dar a sus personajes. En el caso particular del padre Amaro, su habilidad para parecer al mismo tiempo angelical y manipulador resultaba fundamental. Afirma que no lo escogió por su nombre, sino por sus habilidades histriónicas: "Gael estaba haciendo *Y tu mamá también* cuando hicimos la audición. Nos tomaron otros cuatro años para conseguir el financiamiento, así que es obvio que leyó el guión antes de volverse una estrella." Con respecto a Gael la historia va así: después de *Amores perros,* el actor recibió una marea de ofertas para interpretar "latin lovers" o muchachos de barrio con ganas de triunfar. *El crimen del padre Amaro* brillaba en todo este fango: "Carlos me dio el guión y me gustó mucho la idea de explorar el carácter de un sacerdote tan enigmático, con tantos conflictos y complejidades morales", explica. "Es un hombre que pone el temor a Dios por sobre todas las cosas y que, sin embargo, se ve comprometido aquí por sus ambiciones terrenas." Si el Julio de *Y tu mamá también* era en muchos sentidos como el Gael verdadero, parte del atractivo de Amaro era justamente la diferencia: "Siempre es un reto interpretar a alguien que no entiendes. Amaro es un hombre con mucho miedo a Dios, a su sexualidad y a sí mismo." Para prepararse para el papel, Gael García fue a misa durante varios meses y consultó a varios sacerdotes. Es hijo de padres liberales y no había sido educado estrictamente en el catolicismo, pero crecer en México incluye al menos una empapada de Iglesia. Mientras promovía el filme, Gael hizo uso de la cínica frase de Buñuel: "¡Gracias a Dios, soy ateo!"

La filmación tuvo lugar durante siete semanas a finales de 2001: comenzaron a rodar en noviembre. Los interiores se filmaron en la ciudad de México, mientras que las escenas en la iglesia se hicieron en un pequeño pueblo cerca de Taxco a 40 kilómetros al este de la ciudad de México. Hicieron exteriores en Xico, en el estado de Veracruz hacia el Golfo de México. María Estela Fernández estuvo a cargo del vestuario en *El crimen del padre Amaro* y recuerda: "Fue una filmación excelente y sin retrasos mayores, a pesar de que estuvo caracterizada por falta de dinero. El equipo y el reparto se llevó siempre bien. Trabajamos como 80 personas en el equipo y todos nos quedábamos en el mismo hotel, incluso Gael con todo y que era la estrella de la película. "Gael siempre se mezcla con el equipo. Charla con todos. Suele ser muy abierto."

García Bernal y Carlos Carrera discutieron mucho en torno a la personalidad de Amaro. Era un personaje distinto a todo lo que el actor había hecho hasta entonces. Aparte, Gael no tenía educación religiosa y tenían que ponerse de acuerdo. Actor y director concluyeron que Gael tendría que tomar algo como un curso rápido de religión. Después concluyeron que la vocación sacerdotal de Amaro no era una llamada religiosa sino una búsqueda de ascenso social. Para interpretar a este sacerdote ambicioso había que hacer coincidir cada parte de su vida con sus verdaderas intenciones, desde su forma de moverse, de mirar, hasta la forma de vestirse. Hay muchos estilos de vestir en el mundo eclesiástico y en ello se pueden notar las aspiraciones de un religioso: si se siente atraído por la parte "revolucionaria" del evangelio comulgando con los pobres o con el poder de la Iglesia, todo esto se ve en el vestuario. No es lo mismo un cura que usa jeans que uno que viste cuello romano de puro algodón y sotanas de más de 1 000 dólares. Al final, el director y el actor decidieron que el padre Amaro estaría al centro de los extremos. Vestiría jeans, pero jeans de marca. La gente ha comentado lo bien que se veía García Bernal en vestuario litúrgico con todo y que "la idea", afirma Fernández, "era no hacerlo parecer demasiado guapo. Carlos quería una película realista y cuando trabajas con una personalidad como Gael es importante ser preciso con la ropa para que la gente se olvide que está viendo a una estrella y se concentre en el personaje." Cosa difícil en realidad, Gael ya era una estrella. Y el hecho de que hubiera vuelto para filmar después de tanto tiempo, resultó en una horda de periodistas de espectáculos haciendo las típicas preguntas impropias.

Conforme se aproximaba la fecha del estreno, comenzaron a crecer geométricamente las expectativas, y dado el tema de *El crimen del padre Amaro*, iba a haber núcleos de la sociedad mexicana que tarde o temprano se sentirían atacados. El ultraderechista grupo Provida fue el primero en explotar contra una película de la que no sabían absolutamente nada: Jorge Serrano (quien más tarde se vio involucrado en un escándalo por haber desviado fondos de la institución para comprar tangas femeninas) se mostró tan indignado que decidió tomar cartas en el asunto: emprendió una demanda contra el Secretario de Gobernación, Santiago Creel, por no haber censurado el filme. Por si fuera poco, demandó también a Sari Bermúdez por autorizar, a través del Fondo Nacional para la Cultura y las Artes, el financiamiento de *El crimen del padre Amaro.*

Se trata sin duda del reflejo de una ultraderecha sin principios religiosos que estaba queriendo utilizar la sincera fe de millones de mexicanos para hacerse notar y abrirse brecha política. Jorge Serrano criticó que el Imcine hubiera presupuestado 18 millones de pesos a través del Foprocine a una película que, según él, atacaba la fe del mexicano. El señor Serrano no parecía saber quién era Vicente Leñero, guionista católico comprometido con la lucha justa en pro de la verdad en el periodismo y que estaba lejos de querer alentar el amarillismo, y que aceptó adaptar una obra clásica de la literatura universal como ya había hecho en la película *El callejón de los milagros.*

Los verdaderos católicos, y hasta los políticos razonables de centro-derecha, no se preocuparon mucho: Sari Bermúdez dijo haber apoyado el proyecto por sus méritos artísticos y subrayó que México era un país libre. La asociación Amigos de México elogió el hecho de que los impuestos ciudadanos hubieran servido para garantizar la libertad de pensamiento, expresión y discurso; otros hicieron notar que era importante que la Iglesia, significativa para tantos mexicanos, tocara un tema que nadie se había atrevido a tocar en el pasado. Hubo líderes eclesiásticos que cayeron en un juego que, en el fondo, sólo estaba tratando de hacer publicidad a la película: hubo curas que exigieron a las autoridades detener el filme (un filme que no habían visto) por "el bien del pueblo". El archidiácono de Morelia dijo: "Es un trabajo cargado con odio hacia la Iglesia"; mientras que la Conferencia del Episcopado Mexicano, en declaración formal clamó que la película era "una ofensa a la libertad religiosa al burlarse de los símbolos más sagrados de la fe católica." La Conferencia del Episcopado se refería a dos escenas: en una de ellas Amaro, para seducir a Amelia, le quita el velo azul a una imagen de la virgen y lo coloca sobre la cabeza de su amante diciendo: "Eres más linda que la virgen." En otra, una mujer alimenta a un gato con una hostia consagrada, esto es, con el cuerpo de Cristo. El tema de la Virgen ha sido siempre un tema sensible para los mexicanos cuyas mayorías se consideran "guadalupanos": la Virgen de Guadalupe es probablemente la imagen cultural y religiosa más amada de México.

Carrera, el director, afirma que la escena fue tomada textualmente del libro y que era importante porque define el carácter de Amaro, pues se trata de un sacerdote que más que vocación religiosa tiene deseo de poder. La escena se filmó como cualquier otra: Carlos hace su trabajo como si estuviera jugando. Ni Gael ni Ana estaban nerviosos —no tenían por qué estarlo— y nadie vio raro lo que estaba sucediendo hacia el interior de la secuencia. Era una más. "Lo único memorable en verdad", afirma Fernández, la vestuarista, "es que Ana se veía hermosa con ese velo."

En Guadalajara (uno de los lugares con mayor densidad de católicos practicantes en todo el mundo), miembros de la juventud católica pegaron pancartas en cines y centros comerciales, e imprimieron playeras con una imagen de la Virgen de Guadalupe y la frase: "Si me amas, decide". Supuestamente lo que tendrías que decidir, si amabas a la Virgen, era ver o no la película. Hubo volantes y pósters, se repartieron panfletos, se pegaron afiches en las paredes de los pueblos y en las puertas de las iglesias. Todos los "píos" urgían a la gente a abstenerse de ir al cine. Algunos grupos publicaron anuncios a página doble en los periódicos nacionales (mucho dinero se necesitó para semejante cosa) advirtiendo que era un "deber moral" boicotear la obra. Lo cierto es que a pesar de la histeria, el filme no se había estrenado. Difícilmente cualquiera de los que estaban patrocinando semejante campaña, habían visto *El crimen del padre Amaro.*

Gael recuerda el periodo con un poco de vergüenza: "Lo que sucedió en México fue obsceno en verdad, yo estaba defendiendo una película que la gente no había visto. Quienes protestaban contra *El padre Amaro* no sabían de que se trataba, no había denominador común para comenzar a hablar. Era estúpido." La reacción de Carlos Carrera en tiempos de la tormenta seguía el mismo tenor y subrayaba que la película no era un ataque ni a la religión, ni a la Iglesia:

"No sé por qué están tan ofendidos. Ni siquiera la han visto, es cierto que algunos personajes tocan el tema del celibato, y el tráfico de drogas, pero hay otros hombres honestos que siguen su religión al pie de la letra. Obviamente no estoy diciendo que todos los sacerdotes son corruptos; ésta es la historia de uno de ellos." Agrega: "A pesar de todo, es posible que haya más curas como Amaro, al menos en nuestro país."

Por una extraña coincidencia, *El crimen del padre Amaro* fue programada para estrenarse en México durante una visita pastoral de Juan Pablo II. Que se estrenara el filme hubiera sido visto como una provocación, así que los distribuidores accedieron a posponer una semana el estreno, que llegó por fin el 8 de agosto del 2002. Otra concesión para los que protestaban fue un cintillo en el que se advertía que había escenas que podrían ofender susceptibilidades. Aparentemente la distribuidora Columbia Tristar estaba jugando el papel de pacificador, pero no eran estúpidos, sabían lo que estaban logrando: *El crimen del padre Amaro* fue lanzada en 365 pantallas en todo el país, un número sin precedentes: *Amores perros* se estrenó con 222 copias, *Y tu mamá también* con 230.

Sólo en la primera semana de exhibición, 862 mil personas fueron a ver *El crimen del padre Amaro*. El récord anterior para una película mexicana había sido *Y tu mamá también* que se ayudó de igual forma con escándalo y que con 355 mil 646 asistentes en su primera semana había tenido menos de la mitad; tres semanas después de su estreno, *El crimen del padre Amaro* se había convertido en el éxito taquillero más importante en toda la historia de México, recaudó 119 millones de pesos. El récord anterior lo había tenido varios años *Sexo, pudor y lágrimas*, con 118 millones de pesos. Seguía *Y tu mamá también* con 103 millones y *Amores perros* con 95 millones. Al final, *El crimen del padre Amaro* obtuvo 172 millones de pesos sólo en territorio nacional. Refiriéndose al antes y el después de esta película, dice Carlos Carrera: "Por una parte, sufrimos un México vivo que pensábamos que ya estaba muerto, un México conservador, de la edad oscura, un *México* que creímos que había desaparecido de nuestras vidas; pero por otra parte, hubo un México que demostró ser más maduro, sano, con juicios propios."

A los mercadólogos les convino la algarabía, invitaban a la gente a ir al cine como forma de protesta ante una posible censura. En términos de demografía cinematográfica, la clase media a quien no le importaba mucho que la Iglesia fuera criticada, se volcó a las salas. Los trabajadores, la sección más fiel a la Iglesia católica, no va al cine en cualquier caso.

El éxito taquillero resultó poco confortable para muchos. Para empezar el mismo Gael: "A lo mejor el filme no es tan bueno; a lo mejor hicimos sólo tormentas en vasos de agua. Es eso lo que me hace sentir que todo fue un poquito obsceno, porque la gente no se estaba refiriendo a la película concreta", dijo a *In the Wire*. Como gesto de solidaridad liberal, las críticas a la película fueron muy halagadoras. Se escribió que los medios habían generado el escándalo para manipular a la ultraderecha, obligarla a hacer pronunciamientos cada vez más idiotas que eran en realidad una invitación a ver la película. Gael dijo a *The Observer:* "Todo el ruido lo generaron los medios. Periodistas sin escrúpulos que tocaban a las puertas de las parroquias de las iglesias y preguntaban a los curas: '¿sabe que hay una película así y así...?' Ellos por supuesto reaccionaban '¿Qué?' 'Tenemos que detenerlos'. Lo peor de todo es que tiene su lógica: hubo un tiempo en que los periodistas no tenían esa libertad. Por primera vez podían divertirse en grande."

Viendo la película, muchos reseñistas se sorprendieron de que no fuera una agresión abierta hacia la Iglesia y alabaron su balance. Todos estuvieron de acuerdo en que no se debió haber causado semejante fervor. Dadas las expectativas, muchos se quedaron con un amargo sentimiento anticlimático. Dejando de lado asuntos como la libertad de expresión, *El crimen del padre Amaro* es un trabajo bien hecho, bien actuado, bien dirigido y bien fotografiado, pero nada más. Cuando el polvo del escándalo comenzó a caer y aparecieron en el horizonte las cuantiosas ganancias de taquilla, los críticos lo lamentaron. No era para tanto: Gael había dicho que hizo este trabajo para hablar del temor de Dios, de lo que motiva a Amaro, pero en verdad la película no trata de eso. Habla de la corrupción del gobierno, de la relación del poder con la Iglesia y cosas así, pero nunca con suficiente profundidad. Con respecto a los elementos sexuales, es obvio que el filme quiere conmover a expensas de la novela. Fuera de México, *El crimen del padre Amaro* fue juzgado por sus propios meritos, así que pasó desapercibido. En aquel tiempo, una serie de espantosos crímenes sexuales perpetrados por sacerdotes estaban llegando a los diarios. *El crimen del padre Amaro* se veía inocente con respecto a lo que podía leerse en los diarios del mundo. La película adquirió su justo valor e hizo un negocio respetable a pesar de que muchos fueron a verla más allá de las fronteras mexicanas, como parte de un cine que se estaba haciendo en América Latina o para seguir la carrera de Gael García Bernal. Después de *Amores perros* y de *Y tu mamá también*, fue el trabajo del actor lo que decidió a la gente a ver la película por ellos mismos. Algunos, han sugerido que la Iglesia perdió la batalla por Gael: si el actor hubiera sido en verdad un sacerdote, más gente se estaría confesando y no yendo al cine.

Brasil responde a la adversidad

El crimen del padre Amaro se presentó en el Festival de cine de Toronto en 2002, pero la ensombreció otra película de América Latina, *Cidade de Deus*. En forma similar a *Amores perros, Cidade de Deus* se convirtió de pronto en un evento social que trascendió el mundo del cine para volverse un tema de fondo en el país; en este caso, Brasil. En octubre de ese mismo año, un hombre que de niño limpiaba zapatos, Luís Ignacio Lula da Silva, ganó las elecciones. Fue el primer presidente socialista en toda la historia de Brasil y el cambio comenzó a sentirse en el aire. Uno de los primeros problemas de este país era el crimen en sus ciudades. Millones de personas están viviendo en favelas, colonias controladas por jefes de la droga; armados y con control sobre la ley: las redadas convirtieron a las favelas en zonas de guerra durante mucho tiempo. Las favelas son una realidad ignorada en Brasil. *Cidade de Deus* muestra la vida en ellas y lo hace en forma tan impactante que pone la realidad, casi la embarra, en la cara de todo el mundo.

Lula basó su campaña en la promesa de representar a los excluidos del Brasil y llegar hasta los problemas de raíz. En la su carrera hacia la silla presidencial, invitó al presidente anterior, Fernando Enrique Cardoso, a que viera la película. Así, dijo, podría comprender mejor los problemas urbanos. Cardoso siguió el consejo, como muchos otros y *Cidade de Deus* se convirtió en una de esas obras que uno tiene que ver a toda costa. El filme se volvió un éxito sin precedentes.

Fernando Meirelles dirigió *Ciudad de Dios*. Walter Salles, quien dirigiría más tarde *Los diarios de motocicleta,* la produjo. Brasil parecía estar teniendo un resurgimiento fílmico. En 1998 *Estación Central* había despertado a una industria que cayó en decadencia durante la década de 1960.

Río acogió la primera demostración del cinematógrafo en julio de 1886. Los brasileños comenzaron a hacer sus propias películas casi de inmediato y al periodo entre 1908 y 1912 se le conoce como la *Bella época* del cine brasileño, con más de 100 películas cada año (la mayoría basadas en documentales, aunque hubo también ficciones) alimentó una verdadera industria. Como en el caso de México y Argentina, *Hollywood* acabó con la naciente producción, pero la aparición del sonido permitió un impetuoso renacimiento de la energía nacional. Una fórmula popular en California consistía en hacer películas alrededor de una estrella y ponerle números musicales. En Brasil dicha fórmula condujo a las *chanchadas*: comedias musicales carnavalescas.

Las chanchadas tuvieron su apogeo entre 1930 y 1950, época en que Carmen Miranda se volvió símbolo de sensualidad en el mundo. Gracias al género, Brasil gozó de su propio sistema de estudios los cuales ayudaron, en muchos sentidos, a forjar la identidad cultural del país de Sudamérica. Las chanchadas no eran grandes obras desde el punto de vista artístico y los jóvenes aficionados al cine no tomaban el asunto en serio. La revista *O Metropolitano* había terminado por volverse influyente artística y técnicamente, en particular había atraído la atención de los brasileños hacia el neorrealismo italiano, no sólo por sus virtudes estéticas, también porque era una forma práctica y barata de hacer grandes obras de arte. En 1955, Nelson Pereira dos Santos realizó *Río 40 grados*, mostrando a la gente de todos los días en locaciones populares como el Corcovado, Maracaná, las plazas y por supuesto las favelas de Río de Janeiro. Más tarde, en 1958, Pereira repitió la fórmula con *Río, Zona Norte*, nació la Nueva Ola Francesa que rápidamente desplazó al neorrealismo. Los artistas brasileños comenzaron a experimentar con el corte directo y pronto produjeron una propia escuela estética que fue bautizada como Cinema Nôvo en 1963. Pereira dos Santos produjo *Vidas secas*, historia de una desesperada familia que tiene que lidiar con la sequía. Por su parte, *Os Fuzis* de Ruy Guerra de 1964, cuenta como un grupo de soldados defienden una tienda de comida de la gente hambrienta. Al año siguiente se produjo *Dios y el diablo en la tierra del sol*, clásico del cine latinoamericano dirigido por Glauber Rocha. En *Dios y el diablo*, Rocha expone las brutales condiciones de vida del campesinado hacia el interior de Brasil.

Un golpe de estado cambió el panorama político en 1964. Las autoridades prohibieron *Vidas secas* como parte de una campaña de censura. Al mismo tiempo, los nuevos gobernantes militares establecieron la Institución Nacional de Cine (Embracine) que buscaba ser plataforma de películas que mostraran al mundo un arte audiovisual brasileño sofisticado y progresista. Rocha consiguió pasar a través de este periodo con *Terra en transe* de 1964, la cual habla de un político corrupto. Hubo nuevos cambios y nuevos golpes políticos que terminaron con un gobierno en el poder aún más duro. Y 1968, terminó con la alegría fílmica, Embracine y Concine se dedicaron a producir una corriente continuada de filmes conformistas con ningún valor cultural. *Doña flor y sus dos maridos* destaca fuera de toda esta mediocridad. En 1976 fue el mayor éxito taquillero en toda la historia del país (apenas después de *Tiburón* que había sido lanzada el año anterior). Al otro lado del escenario, las "pornochandas" se habían adueñado del escenario.

La recesión económica golpeó a Brasil en la década de 1980, así que la televisión tomó el control de las audiencias y comenzó la adicción nacional por las telenovelas. Las cosas parecían ir de mal en peor y entonces, los militares fueron sustituidos por los políticos. En cuanto Fernando Collor de Mello llegó a la presidencia, en marzo de 1990, transformó el Ministerio de Cultura en Secretaría y cerró varias instituciones que tradicionalmente eran apoyadas por el gobierno. Desapareció Embracine, empresa que había asegurado la distribución nacional durante mucho tiempo. Puede que Embracine haya apoyado un cine brasileño sin profundidad, pero había servido de brazo fuerte para la aparición del Cinema Nôvo. Entre 1990 y 1992 no más de dos películas nacionales llegaron a las pantallas; la industria y el gobierno estaban en crisis. En 1992, Collor de Mello fue acusado de corrupción, entonces Itamar Franco llegó al gobierno y resultó más abierto hacia el arte audiovisual. Fundó el premio *Rescate del cine brasileño* rescatando los activos de Embrafilme y resucitando la producción. Unos años después, vino la vuelta de tuerca; la presidencia de Cardoso sustentó la privatización y promovió iniciativas de ley en apoyo al negocio cinematográfico. Una de éstas, fue la Ley Audiovisual que exentaba de impuestos a los productores fílmicos. En líneas generales, dicha ley permitía a los inversionistas pagar menos impuestos al gobierno a cambio de donar algo de sus ganancias a la industria. Además, se impusieron cuotas de pantalla para filmes domésticos y se implementaron becas gubernamentales.

El gobierno apoyó coproducciones de empresas estatales como Petrobras, compañía petrolera del Brasil. En 1992, el descuento tributario ofrecido a compañías que quisieran invertir en el cine subió del uno al 3%. Parece poco y sin embargo, fue un aumento decisivo: la producción comenzó a crecer. Entre 1994 y 2000, Brasil produjo cerca de 200 largometrajes. Los medios bautizaron al *boom* como *A retomada do cinema Brasileiro.* La primera indicación de que el cine del país estaba recuperando a su audiencia llegó con *Carlota Joaquina: princesa del Brasil,* realizada por Carla Camurati en 1995. Luego de que la película se presentó en circuitos de distribución artística, comenzó a llamar la atención del público. Terminó convirtiéndose en una avalancha que atrajo a las salas a más de un millón de espectadores. La apreciación crítica, creció cuando *O Quatrilho,* de Fabio Barreto fue nominada al Oscar en la categoría de mejor película en lengua extranjera: corría el año de 1996. Por su parte, *O que é isso companheiro* (*4 días en septiembre*) de 1997, consiguió lo mismo en 1998 y Salles, con *Estación Central* también, aunque la nominación en este caso fue para la actriz Fernanda Montenegro. Es más, mientras los trabajos de Barreto tuvieron una presentación limitada desde el punto de vista internacional, *Estación Central* fue vista (e hizo negocio) en todas partes.

Salles vivió su infancia como típico hijo de diplomático. Cuenta que vivió saltando de país en país, lo cual lo volvió naturalmente curioso con respecto a su propia patria. Este hecho lo conduciría a volverse realizador de documentales. Produjo 10 antes de hacer su primera ficción: *Tierra extranjera* en 1996. La película gira en torno a una familia que se ve envuelta en la historia política brasileña, cuando Collor de Mello (¡otra vez!) congeló los ahorros bancarios de todos los ciudadanos. Este hecho conduce al protagonista del filme a Portugal, la tierra extranjera del título. Muy aplaudida por la crítica, la película tuvo un discreto éxito en taquilla, mas su siguiente película, *Estación Central* fue un éxito desde todos los puntos de vista.

Estación Central cuenta la historia de Josué, un niño de nueve años que queda al cuidado de una amargada mujer, Dora, toda vez que su madre ha sido brutalmente arrollada frente a la Estación Central de trenes de Brasil. Dora y Josué inician un viaje hacia el interior del país; al norte, para buscar al padre del niño. Se trata de un viaje del mismo Brasil que está buscando su corazón. Así, la cínica Dora representa en muchos sentidos al pasado, mientras que el inocente —y adorable Josué— es el futuro. Con una bella fotografía, ritmo intenso y buena música, *Estación Central* tiene extraordinarias actuaciones. Tanto que la experimentada Fernanda Montenegro recibió su nominación al Oscar, honor insospechado para una actriz que no ha actuado en inglés. Por otra parte, la película debe su éxito a la deliciosa y natural interpretación de Binicio De Oliveira, quien hace a Josué: De Oliveira no es un actor profesional. Salles lo encontró limpiando zapatos en las calles. Hay que decir, con respecto a la fuerza de *Estación Central,* que en 1998, hubo un incremento del 50% en las audiencias con respecto al año anterior lo cual redundó en 3.6 millones de entradas. En 1999, siguió el crecimiento; 5.2 millones de brasileños fueron al cine, mientras que en el 2000 el incremento trajo 7.2 millones de espectadores a las salas del Brasil. Una de las películas más exitosas de este periodo fue sin duda *O auto da Compadecida,* de Guel Arraes, quien obtuvo dos millones de entradas. Emocionado con el éxito conseguido, el gobierno siguió promoviendo al cine.

En general la presidencia de Cardoso tuvo resultados contrastantes, pero en lo que respecta al cine, sus dos periodos fueron bastante buenos. Consciente de las contribuciones del arte al déficit de exportaciones, Cardoso impulsó en 1999 al cine como parte de uno de los 13 puntos del programa Brasileño de productividad y calidad. La intención era obtener el 20% del mercado cinematográfico interno para el 2003. Se invirtió dinero a través del programa Más Cine y, Brasil siguió produciendo películas de excelente calidad. Muchas de ellas tenían asegurado el estreno internacional desde el momento en que se estaban filmando. *Beto Brant* resultó ser toda una promesa, con su delicioso thriller *Os matadores.* Su siguiente película *O invasor, o Invasor,* fue todavía mejor. Interpretada en las ardientes calles de São Pablo, la historia inicia con el impacto de adrenalina que tienen los principios de *Cidade de Deus* y *Amores perros*: dos compañeros en una empresa constructora han contratado a un asesino, pero el asesino viendo que sus compinches son tipos de poco fiar, decide voltearles la espalda y entrar él mismo en el negocio. *Homem do Ano* (El hombre del año), ópera prima de José Enrique Fonseca, filmada en las peligrosas calles de Río de Janeiro, cuenta la historia de un hombre común y corriente que, harto de la vida, termina asesinando en un bar a un hombre que lo está molestando. Resulta que el hombre muerto es una fichita: lo odia la comunidad local y lo persigue la ley. El asesino se vuelve un héroe y termina convertido en policía.

Influenciado sobre todo por el neorrealismo italiano y el Cinema Nôvo Brasileño, nació *A retomada do Cinema Brasileiro* a pesar de que hubo diferencias sutiles con el movimiento precedente. En aquellos años, el fervor revolucionario fue remplazado por la apatía, por deseos modestos de felicidad personal. La mayoría de los filmes comenzaron a preocuparse por lo que significa ser brasileño. La gente estaba interesada en el país mismo, se preguntaba cuál era el misterio de que, en una tierra rica como Brasil, las cosas no funcionaran. La migración se volvió un tema popular. Permitía a los personajes, y a través de ellos al espectador, encontrar recovecos poco conocidos de Brasil, subrayando sus contrastes. Los filmes de este periodo favorecieron el retrato de los marginados. Las locaciones preferidas eran casi siempre la favela y el interior del país, sobre todo el noroeste, donde los pobres viven al límite. Estas mismas locaciones habían jugado un papel similar en el Cinema Nôvo. Dado el tono realista del movimiento de cine, los documentales tuvieron su impacto: José Padija hizo *Omnibus 174*, durante (y después) del notorio secuestro de un autobús en Río de Janeiro, que terminó mal, incluso dramáticamente, y fue televisado en cadena nacional.

En 1998, João Moreira Salles (hermano de Walter) y Katia Lund hicieron *Noticias de una guerra particular*, retrato de los rostros, los puntos de vista y los factores que producían la violencia en las favelas del país. Al mismo tiempo, Fernando Meirelles compraba los derechos para la filmación de *Cidade de Deus*, un impactante libro de Paulo Linz escrito en primera persona y basado en su experiencia personal. Para la adaptación, Meirelles, quien no había estado nunca en una favela, pidió ayuda a la antigua colaboradora de su hermano, Katia Lund. Entre los dos hicieron el filme. Aunque lo que hizo cada uno de ellos permanece en el misterio; Lund se entrenó asistiendo la dirección en *Estación Central* y tuvo el crédito de directora en *Cidade de Deus,* a pesar de que el crédito en general lo ha tenido siempre Meirelles. En Brasil, donde levantar proyectos desde abajo sigue siendo un trabajo difícil, con todo y la inyección de efectivo, la codireccion es cosa común (el largometraje anterior de Meirelles también había sido una codirección). Generalmente se le ha dado a Lund el crédito de la dirección de actores, mientras que se dice que Meirelles se enfocó en la parte técnica de *Cidade de Deus*. Pareciera que esta distinción simplifica las cosas. Por ejemplo: fue Lund quien convenció a Meirelles de usar actores no profesionales, su pasado en el mundo de los documentales la llevaba a preferir el realismo. En el mismo lugar donde Katia Lund filmó su documental sobre las favelas, ella y Fernando Meirelles formaron un grupo de teatro. Durante un año, promovieron el talento de su grupo y dieron entrenamiento a quienes más tarde serían protagonistas de su película. La verdad es que se trata de interpretaciones soberbias. Sorprendentes por su naturalidad.

Cidade de Deus cuenta la historia de un conjunto habitacional que se construyó en la década de 1970 y que, a causa de la indolencia del gobierno, fue decayendo hasta volverse una favela. Los habitantes de *Cidade de Deus* comenzaron a participar en pequeños crímenes durante la década de 1960, sobre todo a causa de la pobreza, pero la cosa explotó cuando en la siguiente década apareció en escena la cocaína. Comenzaron las guerras entre clanes, guerras que casi siempre vienen acompañadas de armamento. En poco tiempo la cosa estaba completamente fuera de control. *Cidade de Deus* comienza con una secuencia audaz: hay una fiesta y una gallina, que tendría que volverse parte de un caldo, logra escapar. Situación cómica y con un virtuosismo excepcional, un montón de gángsters armados persiguen a la pobre gallina. La cámara sigue a los perseguidores hasta que de pronto, gallina y gángsters desembocan en una calle en la que aparece un destacamento policiaco que ha venido a hacer una redada. A la mitad del asunto extraño hay un muchacho, Buscapié con una cámara. El tiempo se detiene y se va para atrás. Comienza a explicarse cómo es que todo mundo llegó aquí, hasta esta extraña persecución en la que unos gángsters que siguen a una gallina terminan cayendo en una emboscada policiaca.

Esta secuencia anuncia las estilizadas credenciales del filme: edición frenética, montaje espectacular, cámara en mano y un soundtrack que echa a volar al cerebro. Los autores usan toda clase de recursos: pantalla dividida, cámara lenta, cámara rápida e imagen congelada. Hay momentos en que la acción se detiene, pero la cámara se mueve, un truco muy de la época. Por otra parte, los colores son brillantes y un poco ásperos; el diálogo es desenfrenado y ágil; la violencia, cuando la hay, es fría e impactante.

Lejos de ser un triunfo de la forma sobre la sustancia, *Cidade de Deus* respalda el virtuosismo técnico con una narrativa fresca y un manejo delicado de un tema escabroso. Los cineastas nunca nos obligan a juzgar a sus personajes o a los gángsters más malévolos o descarnados; ni siquiera a los policías corruptos. Como los protagonistas, nos hemos vuelto un tanto insensibles a la favela y hemos sido guiados a ver este mundo de violencia como una forma de existir que en el fondo es inevitable.

Dot the i

Aunque a menudo, se da a la película *The King* el crédito de haber sido el debut de Gael García Bernal en Estados Unidos y se dice que sea su primer protagónico en inglés, la verdad es que no es ninguna de las dos. La comedia romántica *I'm With Lucy* tiene el honor de haber sido el primer protagónico de García Bernal en los Estados Unidos, y *Dot the i* es el primer largo que Gael protagonizó hablando todo el tiempo en inglés. En su carrera *I'm With Lucy* es poco significativa. Pero tiene la peculiaridad de ser la única obra tipo hollywoodense que ha hecho. Un caso típico de *Take the money and run*, esto es, toma el dinero y corre. ¿Qué puede haber más vulgar que Gael García Bernal interpretando a un *latin lover*? El actor dijo, a la revista *Close Up*, que la hizo porque la filmación duró una semana y se las arregló para mantener intacta su credibilidad, deslizándose por entre los clichés en forma creativa. Por ejemplo, insistió en que su *latin lover* no fuera español o cubano sino... ¡rumano! Desde un punto de vista estricto, el rumano deriva del latín, es una lengua romance, así que Gael tenía razón: el suyo es un *latin lover*, pero europeo: rumano.

I'm With Lucy cuenta la historia de una guapa neoyorquina (Lucy, interpretada por Monica Potter), quien un día le dice a su mejor amiga que está enamorada. Nada extraño, lo raro del asunto viene cuando Lucy dice que se encontrará por primera vez con su media naranja en algún momento del año próximo durante una cita a ciegas. Dos meses antes, cansada de ser una solterona a punto de llegar a los 30, Lucy se ha embarcado en varias citas a ciegas en busca del "señor perfecto". La película documenta, en diversos *flash backs*, el desarrollo de todas estas relaciones. Cada candidato es distinto y perfecto a su modo: John Hannah interpreta al intelectual tímido; Anthony LaPaglia hace a un antiguo jugador de *baseball*, un poco engreído, pero sensible. Henry Thomas es el *nerd* de la computadora que tiene un discreto sentido del humor. David Boreanaz

Dot the i

es el tipo listo, guapo y rico... demasiado bueno para ser cierto. Más tarde aparece García Bernal, rumano, amante latino; no muy alto, pero moreno y bien parecido. Es un maestro de la seducción y después de haberla conocido, la mete en la cama. Gael es un adicto al sexo. Tal vez por eso, de todas las relaciones que Lucy ha tenido, ésta es la más apasionada.

García Bernal parece divertirse usando sus atributos para dar a su personaje un sentido de misterio. La historia le da licencia para actuar excéntricamente: "Es un filme más que ligero", ha dicho, "pero me gustó hacerlo. Mis hermanitos de once y siete años, saben que soy actor, pero no los habían dejado entrar a ver mis primeras dos películas." Gael se refiere a Darío y a Tamara, sus hermanos, quienes, por supuesto, no pudieron entrar a ver ni *Amores perros* ni *Y tu mamá también.* Como es fácil ver en la fórmula de *I'm With Lucy*, la película es predecible hasta el fastidio; los realizadores tratan de enmascarar el asunto haciendo chistes en cada encuentro romántico, lo cual vuelve el desarrollo un poco rígido aunque la historia tiene sus extraños momentos de encanto y humor; al final si uno lo piensa bien, es una obra que tendría que haberse ido directo al DVD.

Por desgracia, *Dot the i* compartió el mismo destino que *I'm With Lucy* con todo y que es un filme británico bastante bien acabado, filmado completamente en Londres y que entró por su propio pie al *Sundance Film Festival.* Por otro lado, *Dot the i* fue bastante popular en los mercados más allá de Inglaterra. En muchos sentidos, la película podría ser un estudio de caso de los problemas y tribulaciones que exige un filme para estrenarse en la Gran Bretaña. Mathew Park-Hill, el director, es un ejemplo de lo traumática que puede resultar la experiencia de hacer lo que la industria quiere y, sin embargo, no conseguir ni siquiera que se estrene su película. Ha dicho: "En ese tiempo estaban de moda las películas inglesas de baja calidad. Fue estrenada en un montón de lugares y tuvo buena recepción de público, pero en Gran Bretaña no la apoyaron. No me parece que sea una vergüenza." En esencia *Dot the i* padeció su suerte a causa de una serie de cambios administrativos en la compañía a la que pertenecían sus derechos de distribución. Meg Thompson, una de las productoras de la película dice: "Se estrenó en 42 países; le fue muy bien en todos ellos, pero en Gran Bretaña vendimos los derechos en un momento muy desafortunado: inmediatamente después del contrato cambiaron los directivos de la distribuidora y todo mundo sabe lo complicado que es distribuir en este país. La verdad es que no creo que a los nuevos directivos les haya fascinado lo que vieron." Seguramente no: "La enterraron, la enlataron", se queja Park-Hill dolido por el trato que tuvo su película en manos de la nueva dirección de *Momentum*, la distribuidora. Por otra parte, el hecho de que no se presentara en la Gran Bretaña fue parte de una serie de altos y bajos que sufrió *Dot the i*. Incluso, la participación de Gael fue un asunto un tanto fortuito.

Por un lado, como protagónico, el papel en *Dot the i* ofrecía a García Bernal el mayor tiempo en pantalla desde *Y tu mamá también*; por otro, el futuro de su carrera parecía asegurado. ¿Por qué necesitaba hacer justo esta película? Cuenta Park-Hill: "La primera vez que vi a Gael fue en una presentación de prensa de *Amores perros*, antes de su estreno en México. Me quedé... ¡wow! Como todo el mundo. ¿Quién es este niño?" Thompson retoma la historia: "Mathew y yo vimos *Amores perros* justo cuando estábamos audicionando actores para el protagónico de *Dot the i*. Originalmente la habíamos escrito para un inglés, pero queríamos a un tipo como Octavio en la película de González Iñárritu. Un Octavio, digamos, londinense. Le dijimos esto a nuestro director de reparto y él contestó 'Pues resulta que el muchacho que hace a Octavio se llama Gael García y vive aquí, en Londres.'" Park-Hill otra vez: "Todos nos preguntan: ¿cómo lo obtuvieron? La verdad es que fue bastante simple: le enviamos el guión. Era junio del 2000, así que tal vez haya sido estar en el lugar justo en el momento correcto", concede Thompson.

Buen *timing*, sin duda: "Poco después vimos *Y tu mamá también* en el *London Film Festival*. Era noviembre y todavía nadie había escuchado oír hablar de García Bernal, pero nosotros, que ya habíamos negociado con él, pensamos '¡oh, oh!: ¡esto va a explotar!' En enero llegó el *Sundance*. Habíamos conseguido dinero para producir nuestra película, pero en el festival me encontré a Gael, que estaba presentando *Y tu mamá también* y me dijo algo así como 'no sé si quiero seguir haciendo películas, terminé con mi novia ¿sabes? Más bien necesito privacidad.'" Había pasado bastante tiempo desde que

Park-Hill conoció a Gael, y ahora que tenía el dinero para levantar el proyecto: "¡Claro! *Amores perros* ya había sido estrenada en todo el mundo y seguramente la gente que lo estaba aconsejando lo convenció que pensara bien el siguiente paso de su carrera." La participación de Gael estaba en la cuerda floja, pero hay que darle el crédito: es un hombre de honor. "Al final mantuvo su palabra, hizo la película con nosotros. Es grandioso. Significa mucho para mí", dice Park-Hill. "No tenía por qué haberlo hecho, ni siquiera desde el punto de vista financiero. No le propusimos mucho dinero. Años después en una conversación que tuve con Elisa, la agente de Gael me confirmó: 'Hizo *Dot the i* porque cumple su palabra. Es un hombre con integridad.'" Thompsohn cuenta: "Vino a nosotros porque teníamos una carta-compromiso firmada por él. Faltaba poco para el estreno de *Y tu mamá también* en Los Ángeles, en abril. Nosotros íbamos a filmar justo por esas fechas. Se portó grandioso y para nosotros era excitante, porque al mismo tiempo que se estrenaba en Los Ángeles *Y tu mamá también* nosotros estábamos comenzando a filmar con él." Afirma Park-Hill: "*Dot the i* podría haberse hecho sin Gael García Bernal. A los productores de *Summit*, el nombre Gael no les decía nada. García Bernal no implicaba ningún compromiso. *Summit* estaba involucrado porque a sus ejecutivos les interesó el modelo de negocio y el proyecto en sí mismo." Y sin embargo conceden: "La carta-compromiso de Gael nos ayudó a asegurar financiamiento, aunque con todo y él siguió siendo un reto conseguir todo el presupuesto."

En cualquier filme independiente conseguir dinero es una pesadilla. "En aquel tiempo yo daba clases en la Academia de Cine de Londres; era profesor de un seminario que trataba de cómo levantar un largometraje independiente desde abajo, desde el principio, y yo por supuesto, no lo había hecho nunca", confiesa riendo Mathew Park-Hill. "Pero un viernes por la noche, en que estaba haciendo un frío de esos que cala hasta los huesos, yo acababa de llegar de clase y vi que tenía 25 llamadas en la contestadora. Eran Meg Thompson y George Duffield, el otro coproductor. En el primer mensaje decían: '¡Entramos al *Sundance*!' Los mensajes subían de tono hasta que '¡puta madre!' decían, '¿qué estás haciendo? ¡Llámanos ya!'"

Park-Hill había pitchado la historia de *Dot the i* a Duffield durante el festival de Cannes. En cuanto terminó el guión, comenzó a pensar en el reparto y, a pesar de que Gael era una contribución significativa, siguió teniendo dudas sobre su participación: "Cuando entramos al *Sundance*, de la noche a la mañana, teníamos a Orlando Bloom y a otros queriendo trabajar con nosotros. Gael tenía una agenda de trabajo más apretada que Orlando, pero en el fondo de mí había visto a Gael para esta parte. Claro, no era inglés, era mexicano, lo cual trajo algunos problemas; dado que su contrafigura femenina era de Madrid y yo no quería a dos hispanos que estuvieran hablándose uno al otro en inglés. Es algo que no me creerían", afirma Park-Hill. Para solucionar la dicotomía Orlando-Gael, el director decidió preguntar a Alfonso Beato, su fotógrafo brasileño: "Dime, si estuvieras con un argentino... ¿hablarías en inglés?" Como la respuesta fue sí, Gael se volvió brasileño en la película.

García Bernal interpreta a Kit, un actor desempleado. El otro protagónico fue para Natalia Verbake, argentina radicada en España (justo como en *Dot the i*), quien había actuado en *El hijo de la novia*. Verbake interpreta a Carmen, una chica que acaba de dejar a su amante abusivo para irse a Londres donde espera construir una nueva vida. Efectivamente, encuentra a Barnaby (James D'Arcy) tipo rico, guapo, amoroso... ¡demasiado para ser real!

Barnaby le propone matrimonio a Carmen, quien agradece la oportunidad de rehacer su vida aunque, por otro lado, tiene sus dudas porque sospecha que tal vez el hombre la ama más de lo que ella lo ama a él. Carmen hace con sus amigas una despedida de soltera en un restaurante francés, lo cual facilita el siguiente giro en la trama porque —se nos informa— existe una arraigada tradición francesa: antes de casarse, toda novia debe besar a un absoluto extraño. ¿Quién es este extraño? Gael García Bernal, por supuesto. Es un gran beso a decir verdad, Gael toca los labios de Verbake con tal pasión que resulta inevitable sembrar dudas en la mente de Carmen. Para Kit, el brasileño, también algo sucede. Comienza a buscarla, a encontrarla para tratar de ganar su corazón; la busca en el trabajo y le pide, le ruega, que le dé una oportunidad. En esta línea continúa la aventura de *Dot the i* con Carmen confundida, entre la posibilidad de tener un *affair* con Kit o entregarse por completo al

Escenas de *Dot the i*

mundo confiable, seguro y menos emocionante que el matrimonio con Barnaby.

La filmación comenzó a mediados de abril del 2002. Trabajaron 30 días, cinco días a la semana. Bastante rápido, incluso para una película de bajo presupuesto. Una de las cosas que preocupaban a Park-Hill, confiesa, es que Natalia y Gael no se conocieron hasta que comenzó el rodaje. Hizo un reparto "ciego". No tenía idea de cómo funcionaría la química, pero afortunadamente le fue bien. Junto a Gael García Bernal, Natalia Verbake y James D'Arcy, los actores Charlie Cox y Tom Hardy, estaban haciendo sus óperas primas. Park-Hill recuerda que Gael se llevó especialmente bien con Tom Hardy: salieron juntos. Se volvieron la clase de amigos que representan en la pantalla. "No fue una película de locación, así que terminábamos de trabajar y nos íbamos a casa", dice Park-Hill. "Gael tenía su propio lugar y las cosas eran buenas... tal vez demasiado buenas, porque cuando eres primerizo no tienes los pies completamente sobre la tierra y no has aprendido a decir cuando algo no te tiene contento", cuenta el director un tanto arrepentido. "Estaba demasiado nervioso y creo que admiraba demasiado a Gael, porque era evidente su talento fenomenal. Mirando ahora hacia el pasado, con todo lo que he aprendido, creo que estaba demasiado fascinado por él." Park-Hill dice que Gael tiene el talento de un joven Marlon Brando: "Es muy instintivo. Le gusta mucho improvisar. Hace las cosas como le vienen y como era mi debut, pues me interesaba mucho más terminar a tiempo, de acuerdo con el plan de rodaje y sin gastar mucho pietaje. Lo que he aprendido ahora como director, me habría permitido aproximarme hacia su trabajo en forma más libre. Aprendí muchísimo: era la primera vez que trabajaba con alguien de otra tradición. Una distinta a la de James, Tom y Charlie; Gael García Bernal es intuitivo, no está estructurado. A mí me entraban dudas, no tenía claro si lo que estaba haciendo iba a funcionar o no." "Lo internacional del reparto ocasionó otras dificultades", afirma, "para todos aquellos cuyo lenguaje materno no es el inglés, no era claro el subtexto, la entonación, yo me decía ¿nos están entendiendo?" De acuerdo con Park-Hill, el asunto del idioma era más problemático con Natalia: "Con Gael a decir verdad padecí menos en este sentido, porque su inglés es excelente." El reparto cosmopolita comenzaba con el fotógrafo brasileño, Alfonso Beato, quien había hecho varias películas con Almodóvar. Park-Hill estaba enamorado del cine de Almodóvar y quería algo similar en cuanto a la creatividad, las reacciones. Explica: "Cuando crecí me gustaban los filmes que me alejaban de la realidad, de la miserable existencia cotidiana."

Según Park-Hill, hay dos categorías de filmes ingleses, las que tratan fervientemente de imitar la realidad o las escapistas e idealizadas. Buscando hacer un cine de estas últimas, trató de evitar cualquier referencia obvia a la ciudad: los taxis negros de Londres y los autobuses rojos de doble piso. Filmó en diversas locaciones cerca de la capital para retratar una ciudad que pudiera ser cualquier otra. El resultado fue una obra muy bien fotografiada, con una imagen a la moda del cine inglés, aunque tal vez "un poquito" difícil de aprehender.

Como puede uno imaginar, el contacto con Almodóvar en *Dot the i*, se extendió más allá del fotógrafo predilecto del español (quien justo en ese momento estaba en el proceso de audición del que sería protagónico de *La mala educación*): "Almodóvar había visto el trabajo de Gael, y estaba ansioso por ver una prueba de pantalla con él vestido de mujer", recuerda Meg Thompson, productora de *Dot the i*. Por su parte, Gael se preparaba para *Los diarios de motocicleta*. "Un día Almodóvar vino al set para hacer la prueba, usó a nuestra maquillista y se quedó trabajando con Gael hasta las tres de la mañana", dice Park-Hill. Gael se veía bastante bien. Por otra parte, el director de *Dot the i* se puso nervioso con la visita de quien considera uno de los genios más importantes del cine moderno: "Estaba nervioso, debo decir. Nosotros estábamos filmando, y cuando llegó yo estaba subido en una escalera, Almodóvar entró y lo vi desde allá arriba. Hubiera querido gritarle: 'maestro, dame algún consejo para mi primer trabajo.' Pero uno no hace esas cosas."

Si bien la película de Almodóvar opera en un plan más ambicioso, hay similitudes entre *Dot the i* y *La mala educación*: Son una película dentro de otra película y hay en las dos más de lo que nuestros ojos perciben a primera vista con respecto al personaje principal, esto es Gael. Sin embargo, *Dot the i* toca el tema del destino que lo lleva a encontrarse con Carmen. Hay una historia de amor entre ella y Kit, historia que conduce finalmente a un cuestionamiento de la protagonista con respecto a las virtudes del matrimonio.

A partir de aquí, una advertencia, si no has visto la película y quieres sorprenderte por ti mismo, salta hacia el siguiente capítulo. En *Dot the i*, la audiencia se da cuenta de que hay algo que no están dándole en la narración. Regularmente vemos insertadas tomas de una videocámara que sólo, parcialmente, se explican con el hobbie de Kit. Dicha cámara parece ver demasiadas cosas. Para Carmen, el novio perfecto no sólo está resultando especial para ser real, es una especie de profesor loco que está planeando (justo como Park-Hill) hacer su primera película. Nos enteramos que Kit ha sido contratado como actor para forzar un *affair* con Carmen y la relación de Barnaby es una farsa. Por supuesto, todo esto es o una gran idea o algo demasiado estúpido como para soportar la película, depende de cómo lo tomes. Hay quien se siente feliz con la vuelta de tuerca que da el filme hacia el final, pero aun sus promotores terminan preguntándose si no debieron gastar mucho tiempo al interior del filme, insatisfechos por todas las aparentes incoherencias hasta que finalmente todo se explica. Por ejemplo, el hecho de que Barnaby no oponga ninguna resistencia a que su futura esposa camine sola por calles oscuras y peligrosas puede que se explique hacia el final, pero esto no cambia el factor de que el público sienta que estaba viendo una estupidez. En los países en que la película se estrenó, los críticos fueron duros; la mayoría se quejaba de una vuelta de tuerca retardada y que, en el fondo no resultaba inesperada como los autores estaban pensando. Los críticos dijeron que era pretensiosa, con naturaleza cambiante. Un filme que trata de ser muchas cosas al mismo tiempo: comedia ligera que se vuelve *thriller* y termina como cine negro autoconsciente y reflexivo. Aunque hacia el final se nos de el mensaje de que nada debe ser tomado en serio, puede más la crisis de identidad del guión. La audiencia corre el riesgo de sentirse defraudada. Parte del problema con los críticos es que sea una película imposible de ser comentada sin revelar el final. Cuando una historia cambia de semejante forma, es difícil dirigirse a quienes uno sabe que gustarían del filme, y por otro lado, tampoco es que *Dot the i* sea tan buena como para recomendarla sin reservas, con una noción tipo: "no quiero arruinártela, pero tienes que verla".

Una de las criticas más ácidas vino por parte del mismo Gael.

Park-Hill dice que no esperaron a que la versión estuviera lista para permitir que el actor la viera. Después de todo era un trabajo en construcción: "Cometí el error de enseñarle algo que estaba cocinándose. Creo que esto se combinó con el choque de verse, por primera vez, actuando completamente en inglés. Me arrepiento mucho de esto. Nunca volveré a enseñar algo sin terminar a un actor. La película no es todavía lo que quiere ser." Thompson y Park-Hill viajaron a Buenos Aires donde Gael García Bernal estaba trabajando en *Los diarios de motocicleta,* para hacer un *retake.* Gael les pidió que trajeran lo que llevaban de la película. Thompson recuerda: "No creo que *Dot the i* sea la mejor película de Gael, pero le enseñamos un corte que no estaba terminado. No debimos hacerlo, porque aunque la vio completa después, en Los Ángeles, ya había decidido que no le daría su apoyo, porque no le gustó lo que había visto." Thompson afirma que igual, no pueden quejarse: "Tuvimos suerte al conseguir a Gael. Simplemente por ser el protagónico, pudimos presentarla en muchos lugares. En México, por ejemplo, donde se estrenó con el título de *Obsesión.* Sin embargo, estoy segura que si la hubiera promocionado nos hubiera ayudado muchísimo." Park-Hill no está tan seguro. Para él, parte del problema de que *Dot the i* no haya encontrado su público fue el actor. Gael es al mismo tiempo la bendición y la maldición de la película: "Gael atrae cierto tipo de audiencias, audiencias de cine culto. La verdad, era un filme que sólo pretendía entretener y la gente que vino a verla estaba buscando *The King* o *Amores perros.* Es cine para no pensar y es una pena, porque si se toma con una saludable dosis de credibilidad se disfruta muchísimo." Puede que sí: "En el Festival de cine de *Outville*, el público adoró la película. Fue un éxito en lugares que no hubiéramos pensado, como Líbano y Rusia", afirma Thompson. *Dot the i* ya había recuperado su inversión y de pronto, se volvió un DVD de culto. Tiene sentido; una vez que conoces el final puedes volver a verla completa y entender cosas nuevas, sabiendo que no debes tomar nada en serio. Como dice Thompson: "El personaje que escribimos, Barnaby, está haciendo su primera película... y no es un gran director. Hay cosas que parecen errores en la primera parte pero en realidad deben entenderse como estupideces. Barnaby es un idiota, aunque se siente el gran director."

"*Dot the i* estaba dirigida a las masas, a no ser tomada en serio. Nos burlamos de las películas que se toman en serio, esos filmes franceses con triángulos amorosos. El problema es ese, que cuando salió, se presentó en circuitos artísticos. En cambio se volvió de culto en donde la vio el público al que estaba dirigida." Park-Hill cuenta que un amigo escuchó a unos borrachos, en un pueblo de Alaska, recitando líneas completas de *Dot the i*. Además, se hizo una versión en *Bollywood*. Con respecto a esto, Park-Hill no sabe si reír o llorar: "Vi la versión hindú... y es... ¡horrible! Bueno, tal vez un poco divertida, pero siguen el filme al pie de la letra. Escena por escena y el actor en el papel de Gael (un hombre que para nada se parece a él, ni siquiera es guapo), debe haber estudiado secuencia por secuencia muy en serio. Copia cada uno de los gestos del mexicano." Así es: un impostor de Gael García Bernal en *Bollywood*. Se trata ciertamente de una increíble proyección a nivel mundial. Tanto que se puede hablar efectivamente de que Gael se ha convertido en un actor "de culto".

El nuevo cine latinoamericano

El éxito internacional de crítica y taquilla de *Los diarios de motocicleta* siguió a otros como *Amores perros, El crimen del padre Amaro, Y tu mamá también, Ciudad de Dios, Nueve reinas* y *El hijo de la novia*. Todos estos filmes hablaban de una Nueva Ola Latinoamericana. Hay entre los comentaristas de cine quienes le llaman "La buena onda", que significa al mismo tiempo buena ola y tranquilo, relajado o simplemente amigable: *cool*. En sintonía (en onda) con el éxito taquillero, estas películas tuvieron una enorme difusión tanto en América Latina como a nivel internacional. Estamos hablando de un fenómeno sin precedentes en el cine de la región. En muchos sentidos, la Nueva Ola Latinoamericana ha seguido los pasos del movimiento que le precede en la zona de Iberoamérica. En la década de 1960 y a principios de 1970 apareció en el mundo *el nuevo cine latinoamericano*, movimiento de enorme éxito en los circuitos artísticos internacionales. Los cineastas de *La Nueva Ola* no suelen considerar con agrado la comparación: hay una amplia fricción ideológica entre los dos movimientos. Los nuevos desesperan con lo pretencioso de la vieja guardia, mientras que éstos atacan y denuncian el comercialismo de sus sucesores. Autores como Guillermo Arriaga parecen despreciar a los autores del cine latino de esas décadas. Se niegan a identificarse como uno de sus sucesores, aunque hay productos que valga la pena subrayar.

México, Argentina y Brasil han sido siempre los centros de producción más importantes de la América Latina. Estos tres países han tenido que luchar incesantemente contra el cine hollywoodense y los tres (en esta lucha que a veces resulta una imitación) han terminado produciendo un propio sistema de estudio. *Tinseltown* ha lanzado agresivas batallas económicas contra estos países latinoamericanos y siempre ha ganado, apoderándose de sus mercados con bastante éxito. Una de las prácticas "desleales" de la producción hollywoodense ha consistido desde la década de 1930 en lo siguiente: si el distribuidor de un país, fuera de los Estados Unidos, quiere mostrar un éxito taquillero, debe comprarlo en paquete con otras películas "de relleno". De esta manera, Argentina, Brasil y México han visto sus carteleras inundadas de productos "chatarra". Ni siquiera los *talkies* pudieron detener el progreso del cine de *Hollywood*.

Los aficionados al arte latinoamericano siempre han estado concientes de este hecho; interesados en las tendencias y modas europeas, aprecian al cine como una forma de arte más que como negocio o inversión. Revistas, cinetecas y departamentos universitarios comenzaron a formarse en la región. Emergería en América Latina una incansable camada de guionistas, fotógrafos y directores. Durante la Segunda Guerra Mundial, el cine fue visto por los críticos y por las grandes masas como una seria manifestación artística. Tal vez haya sido el ambiente introspectivo que provocó la posguerra, el caso es que aparecieron en Europa y América Latina movimientos que no querían ver en el cine una forma de entretenimiento; ellos querían comentar la vida diaria. En Italia surgió la corriente más importante de cine hasta la fecha. Buscando capturar la vida cotidiana, en un país que se recuperaba de los estragos del conflicto armado, surgió el Neorrealismo Italiano. El Neorrealismo se distingue porque se filma en locación y con actores no profesionales. Primero se trató de una cuestión pragmática, no había dinero para pagarle a nadie. El estilo se fue convirtiendo en una forma de narrar que ponía a la ficción en las fronteras del documental. *Roma, ciudad abierta*, de Roberto Rossellini, y *La Tierra Tiembla,* de Luchino Visconti (ambas filmadas en 1945), inauguraron el Neorrealismo. Después vino *Ladrones de bicicletas* y el movimiento se confirmó con ella como estilo de arte capital. Los amantes del cine de América Latina se identificaron naturalmente con el Neorrealismo por varias razones: era un cine que buscaba narrar más que hacer dinero (arte más que negocio), estaba hecho con bajos presupuestos y en una economía emergente que trataba de retomar sus raíces, encontrar sus propias historias.

Hacer cine se convirtió en un asunto difícil, tanto en lo que se refiere a la técnica como al financiamiento. El Neorrealismo lanzó al mundo el mensaje de que hacer cine no era cosa de grandes presupuestos y efectos especiales. El movimiento desapareció en Italia en cuanto comenzó a ganar notoriedad mundial, lo cual atrajo un aumento de las expectativas comerciales y un propio sistema de estudio. El "espíritu" no-comercial del Neorrealismo se trasladó a Francia con el nombre de *Nueva Ola francesa*. Obras como *Los 400 golpes*, de Truffaut; y *Sin aliento*, de Godard, siguieron en la década de 1970 los pasos del Neorrealismo, más como una cuestión de estilo que por una verdadera falta de recursos.

En la década de 1960, Francia era un país consolidado financieramente en la posguerra, pero retomaron la búsqueda de un sistema enfocado en historias cotidianas, rodaje en locación y actores no-profesionales. La Nueva Ola francesa ha sido a partir de entonces la fuente de inspiración de quienes no quieren, o no pueden, filmar con el sofisticado y caro estilo hollywoodense. Se favoreció la experimentación; aparecieron formas nuevas de narrar como el corte directo (atribuido a Godard). Otra vez, los entusiastas del cine en América Latina vieron que las modas francesas se ajustaban a sus bolsillos y se inspiraron en ella estilísticamente.

El desarrollo político en el continente inspiró, hasta la década de 1950, una agenda cultural que se estaba viendo fuertemente apoyada por el Estado. Como había sucedido en Europa, con movimientos como el *Impresionismo francés*, el cine de América Latina estaba basado en lo que quería mostrar dentro o fuera de casa. Opuesto a la representación "realista" de las cosas, el cine era subsidiado por el Estado; tal vez, porque se habían dado cuenta del poder casi mágico que tenía para influir en las masas o tal vez, porque los gobernantes pensaban que era una forma moderna y sofisticada de hacer cultura. Los gobiernos autoritarios de América Latina dieron al cine una especie de medalla de honor. Al principio de la década de 1960, el ambiente comenzó a cambiar. La gente, en Europa y en América, comenzó a cuestionar a los gobiernos en el poder. Los cineastas reaccionaron contra la producción (y reproducción) de fórmulas de estudio que apoyaban los gobiernos de países como Brasil.

Cuba, en 1954, se encontró de pronto en la vanguardia del cambio. La dictadura de Fulgencio Batista prohibió la exhibición de *El Mégano*, de Julio García Espinosa, documental sobre los pobres que vivían en las minas de carbón. En 1959, triunfó la revolución de Fidel Castro, quien fundó el Instituto de Ciencias y Artes de la Isla de Cuba (ICAIC), cuyo propósito principal fue propagar el régimen: se produjeron extraordinarios filmes, aplaudidos tanto por la crítica como por el público. En Brasil, el Cinema Nôvo surgió con Glauber Rocha como su principal representante. Fue Rocha quien ideó la frase que resume el movimiento latinoamericano: "Una cámara en mano y una idea en la cabeza"; era un lema que, en la década de 1960 fácilmente podía relacionar el cinematógrafo con un arma. Los militares tomaron el poder con un golpe de estado y acabaron con la subversión. Apareció entonces el *Nuevo cine brasileño*, conocido en su país como *Tropicalia*. Su principal contribución al arte fílmico del mundo fueron los músicos Caetano Veloso y Gilberto Gil. La junta de militares, y la censura que vino al poder con ellos durante la persecución del 68 brasileño, obligó a los líderes de *Tropicalia* a exiliarse. Aunque Rocha consiguió mantenerse en casa hasta 1971, fecha en que se vio obligado a salir de Brasil definitivamente.

Sin duda, la década de 1960, fue tumultuosa en América Latina como en Europa y los Estados Unidos: en 1967, el Che Guevara fue asesinado en Bolivia; al año siguiente, mataron también a Martin Luther King. Las protestas más importantes de la década incluyen París, Buenos Aires, México y La Universidad de Columbia en Nueva York. Al otro lado del mundo de las ideologías latinas hubo enfrentamientos entre estudiantes y policía en Praga, por ejemplo. Los manifestantes de todo el mundo se estaban levantando contra el autoritarismo. Era un grito que buscaba liberar política y económicamente a todos estos países. En 1968, Bolivia, Perú, Brasil, Paraguay y Argentina, estaban bajo una dictadura militar, igual que todo Centroamérica (a excepción de Costa Rica y Belice). En México, con Gustavo Díaz Ordaz, el partido en el gobierno (el PRI que había surgido de la Revolución) se consolidó como la "dictadura perfecta", según el escritor peruano Mario Vargas Llosa. Era "perfecta" porque, aunque hubo represión (tan grande que llevó a la masacre de Tlatelolco en 1968), sus presidentes daban al mundo la impresión de ser muy liberales. El cine, pensaron los artistas, jugaba un papel crucial en la lucha por la justicia social que trataba de acabar, o cuando menos minar, el poder de las juntas, de los dictadores y de los partidos únicos.

En un continente con bajos índices de alfabetización, el cine resultaba particularmente poderoso. Los realizadores se sentían motivados más por cuestiones sociales que artísticas y, sobre todo, se sentían particularmente orgullosos de no estar interesados en la parte comercial del cine. Fue así que surgió el *nuevo cine latinoamericano*. Con tanto movimiento, este *Nuevo Cine* era inusual. Aparentemente no se basaba en principios estéticos o fórmulas propias. Era pura política en concepto y dictaba, no lo que el cine debía ser, sino lo que el cine no debía ser. Había mucho más cosas en común de lo que quería verse en el cine de toda la región. Para comenzar, los cineastas latinoamericanos estaban contra la perspectiva hollywoodense del cine como negocio. Se enfocaron en denunciar la falsa democracia y acusaron, audiovisualmente, la descarada relación entre los regímenes totalitarios de la región y el gobierno de Washington. El subdesarrollo estaba patrocinado por Estados Unidos y tenía al continente atrapado en una compleja red de explotación que impedía a la sociedad avanzar. A los ojos de muchos artistas, Hollywood representaba el poder comercial que estaba sofocando a sus primos del sur: puede que el sistema de estudio estadounidense haya llegado a la cima de la montaña, combinando métodos eficientes de producción con un contenido accesible, divertido y popular; pero había también una cara oculta que mostraba los colmillos ante cualquier tipo de competencia y producción local.

El nuevo cine latinoamericano, por su parte, tenía diversos nombres y rostros: Cinema Nôvo en Brasil, Tercer Cine en Argentina, Cine Imperfecto en Cuba y Nuevo Cine en México. Todos compartían, además de la aversión hacia Hollywood, una agenda que buscaba hacer películas que el sistema no pudiese asimilar de ninguna manera; un cine que fuera fiel a las necesidades propias de la zona. En particular, el Cine Imperfecto de la isla cubana buscaba hacer la antítesis de la película linda, pulida del cine estadounidense. En toda Latinoamérica, los realizadores tenían temas en común y bailaban al mismo ritmo. Cuando los autores del continente aparecían por los festivales internacionales de cine, surgían las ideas para desarrollar una identidad o hacer homenaje común a un pensamiento abiertamente opuesto a las prácticas comerciales de Estados Unidos.

Las películas estaban al servicio de la retórica. Los argentinos Fernando Solanas y Octavio Getino (del movimiento *Tercer Cine*) filmaron *La hora de los hornos* en pleno 1968. El tono y el contenido era combativo. Demasiado como para poder mostrarse sólo en circuitos clandestinos. *La hora de los hornos* fue hecha a escondidas y sólo la pudieron ver un grupo de disidentes. Sanginés, en Bolivia, hizo *La sangre del cóndor,* en 1969. Todos seguían la creatividad cubana que se desarrolló a causa del bloqueo económico que sufre por parte de Estados Unidos. En Cuba destaca *Memorias del subdesarrollo,* de Tomás Gutiérrez Alea. México ha vivido un conjunto de circunstancias muy distintas. Tan cerca de los Estados Unidos se vio inundado del producto hollywoodense. La contribución mexicana al nuevo cine latinoamericano emergió lenta, con *Cráteres,* de Alfredo Joskowicz, en 1970, y *Reed, México Insurgente* de Paul Leduc, en 1973. Chile vivió un caso aparte. El gobierno popular de Salvador Allende proporcionó tierra fértil para la cinematografía. Surgieron autores como Patricio Guzmán y Raoul Ruiz quienes filmaron un documental sobre la administración de Allende antes del golpe militar del 11 de septiembre de 1976. Luego de un periodo encarcelado, Guzmán se exilió en Francia y presentó, con el material que traía de su país, el documental *La Batalla de Chile.* El resultado tuvo el éxito que puede esperarse: el régimen de Pinochet puso un alto inmediato a toda forma de producción cinematográfica, pues vio en el cine un importante foco de disidencia.

Llegados a la década de 1980, el nuevo cine latinoamericano se vio golpeado por una crisis de confianza e identidad. El clima político cambió y fue desapareciendo el fervor. Sólo Cuba y Nicaragua continuaban alimentando el clima revolucionario. Algunos de los cineastas clave en el movimiento pensaron que éste podría reinventarse, pero muchos habían tenido que irse a vivir en el exilio no sólo en el ámbito del cine, en todos los campos culturales. América Latina quedó atrasada y con una falta total de visión o estructura en el área intelectual. Muchas de las dictaduras cayeron; sin embargo, se vieron reemplazadas por regímenes políticos que se deslizaron hasta llegar al poder con ayuda de Estados Unidos. Eran gobiernos derechistas que favorecían el libre mercado: aun cuando la región se abrió al debate cultural, hubo una serie de crisis financieras que afectaron tanto a las audiencias como a los realizadores. La televisión se volvió la forma clásica de entretenimiento de masas, el sistema de mercado se aseguró que, incluso los más pobres, tuvieran en el continente una televisión. Gracias a las líneas de comunicación, los gobiernos (no siempre legítimos) manipularon a las audiencias, creando un aura de credibilidad que redujo el sentido de urgencia de un cambio político y social que el nuevo cine latinoamericano había dado a la comunidad internacional. En esta reconstrucción cultural, autores como Ripstein, trataron de adoptar una mirada artística de la realidad. Este cine redundó en nuevos prejuicios, se volvió un asunto de conocedores, un arte de exportación que fue perdiendo a las audiencias.

Esta pérdida del público resultó fundamental. La mayoría de los latinoamericanos estaban lejos de sentirse identificados con el cine que se hacía en sus países. En práctica era un cine de masas que realmente nunca llegó a las masas; su actitud anti-imperialista les daba una credibilidad que atraía la atención y el aprecio de los festivales internacionales, pero en casa la gente seguía siendo fiel al cine de Estados Unidos y los productos fílmicos que el nuevo cine latinoamericano buscaba tan vehementemente opacar. Los realizadores del continente, en aquellos años, eran artistas e intelectuales de clase media que estaban lejos de poder entender las aspiraciones de las masas y su conducta aparentemente ilógica. En las áreas más subdesarrolladas del continente, el cine escapista resultaba más atractivo. Así que, sin importar las buenas intenciones del Nuevo Cine, el arte fílmico cayó en el mismo problema de todo el arte moderno: el concepto se había vuelto el todo: si ver y hablar de una pintura o una escultura modernas toma tiempo, una película es larga y exige demasiado de la audiencia. El concepto termina por aplastar al contenido.

La batalla por ser aclamados y vistos, al mismo tiempo que atacar lo que realmente le gustaba a la gente, era una paradoja y un reto. Muchos de los cineastas del movimiento no estaban preocupados por ser populares; incluso, lo evitaban como si fuera incompatible con lo que estaban buscando; lo que gustaba a la gente, el melodrama, la pieza costumbrista, era visto por ellos como un vulgar acto de escapismo, como una distracción que terminó por hundir el último clavo en el féretro del movimiento: fue en este contexto que *La Historia oficial,* de Luís Puenzo, ganó el Oscar a mejor película en lengua extranjera en 1986. *La Historia oficial* era justamente un melodrama. El cine de horror fue otro género que amaban las masas latinoamericanas, tanto como lo despreciaban los creadores del Nuevo Cine. Afortunadamente, el horror volvió a la vida, gracias a Guillermo del Toro quien produjo la aclamada *Cronos*, en 1993. Resulta interesante pensar que mientras *La Historia oficial* ganaba el Oscar, Felipe Cazals producía una de las películas más cruentas del Nuevo Cine: *Los motivos de Luz.* Un trabajo en consonancia con las preocupaciones sociales que pasó desapercibido fuera de los círculos intelectuales.

Alfonso Cuarón se distancia de este tipo de cine y de *Los motivos de Luz* en particular. Como tantos otros le llama: "Cine de denuncia". En forma análoga, Alejandro González Iñárritu ha dicho que algo que él y Arriaga siempre acordaron desde el principio fue el intenso disgusto por esta clase de cine que, piensan sus creadores, resulta más genial mientras más críptico, inexplicable y carente de público resulte. Fue tal vez por eso que Arturo Ripstein, el principal exponente de este cine, cuando vio que su filme *Así es la vida* era aplastado por *Amores perros*, dijo: "Yo no hago cine para idiotas". Cuarón tuvo que responder a acusaciones similares por *Y tu mamá también*: "Es el mantra de la vieja guardia", dijo a *The Guardian*, "si no eres marxista, eres reaccionario; si tienes una buena historia y valores en la producción eres un *wannabe* Hollywoodense; si gozas de cierto éxito fuera de las fronteras, eres un vendido." En el mismo diario, Guillermo Arriaga participó del debate declarado: "Cuando mueves una estructura que ha estado sentada en sus posaderas por tanto tiempo, va a haber siempre muchas protestas porque los críticos viven en el pasado, reverenciando una cultura muerta y bueno... ellos dicen, es aburrido como el demonio de aburrido, pero es educacional. Yo soy parte de la cultura de hoy día, de esa que está viva y que justamente, puedes vivir."

El carácter que define al cine de La Buena Onda, es que los filmes son realizados por jóvenes con escaso currículum. Su irrupción en escena implicó un cambio generacional, un cambio de guardia. De la misma forma en que Ripstein se había lanzado contra el estilo hollywoodense y había atacado los valores de producción de la Edad de Oro del cine mexicano, ahora Iñárritu se revelaban contra el *arthouse made in Mexico* de la década de 1970. Sin embargo, reaccionar, incluso violentamente, contra algo, es siempre darle la razón. Reconocer su influencia. Sentirse inspirado a destruir el viejo sistema, es sin duda verse inspirado por el viejo sistema. Hubo un cambio de estafeta entre los dos movimientos fílmicos: muchos autores del viejo cine dieron clases en las escuelas de cine del continente. De esta forma pasaron sus ideas y su conocimiento, aunque la mayoría de los autores de *La Buena Onda* llegaron a realizarse por caminos alternativos a una Academia que siempre rechazó a talentos como Cuarón. Por otra parte, las comparaciones no siempre son negativas: Alfonso Cuarón admira a Paul Leduc; al mismo tiempo que en Brasil, Salles da crédito a sus predecesores del Cinema Nôvo y en Argentina los nuevos autores se reconocen herederos del Cine Piquetero, ese que surgió con cámaras de video y artistas filmando en la calle cuando la gran crisis golpeó al país; ese que bebió del espíritu del Tercer Cine argentino.

Tal vez, el hecho de que hubiese menos fricción generacional en Brasil y Argentina que la que hubo en México, se debe a una cuestión geográfica: México, tan cerca de Estados Unidos, evidentemente tiene una relación tirante (de amor-odio) con los valores de Tinseltown. Además, ¿quién pudiera haber pensado que Arturo Ripstein y Alejandro González Iñárritu presentarían películas en el mismo año?

El frente de batalla de la Nueva Ola de América Latina quería que sus películas fuesen vistas por la mayor cantidad de gente. En este sentido desafiaban a la antigua generación que parecía haber perdido la luz y sus obras sonaban amargadas. En el fondo, la rebeldía era una especie de apoyo, una provocación, para que los autores de la Nueva Ola buscaran el éxito comercial.

Para los recién llegados, hacer cine era, como para las viejas guardias, una elección apasionada y no exenta de política, pero al mismo tiempo eran hombres y mujeres más cosmopolitas; habían viajado y entendían mejor la forma en que funcionaba el mundo. Se sentían confortables con la economía de mercado. No es casual que Salles, Meirelles, Iñárritu y Biellinski hayan trabajado en la industria publicitaria antes de la producción de sus primeros largometrajes. Existen dilemas éticos entre el cine creativo y el gran éxito comercial: *Altavista* es parte de Synca Imbursa, que a su vez pertenece a Carlos Slim Helú de quien, se dice, es el hombre más rico del mundo, se trata de un asunto banal, sobre todo si se piensa que en México hay tanta gente pobre. Por otra parte, en Brasil, la gran producción de cine está financiada por la compañía Petrobras. Estas empresas o estos millonarios no han buscado censurar o controlar el contenido de ninguna obra bien hecha, y aunque es cierto que *Ciudad de Dios* está lejos de ser un promocional para ir a Brasil a hacer negocios o a pasear, fue en sí misma un gran éxito comercial. También, es cierto que el Nuevo Cine de América Latina está siendo apoyado con dinero de hombres corruptos y por gobiernos poco escrupulosos; pero hoy por hoy, el financiamiento privado es la única forma con la que cuenta un autor para tratar de hacer su película. Los principales protagonistas del cine de la *Buena Onda* pueden argumentar que, tales alianzas se justifican en términos de un bien mayor, asegurar a la región una industria capaz de dar voz a América Latina, y si para esto es necesario trabajar en equipo con el gobierno y la industria, pues igual hay que hacerlo. Los autores de la *Buena Onda* están conscientes de que el éxito taquillero aumenta con mayor libertad creativa. Para que América Latina levantara su propia ola de arte audiovisual, un saludable respeto de las prácticas comerciales parece ser necesario.

Los diarios de motocicleta

Al llegar el fin de milenio, las únicas películas que habían tocado a una de las figuras clave de Latinoamérica en el siglo XX,
el Che Guevara, habían sido involuntariamente cómicas: en 1969, el
Che fue interpretado por Omar Sharif. Tuvo que pasar tiempo para
que alguien se atreviera a tocar el tema, pero nunca habían llegado
lejos en forma satisfactoria. El retrato del Che en la película para
televisión *Fidel* era un trabajo del que era difícil sentirse orgulloso y
Gael deseaba hacer justicia a este hombre. Todos los fanáticos de la
Nueva Ola de América Latina esperaban que *Los diarios de motocicleta* por fin hiciera las cosas bien... y así lo hicieron.

En 1951, Ernesto Guevara, estudiante de medicina de 23 años,
se lanzó, con Alberto Granado de 29, a recorrer la América Latina en una motocicleta. Salieron de Córdoba rumbo a Buenos Aires,
donde se despidieron de sus familias antes de internarse en el sur
de su propio país. Luego recorrieron Chile y Perú hasta Colombia y
eventualmente Venezuela, fin del viaje en julio de 1952. Los dos muchachos hicieron muchos descubrimientos y se vieron sumergidos
en toda suerte de aventuras. Conocieron la amplísima variedad de
un continente recorrido desde sus montañas nevadas hasta el desierto y la jungla. Encontraron signos de una historia milenaria en
Machu Picchu y, lo más importante de todo, entraron en contacto
con su gente, con los mineros explotados, con los trabajadores, con
los enfermos en una colonia de leprosos. Quedaron muy impresionados. Eran jóvenes y sensibles; ambos vivieron con este viaje un
despertar político y espiritual: Granado volvió a casa para hacerse doctor y ayudar a los pobres, Ernesto Guevara encontró que su
continente era un todo fracturado que destruía a sus pobladores
volviéndolos víctimas de la injusticia. Dos años después de este viaje
conoció a Fidel Castro y se convirtió en el "Che"; siete años más tarde,
haría con él la Revolución Cubana. Guevara escribió un diario de todo

Los diarios de motocicleta: Rodrigo de la Serna y Gael García Bernal

el trayecto. Puso en él todos los eventos y observaciones que iba haciendo. En 1993, dicho diario se publicó con el título de *Notas de viaje*. Más tarde, volvió a aparecer con un título más atractivo, *Los diarios de motocicleta*. Éste es el libro de la película, el filme de este libro o la película de este viaje que interconecta las memorias del joven Guevara con las memorias de Granado quien publicó también un libro en 1978: *Con el Che por América Latina*.

Los diarios de motocicleta* tardó muchos años en levantarse. En 1999, el Taller Sundance de Robert Redford había ayudado a Salles en la producción de *Estación Central*. Más tarde, fue Redford mismo quien se acercó a Salles para producir *Los diarios de motocicleta*. Salles estaba escéptico, pues pensaba que sería difícil que un filme de tal naturaleza obtuviera el apoyo que necesitaba, y tenía razón. La película fue rechazada por casi toda productora en Estados Unidos. Los grandes estudios no tenían ningún interés en apoyar este proyecto por dos razones: atacaba sus estructuras comerciales y no había en el libro (y por tanto, tampoco en el guión) una estructura tipo planteamiento, desarrollo, clímax y desenlace clásico del filme hollywoodense. Con la primera noción, Salles estaba de acuerdo, evidentemente una película sobre el Che no podía resultar en favor del libre mercado. Con respecto a lo segundo, no estaba de acuerdo: Salles siempre dijo que si bien no había uno, dos, tres hollywoodenses, el clímax era interior, no exterior.

Otro asunto, que los estudios encontraban difícil de manejar, era el estatus mítico del libro y su protagonista y escritor, Ernesto Guevara "el Che". Salles pensaba que dicho estatus no podía pasarse por alto: la película tenía que ser filmada en español, con reparto y equipo latino. El propio Redford, fanático del libro, estaba de acuerdo y lo entendía. Por esto, el proceso fue lento, pero Redford estaba determinado, y paso a paso, comenzó a conseguir el dinero para financiar *Los diarios de motocicleta*. Finalmente, la película fue patrocinada por las productoras *Sound for Films* en Estados Unidos y *Film Form* en la Gran Bretaña. Ambas compañías atrajeron el apoyo de productoras de Perú, Brasil, Argentina y Chile (una participación importante para mantener el espíritu latino de la película). Consiguieron 10 millones de dólares.

Robert Redford trabajó en la producción. José Rivera trabajó el guión. Rivera tomó las historias de Guevara y Granado como textos guía y consiguió, finalmente, una historia con estructura que permitiría moverse al director. Era una buena idea, mas Salles se daba cuenta que tenía delante un camino bastante inesperado. Para encontrar las locaciones, Salles siguió los pasos de Guevara y Granado dos veces. Una de ellas hizo el trayecto en motocicleta y a pié pues la moto se descompuso apenas partieron. Al principio, el director no estaba muy seguro de que la película fuera viable, pero se dio cuenta de que las cosas no habían cambiado mucho en América Latina en los últimos 50 años. En una entrevista a *The Guardian*, dijo: "No me puse a trabajar en serio en *Los diarios de motocicleta* hasta que me di cuenta de que la realidad de América Latina en el 2003 era muy parecida a la que describen Guevara y Granados en sus libros: básicamente la tierra y la riqueza siguen estando mal distribuidas."

Por depresivo que fuera el descubrimiento, podía resultar inspirador en el fondo. En el terreno práctico, ayudaría a producir un guión de época que tendría lugar a lo largo de todo un continente. La realidad era un asunto importante para Salles, quien se había hecho famoso filmando documentales: "En una *road movie* tienes que dejar el camino abierto, estar listo para observar a la gente que vas encontrando, abrirte a ti mismo; para que la realidad te cambie, para que interactúe con la película." Todo esto resultó relevante para la intensidad artística de una obra que quería representar el viaje de descubrimiento de dos de los espíritus libres más grandes del continente. Era apropiado, sin duda, estar abierto al cambio desde el principio: "Nuestra propia aventura en el continente sería espejo de la que habían vivido estos muchachos. Aunque en escala menor, era importante la capacidad de improvisar y, al mismo tiempo, mantenernos fieles al libro y a nosotros mismos, a nuestro propio viaje." Este trayecto había llevado a Guevara a concluir que él y América Latina eran uno, así que había que promover al continente en bloque desde el inicio. Salles, quien aprendió español para hacer la película, puso en claro que, para realizar este filme, los actores y los técnicos tendrían que representar a la Nueva Ola del cine de América Latina. El equipo que armó venía de Argentina, Chile, Perú, Brasil y Bolivia.

En la posproducción estaban el argentino Gustavo Santaolalla, los creadores del soundtrack de *Amores perros* y Daniel Rezende, editor de *Ciudad de Dios*. El único en romper el molde era el fotógrafo Eric Gautier. En el ámbito de la actuación estaba Gael García Bernal. Había sido invitado a participar en *Los diarios de motocicleta* antes del éxito de *Y tu mamá también*: "Conocí a Gael en *Amores perros* y, me impresionó su visceralidad y madurez como actor. Todo en él venía de adentro, algo raro en un actor de 19 o 20 años", declaró Salles en el National Film Theatre; "Gael te puede golpear con pinceladas muy sutiles, que caen como lluvia ligera." Gael utiliza una metáfora similar cuando habla de la forma en que abordó el personaje del Che: "Era un hombre de pocas palabras; agridulce en su forma de ser. No queríamos producir un personaje irreal. Ésta era la apuesta, queríamos una humanidad intensa pero con luz de cambio, como lluvia sutil que te va mojando."

El Che había sido por mucho tiempo un personaje que Gael admiraba. El abuelo del actor emigró desde la isla caribeña durante la dictadura de Batista: "Guevara formó parte de mi vida desde niño, cuando mi padre me contaba de él. Desde muy pequeño entendí lo que significaba la Revolución Cubana. Sin él, Latinoamérica no sería lo que hoy es. No puedes crecer en México y hacer como que no te das cuenta de lo que ha sucedido." Para hacer el papel, García Bernal se puso a investigar, leyó no sólo todo lo escrito sobre el Che, también lo que el mismo comandante había leído, particularmente Faulkner. Visitó lugares en los que creció el guerrillero y fue a Cuba a conocer a sus amigos y su familia. Revisó cartas que escribió a sus madre y a su novia. Jugó rugby para hacerse del físico que tenía el joven Guevara y se alimentó de polenta. En el área práctica, tuvo que aprender a manejar una motocicleta y, sobre todo, a arreglarla, una Norton 500 de 1939. Sin duda fue un reto. Afirma: "Todos los controles están colocados 'a la inglesa', o sea, al revés para mí." Gael García Bernal se entrenó para poder manejarla y arreglarla cuatro veces a la semana durante tres meses. El actor observa que el Che en aquel tiempo era sólo el joven Guevara; se trata de un tema importante en la construcción del acento, pues conforme fue creciendo y viviendo otras cosas se hizo del acento cubano. Seguramente en el tiempo de *Los diarios...*, su acento se vio influenciado por la gente de Rosario, donde había nacido, aunque: "El del Che Guevara a los 19 años era un acento cordobés", dice.

Park-Hill y Thompson, director y productor de *Dot the i,* vieron a Gael en Argentina y los impresionó la dedicación que había puesto en la construcción de su personaje: "Cuando lo vimos en Buenos Aires, nos dimos cuenta que había investigado muchísimo. Tenía gran cantidad de ideas y opiniones", recuerda Thompson. "Salimos a cenar con él y hablaba con intensidad del trasfondo político", agrega Park-Hill. "Gael tuvo que hacer muchos esfuerzos para controlar sus nervios, se sentía aplastado por el icono de semejante figura. Afortunadamente no tenía la presión de que el personaje que interpretaría estuviera vivo y listo para promover comparaciones, como sucedió en el caso de Granado", explica Salles. "A diferencia de la audición que hice para el Che, en el que sabía claramente que quería a Gael; cuando audicioné al personaje de Granado, tuve que buscar a un hombre muy particular. Y es que Granado es un personaje exótico, adorable, fue difícil conseguir a alguien con la frescura de Rodrigo de la Serna." De la Serna impresionó a Salles desde que le hizo la prueba de imagen, era actor teatral y le había recordado las películas italianas de la década de 1960. De la Serna también tuvo que aprender su parte, particularmente tango; además, subió 15 kilos y aprendió, como Gael, a guiar y a arreglar la motocicleta del 39. Rodrigo de la Serna se encontró con Granado, mismo quien cumplió 82 años cuando comenzó a rodarse la película: era todavía un hombre saludable viviendo en Cuba. Dio entrevistas al equipo de *Los diarios de motocicleta,* varias veces. Salles y su gente se impresionaron mucho con la fuerza y la memoria de este hombre que se unió a la filmación como consultor, como consta en los agradecimientos finales en los créditos del filme.

Los diarios... contó con la bendición de la familia del Che: "Los Guevara siempre estuvieron muy cerca de nuestro proyecto, nos abrieron la puerta del Instituto Che Guevara en La Habana y en fin, tuvimos acceso a cartas y otras cosas", dice Salles, quien aprecia el hecho de que aunque lo apoyaron nunca pidieron ver el guión para aprobarlo. Confiaron en Salles y en la fuerza del proyecto mismo. Otra fuente de inspiración, para actores y equipo, fue una serie de seminarios que organizó Salles en Buenos Aires. Trataban temas como el asma, la lepra y los primeros auxilios; la historia política y cultural de América Latina en la década de 1950, con todo lo que vieron Guevara y Granado en el continente en general, y en cada país en particular. Vieron largometrajes, documentales, escucharon música, debatieron, etcétera. "La idea era entender no sólo la región que estábamos retratando, también la época. En aquellos tiempos la comunicación era pobre y la gente sabía poco de lo que estaba sucediendo con sus países vecinos. Los educados estudiaban, pero a los clásicos, no tenían ni idea de los incas, por ejemplo. Los ricos o la gente de la clase social de Ernesto Guevara, miraban hacia Europa como centro cultural y de opinión. Latinoamérica era vista, por sus propios habitantes, como una región considerablemente inferior a la sofisticación del viejo mundo. Así, al escoger a América Latina como sujeto de su viaje, estos muchachos estaban siendo pioneros. Nadaban a contracorriente; eran inusuales, porque en esa época no había turistas en Sudamérica. Estamos hablando de 1952, incluso ahora mismo no se puede decir que la zona sea turística."

Al principio, el equipo se sintió renuente a participar en los talleres que había organizado el director. "Cuando comenzaron los talleres, solo íbamos cuatro o cinco personas, la mayoría pensó 'qué aburrido'", dice Salles, "sin embargo, todos comenzaron a venir. Finalmente, los talleres sirvieron para unir ésta que sería una filmación intensa. Tuvimos que ir amarrando desde abajo un equipo fuerte porque era la única manera de hacerlo. Cuando ves la película, te das cuenta. Guevara y Granados recorrieron 13 mil kilómetros a lo largo de cinco países." Aunque el equipo no pudo recorrer todo el camino exactamente, hicieron las partes más difíciles. Desde los climas bajo cero, hasta el calor tropical. Cuando filmaban en un lago al sur de Argentina, Gael pensó que perdería la vida. Creyó que tenía hipotermia. El actor tuvo que lanzarse a un lago helado para sacar un pato que los personajes habían matado para comer. "Era una cosa estúpida: en dos minutos te estás helando y luego comienzas a sentir que todo está bien. Es justo en ese momento que te estás muriendo de hipotermia; es como una droga", dijo Gael a *The Action-Adventure Movie Guide*. "Vinieron a sacarme y sentía frío hasta los huesos, el esternón, todo. Increíblemente frío. Por más que me frotaba y que trataba de tomar aire, no podía respirar. Era horrible."

Había nevado justo dos días antes de la filmación en el lago, pero estos cineastas tenían que filmar sin preocuparse del clima, porque así es el clima en América Latina, volátil. En realidad los cambios climáticos ayudan a subrayar la diversidad del continente.

La primera vez que Salles hizo el viaje completo, fue durante el *scouting*, esto es, durante la búsqueda de los lugares en los que filmarían. "Siempre tratamos de usar el mismo lugar en el que estuvieron Guevara y Granado." Filmaron en secuencia, es decir, conforme se fue moviendo el propio viaje del Che. Así, el equipo recorrió la región a partir de octubre del 2002. El Che y Granado se encontraron en Bariloche en la Patagonia, y viajaron hacia Valparaíso donde llegaron a finales de noviembre. Más tarde fueron a las minas de cobre de Chuchipamata, al norte de Chile, y luego el equipo volvió a Argentina; Gael García Bernal pasó su cumpleaños en Mendoza, para continuar filmando escenas en las calles de Buenos Aires antes del año nuevo. El 6 de junio se encontraron en Perú y la filmación terminó en Venezuela, en el mes de febrero.

A causa de lo complejo del itinerario, el equipo cambió de tamaño con mucha frecuencia. Eran 100 personas en los lugares accesibles y unas 50 en la colonia de leprosos. En las montañas de los Andes filmaron con 14 personas, dos de ellos los actores. Se trata, sin duda, del mínimo posible. Parecería que Salles hubiese querido improvisar un poco, trabajar como el documentalista que sigue siendo. Él, su director de foto y los protagónicos se encontraron en las alturas de Cuzco, para filmar lo más memorable. Ha dicho Salles, en el National Film Theatre: "Al niño de Cuzco lo encontramos... o más bien, él nos encontró a nosotros. Vino y nos dijo que si queríamos conocer la ciudad. Le dijimos que sí, pero '¿puedo traer mi cámara de 16 milímetros?' le pregunté. 'Pueden traer lo que ustedes quieran', y ahí está la escena. La hicimos en una toma. No repetimos absolutamente nada." En la película, durante una secuencia, un niño muestra, a Guevara y a Granados, los alrededores de Cuzco. Los actores escuchan y hacen preguntas interpretando a sus personajes. "Gael y Rodrigo estaban tan metidos en sus personajes que pudieron preguntar cosas al niño y seguir interpretando al Che y a Granado. Por eso pudimos usar estas imágenes. Luego, encontramos a estas mujeres indígenas que hablan quechua. Igual que con el niño, los dos estaban tan metidos en sus papeles que improvisaron libremente, sin violentar el esquema completo del guión." Durante la escena las mujeres quechuas bromean en su propia lengua con respecto a la vida y milagros, de la mayor de ellas. Las mujeres se hacen amigas de los muchachos a través de un traductor y luego intercambian con ellos hojas de coca. Les enseñan a Gael y a Rodrigo cómo sostener las hojas entre sus dedos y les dicen que tienen que dedicar cada bocado a la montaña de donde vienen, para agradecer que hayan sido otorgadas al pueblo. Gael dice que esta escena es una de las más especiales de su carrera. Así, el 90% de los actores en *Los diarios de motocicleta* no son actores. Aunque, mezclarlos no fue fácil. Era importante que todos se sintieran cómodos frente a la cámara y en este sentido, "Gael y de la Serna se distinguieron por su generosidad. Esta comodidad al trabajar con actores no profesionales frente a cámara, no es algo que venga naturalmente; tienes que crear algo detrás de cada escena para no tener que trabajar tanto durante cada toma. Tienes que construir una historia por cada secuencia y, luego, recrearla frente a la lente y otra vez, mientras la cámara y el equipo sean menos intrusivos, mejor", ha dicho Salles.

En este sentido, no hubo escena más importante que la que se filmó en la colonia de leprosos de San Pablo. Usaron cinco personas que, de hecho, habían sido pacientes en la colonia original. Salles pidió a todos que se relajaran para que se sintieran confortables los unos con los otros. Antes de montar la escena, jugaron futbol e hicieron música: todo lo posible por recrear un sentido de pertenencia. "Necesitas crear estos lazos antes de comenzar a pensar en introducir la cámara entre ellos. Tienes que respetarlos, no tratar de robarles nada y sin embargo, también es cierto, tienes que sincronizar con lo que están haciendo. Una de las cosas más ricas durante la filmación en la colonia de leprosos, fue que algunos de los pacientes reconocieron a Granados y a su acompañante, el Che Guevara. La escena definitiva, tanto en la película como en la vida de Guevara y en la aventura que sustentó la filmación, fue cuando para celebrar su cumpleaños con los pacientes en cuarentena, al otro lado del río, el Che se lanza al agua a pesar de que tiene asma. "Es una cosa seria, el río es ancho y las corrientes son fuertes; Guevara tenía un asma muy fuerte. Era un gran reto, había pirañas en el río; estaba oscuro y todo mundo sabía que las pirañas habían mordido a algunos. Además, Gael estaba decidido a hacer la escena él mismo, sin dobles." "Esta toma", dice Gael, "la del río fue la última, el último día de filmación. Yo mismo estaba al final de mi propio camino. ¿Cómo iba a dejar que un extra hiciera la toma si ella implicaba el nacimiento de la conciencia revolucionaria del Che Guevara?" Salles gritó "¡Corte!" por última vez. Entonces, "todo el equipo saltó al agua para unirse a Gael. Nos abrazamos en silencio. Los ojos reflejaban sin necesidad de decir nada todo lo que habíamos aprendido." Los involucrados en esta escena dicen que fue muy emotivo. Había armonía entre todos, entre el reparto y el equipo.

Para Gael lo mejor de *Los diarios de motocicleta* fue conocer a Walter Salles con quien se sintió a gusto trabajando. Por su parte, el director agradece la dedicación que puso Gael para entrar en la mente del joven Ernesto Guevara: "Durante los días libres o después de la filmación, Gael era el primero en irse porque le urgía saber lo que estaba haciendo la gente en las calles, lo que estaban viviendo. Justo así lo habría hecho el joven Guevara. Además, leyó a Celan, a Camus, los libros que leía el Che. Este tipo de precisión me ha hecho considerar, sinceramente, a Gael García Bernal como un co-autor de *Los diarios de motocicleta*." García Bernal siente que "es un filme en el que si yo me hubiera alejado de mi personaje, nada hubiese tenido sentido. Tenía que transformarme como estos dos, con este viaje." Dicho esto, hay que apuntar que Gael encontró difícil el inicio. Dudaba que fuese capaz de dar la altura de una personalidad a la que admiraba tanto, que tuviera la dignidad de Ernesto Guevara. Un simple consejo del antiguo compañero del Che lo ayudó a sobreponerse: "Durante una escena, el señor Granado vino y me dijo: '¡hazlo con tu propia voz!' En ese momento me di cuenta: en 1952, el Che Guevara y Granado tenían 23 y 29 años. Yo en ese momento tenía justamente 23 años y las mismas ganas de hacer el viaje, de cambiar las cosas, además era un latinoamericano." Tal vez, la identificación fue tanta que Gael se puso en carácter introspectivo. Ha declarado que en aquel momento no tenía pareja y se sentía como dando vueltas en círculos, en lo que se refiere al amor. "Viajaba para hacerme de una geografía interna similar a la de Ernesto Guevara cuando era joven y se hizo hombre. Debo confesar que cuando terminé esta

película, sentí que era yo muy diferente al Gael que había comenzado unas semanas antes de filmar *Los diarios de motocicleta*." Salles
dice más o menos lo mismo: "La gente no puede haber sido la misma
al final del viaje. Todos nos vimos transformados por la película y
por la experiencia de probar esta diversidad que ha cambiado la vida
de muchos jóvenes viajeros." Como sea, hay que decir que en lo que
respecta a la jornada épica del Che, no se trata del típico año sabá-
tico que suelen tomar los jóvenes cuando terminan la escuela.

No fueron tanto las diferencias, sino las semejanzas las que tuvieron el mayor impacto en Gael García Bernal: "El Che me invitó en
un viaje en que me perdí y encontré mi verdadero ser. Me ayudó a
saber lo que significa ser latino", dijo a *Fotogramas.* "No hay frontera entre mexicanos, argentinos y brasileños, todos somos uno. Ahora
mismo, yo como lo hizo el Che, constato que todos somos víctimas
de la invención de una raza ficticia, porque las fronteras y las diferencias son ficticias, una ilusión." Nuevamente, Salles habla del grupo en su conjunto: "Es una película hecha por jóvenes de Argentina,
Chile, Brasil... Fue un esfuerzo de familia. Quiero decir, un esfuerzo
colectivo. Muchos de nosotros teníamos que aprender tantas cosas
de nuestro continente.

Una de las escenas más tensas tiene lugar en la colonia de leprosos, poco antes de que el Che se lance a nadar al río. El joven
Guevara lanza un discurso muy emotivo: "Después de este viaje,
creemos más firmemente que nunca que las fronteras de América
Latina son una ilusión. Desde México hasta el estrecho de Maga-
llanes, hay entre nosotros todo tipo de similitudes etnográficas."
El personaje de Gael propone entonces un brindis para honrar a
Perú y a toda América Latina. García Bernal está de acuerdo: "Tenemos que volver la mirada, entender y aceptar que somos países que
fueron creados por caprichos coloniales, por la Iglesia y por los im-
perios que trazaron nuestros destinos. Y es a causa de ellos que
estamos separados; tenemos que continuar peleando y buscando..."
Definitivamente, Gael comenzaba a sonar como el revolucionario
argentino. Durante una sesión de preguntas y respuestas en el National Film Theatre/*Guardian* dijo:

A lo largo de nuestra historia ha habido ciclos de violencia contra la gente privilegiada. Estos ciclos implican que quienes no tienen nada toman el poder y se quedan con el de quienes tienen todos los privilegios. Esto no es justicia. En toda América Latina tenemos los mismos problemas, las mismas inconsistencias; compartimos los mismos sueños fallidos del neoliberalismo, el mismo sentido de disgusto con lo poco que ha traído la democracia y sin embargo, tenemos la misma esperanza de que finalmente las cosas funcionen.

El hecho es que Gael parece haber sufrido una transformación similar a la de Guevara mismo. Sin afectaciones y más allá de las estrategias de *marketing*, coincide en sentimientos genuinos que demostraron que el director había conseguido algo con su película sobre la juventud del Che.

Los diarios de motocicleta fue un interesante retrato del Che antes de que se volviera el Che, antes del guerrillero que fundó la leyenda sobre sí mismo. El muchacho que subió a la carroza, pegada a un flanco de la motocicleta de Granados, era el mismo que más tarde haría la Revolución Cubana; el mismo que sería asesinado en la jungla de Bolivia cuando planeaba un nuevo golpe militar para acabar con un poder hegemónico. Gael tuvo que balancear su personaje. Era necesario mostrar que llegaría a ser el líder guerrillero, pero evitando los clichés. Tenían que emerger sus ideas sin que parecieran panfletos. Salles ha dicho que no trataría de hacer una biografía completa de Ernesto Guevara, pues sería demasiado pretensioso cubrir una vida como la del Che en sólo dos horas. Aunque está conciente de lo cierto que resulta lo que dijo alguna vez Jorge Luis Borges, que todo hombre tiene, al menos una vez en la vida, un momento en el que es todo lo que ha sido y todo lo que será. Salles ha buscado demostrar que en su filme, hay algo ya de todo lo que será el revolucionario. El mismo que habría de mover los límites políticos de la región, y que jugaría un papel fundamental en la América Latina. Para Salles era necesario enfocarse en la humanidad de Guevara y sacar al Che fuera del mito. Tuvo que dejar que floreciera el sentido del humor y algo de las ambigüedades del joven. También es cierto que de los dos viajeros, el Che era, en aquel tiempo, el más inmaduro. Salles hace virtud de la honestidad de Guevara: sólo él está preparado para decirle a un paciente que tiene una enfermedad mortal; sólo él puede decirle a un doctor que la novela que ha escrito es un asco. Pero, como subraya Gael García Bernal, este hombre "virtuoso" también quería cogerse a la esposa del mecánico que los ayuda en una secuencia.

Muchos críticos sintieron que la película, al tratar de mostrar a un Che Guevara de una sola pieza, resulta poco honesta. Ernesto Guevara fue un hombre de grandes ideales, pero también un guerrillero violento, un líder militar sin escrúpulos. *Los diarios de motocicleta* muestran su lucha contra el asma, pero era necesario decir que los golpes de adrenalina que se daba para contrarrestar la enfermedad, le cambiaban el carácter constantemente. Hacía terribles berrinches y hubiera requerido explorar la parte oscura del Che. De hecho, esta oscuridad no forma parte de la película más que en una secuencia, en la que Gael lanza una piedra contra un camión. Ernesto actuaba a menudo con golpes autoritarios y egocéntricos que ayudaron en su ascenso en las filas de la revolución. Hubiese sido importante retratar esa furia escondida bajo la superficie, porque se sabe que estaba ahí, en el joven Guevara. En el libro (y por consiguiente en la película), el apodo que le da Granado no es Che, sino Fuser, que viene de Furibundo Serna: Ernesto Guevara de la Serna había adquirido fama de furibundo por la forma salvaje en que jugaba rugby. ¿Por qué estos altibajos de su carácter no fueron explorados?, se preguntan los críticos. Tal vez hubiera sido importante enfocar la parte pesada y difícil del carácter de un hombre mítico como el Che Guevara. ¿Por qué tanta timidez? ¿A quién tenían miedo de molestar los artistas? ¿Es posible que los artistas estuvieran preocupados de aproximarse demasiado a la figura que estaban retratando por miedo a ver algo que no les hubiera gustado? En el mismo sentido en que el martirio del Che ha ayudado a limpiar sus graves errores de la memoria histórica, volviéndolo un icono correctamente político y a la moda, uno que aparece en las playeras de los jóvenes idealistas; la película hubiera dado testimonio de un hombre y no de un mito. Muchos dan a la obra de Salles el beneficio de la duda, consideran que la política en juego evita el panfleto y hace lo posible por evitar una introspección psicológica barata. Si el cambio de joven adorable a guerrillero sin escrúpulos aparece poco en este filme, se debe a que estamos hablando de una importante y compleja figura del siglo XX.

En la otra cara de la moneda se toca en forma superficial el despertar filantrópico del Che. En una secuencia, Ernesto Guevara regala parte de su presupuesto a una pareja de comunistas en problemas y en otra, da su medicina para el asma a una anciana que está muriendo. El viaje a la colonia de leprosos parece haber sido el que hizo que el futuro para los dos jóvenes se volviera algo tangible. Fue lo que experimentaron lo que llevó a Granado a convertirse en doctor, mientras que a Guevara lo volvió guerrillero. Durante esa secuencia, Guevara toma a mal que ellos estén festejando en esta parte del río, mientras que al otro lado estén los pacientes en cuarentena. Por eso se lanza al agua, para reunirse con ellos y, como hemos dicho, fue un momento muy catártico, pues la escena pudo resultar un poco sentimental. Crece a causa de la carencia de un clímax tangible, así que Salles estira la secuencia. El director mezcla imágenes del pueblo para producir un sentimentalismo acusador. Puede que esto se deba a que todos los que trabajaron en el filme estaban claramente a favor del personaje de Guevara; un crítico diría que en el fondo resultaba paradójico, pues sólo unos burgueses como Guevara y Granado podrían haberse sentido golpeados por el enfrentamiento con una pobreza que estaba por todas partes. *Los diarios de motocicleta* toca los antecedentes de los personajes antes de comenzar el viaje. Guevara y Granado son recibidos en una hacienda de gente rica en donde vive la novia de Ernesto Guevara. La poca observación de las costumbres de los ricos está acorde con la falta de materialismo del joven durante el resto del trayecto. Según Salles, el uso de la vida real no es presunción sino contexto. El hecho mismo de usar formas documentales contemporáneas, en una película que narra una historia sucedida hace 50 años, redunda en un fuerte argumento a favor del punto de vista político de la obra.

Para bien o para mal, América Latina es una tierra de enormes contrastes; no sólo en el paisaje, sino en la comida y en los estratos sociales: el contraste produce imágenes espectaculares. *Los diarios de motocicleta* tiene una hermosa fotografía a cargo de Gautier, pero lo más aplaudido fue la dirección de Walter Salles, en quien los críticos han elogiado la fuerza de voluntad y la paciencia con la que se permitió encontrar a dos héroes que se estaban encontrando a sí mimos. Es la admiración del brasileño por sus personajes lo que le permite entrar en ellos. Valdría la pena preguntarse si la actuación fue tan natural en parte gracias a la admiración que siente Gael por el Che Guevara. El actor consigue una extraordinaria química con su coprotagónico, Rodrigo de la Serna. Gael da un sentido de inocencia a Guevara, mientras que Rodrigo otorga confianza y carisma al personaje de Granado. La actuación de García Bernal fue elogiada por la forma en que sabe hacer emanar el heroísmo del Che, darle un profundo sentido de seriedad que brilla es un retrato sutil y ambiguo. Salles está satisfecho con su trabajo: "No soy amigo de la improvisación en la actuación, pero me gustan los personajes con muchas capas, sobre todo los que dicen aun sin diálogo; y sin duda, el que puede hacerlo es Gael."

La película se estrenó en Cannes, festival en el que García Bernal, de la Serna y Salles caminaron sobre la alfombra roja junto a Celia Guevara (hija del Che) y Alberto Granado. Patricia Bernal, la madre de Gael, asistió a la ceremonia y lloró durante la ovación de pie de 10 minutos al final de la película. *Los diarios de motocicleta* ganó el premio ecuménico del jurado por sus logros cinematográficos, acordes con cualidades éticas y profundos valores humanos. El filme consiguió el BAFTA para mejor película en lengua no inglesa y Gael obtuvo, en Inglaterra, una nominación como mejor actor. La canción original, *Al otro lado del río*, de Jorge Dexler, ganó el Oscar en la categoría de mejor canción original; mientras la película fue nominada en la categoría de mejor guión adaptado. Un éxito a todas luces, no cabe duda.

El cine ¡Buena onda!

Con Walter Salles en el viaje, muchos pensaron que la antorcha de la Nueva Ola de América Latina brillaba desde Brasil. Fernando Meirelles y Katia Lund la habían hecho arder con *Ciudad de Dios*. Y *Carandiru*, otra película brasileña con marcado sabor a crimen, había causado un notable revuelo un año antes.

Carandiru se estrenó en Brasil en 2003. A diferencia de otros directores del movimiento, Héctor Babenco pertenecía a la vieja guardia. Babenco viajó a Brasil en la década de 1960. Más tarde, luego de una corta estancia en España, decidió radicar en este país. En 1981, realizó la aclamada *Pixiote* que habla de un niño que se busca la vida con pequeños actos criminales en las calles de São Paolo; 20 años después, los criminales de la película reaparecen en *Carandiru*, de Héctor Babenco, esta vez, detrás de las rejas: Carandiru fue una de las prisiones más notables de América Latina. A través de viñetas, el director cuenta cómo llegaron todos a esta prisión, sus instintos de amor y supervivencia. La película termina con una exposición de la masacre que tuvo lugar en 1992, cuando un grupo de policías armados entró en la prisión para sofocar un motín. La policía asesinó a 111 prisioneros indefensos.

Con un presupuesto de cinco millones de dólares, *Carandiru* era la película más cara hecha en Brasil. Babenco consiguió permiso para filmar en la prisión misma, al norte de la ciudad de São Paolo. Antes de que la película fuera estrenada, el gobierno demolió la prisión, tal vez para borrar la infamia de una pésima administración, unas fuerzas policiacas abusivas y el testimonio de un reclusorio sobrepoblado. *Carandiru* tiene interesantes divergencias y similitudes con *Ciudad de Dios*. Resulta a menudo una película llena de energía, aunque *Carandiru* es más mesurada o compleja que la obra de Meirelles y Lund, en lo que respecta a la historia. Tanto *Carandiru* como *Ciudad de Dios* exponen el crimen y la violencia en forma colorida y sin precedentes, en comparación con otras películas de América Latina. Ambas fueron dirigidas por hombres que se volvieron famosos, gracias a lo fresco de sus óperas primas. Babenco como Meirelles y Lund tuvieron un éxito similar al de Lucrecia Martel con *La Niña santa*, película sobre la religión y el despertar sexual que ganó aplausos entre la crítica y el público.

Por su parte, Carlos Sorín con *Bombón el perro* habla de una mujer de edad mediana con mala suerte, hasta que alguien le regala un perro malencarado. *La familia rodante*, de Pablo Trapero, es una *road movie* que cuenta la historia de una abuela que fuerza a todo el clan familiar a hacer un viaje en camper, lo cual, más que acercarlos, terminará por distanciarlos. Otra figura clave en el Nuevo Cine de América Latina es Fabián Bielinsky, quien murió en forma desafortunada y prematura luego de haber hecho *El aura*, en 2005; este realizador se hizo famoso con *Nueve Reinas*: tuvo un ataque al corazón a los 47 años. En Uruguay, Pablo Stoll y Juan Pablo Rebella, tuvieron un éxito de festival con *25 Wats*, en el 2001. Más tarde realizaron *Whisky*, una acompasada y ácida comedia sobre dos hermanos de edad madura que se encuentran luego de muchos años para la misa en memoria de su madre. Uno de ellos, para hacer su vida impresionante para el otro, le pide a una empleada de su tienda de calcetines que lo acompañe y finja ser su esposa.

Con respecto al destino del cine en México, *Japón*, de Reygadas, ganó el premio de Nuevo Director en el Festival de Cine de Edimburgo y fue elogiada en el amplio circuito de festivales. Aunque no fue apreciada por el público, *Japón* tiene su propio estilo, fuera del canon de otras películas. La película habla de un hombre de 60 años que se interna en el México rural, para acabar con su vida: el asunto termina tomándole más tiempo de lo que hubiera pensado. *Batalla en el cielo*, de Reygadas, es una obra de alas izquierdistas (como *Japón*); trata de un chofer sin atributos al servicio de un general que se ve involucrado en varias muertes. Al final, termina acostándose con la hija del hombre para quien trabaja. Reygadas hace cine que los críticos aman u odian. Sin duda, se trata de uno de los individualistas y creativos con mayor talentos de la región. El excéntrico realizador es hijo de una familia mexicana rica que fue enviado a estudiar a Yorkshire durante su adolescencia. Fue ahí que desarrolló su amor por el cricket y el rugby. Estudió derecho en México y en Londres. Entró a trabajar para la Secretaría de Relaciones Exteriores de su país en Bruselas. Frustrado con el trabajo administrativo que estaba desempeñando, se decidió por el cine. Reygadas afirma que las películas diseñadas para contar una historia lo aburren profundamente. Para su producción usa actores no profesionales y se niega sistemáticamente a contarles la trama que está planeando (si es que la hay) y por supuesto, se niega a dejarles ver un guión. Otra película, y excéntrica en México, fue *Temporada de patos*. Se trata de la ópera prima de su realizador, Fernando Eimbeck. Es una comedia sobre un domingo en la vida de dos adolescentes. Los adolescentes son los mejores amigos y están solos en el departamento de uno de ellos, hasta que se les reúne una muchacha que viene a cocinar un pastel y un repartidor de pizzas.

La colorida variedad de filmes, que pueden llevar la etiqueta de "Nueva Ola Latinoamericana", ha hecho que muchos escritores de cine se pregunten si es pertinente hablar de un movimiento consistente. Hay observadores que piensan que el cine "Buena Onda" no es otra cosa que un invento de los medios periodísticos. Es posible. A la prensa siempre le interesa hablar de nuevas modas y les encanta escarbar en trabajos artísticos por la conveniencia de encontrar algo nuevo que escribir. Cuarón era uno de los escépticos: "No es una ola, son gente, individuos talentosos. Una ola es un movimiento, una tendencia, un grupo de personas que están trabajando con una meta común y este, en definitiva, no es el caso." A decir verdad, esta apreciación de Cuarón no parece ser del todo correcta. Él mismo es amigo de Del Toro y de González Iñárritu; los tres se consultan con respecto a las dudas creativas de sus películas. Incluso, Gael García Bernal ha trabajado con dos de estos autores. Es cierto que no hay algo como un esfuerzo colectivo que haya unido la producción de *Amores perros* y, digamos, *Nueve reinas*, a pesar de que ambas se estrenaron en el año 2000. Por otra parte, no hay decisiones conjuntas que se tomen concientemente, no hay una estrategia, no han anunciado un manifiesto ni declarado algún tipo de lealtad. Sin un plan de producción física o manifiesto de colaboración ¿es justificable hablar de una Nueva Ola Latinoamericana que pudiera ser llamada "Buena Onda"?

Iván Trujillo, director de la Filmoteca de la UNAM, analiza la pregunta desde un ángulo ligeramente distinto; una perspectiva literaria: "Era la misma clase de discusión en torno a la pertinencia de hablar de un *boom* latinoamericano en la literatura de la década de 1980. En aquella época, los lectores del mundo consumían mucha literatura de Latinoamérica, pero en México no se leían cosas argentinas y en Argentina se leía poco de lo producido en México. En el cine sucede igual; puede que haya coproducciones obligadas, pero no sé si podemos hablar de un movimiento o de una explosión de talento." Salles da un punto similar en el National Film Theatre. Dice que él sólo ha podido ver los filmes *El bonaerense* y *La ciénaga* fuera de Brasil. Es real que a los consumidores se les niega la posibilidad de participar en un movimiento regional, pero los cineastas van a festivales y eventualmente se enganchan con las películas que encuentran. Salles ha sido citado en *O Estado de São Paolo* diciendo: "Iñárritu y Arriaga han dicho que *Amores perros* fue influenciada por *Estación Central*. Yo podría decir lo mismo, tanto Cuarón como Iñárritu me influenciaron para hacer *Los diarios de motocicleta*." Si *Amores perros* es la película que se cita como inicio de la Nueva Ola Latinoamericana, tal vez sea justo dar ese crédito a *Estación Central* de Walter Salles.

Estrenada dos años antes de convertirse en un sonoro éxito taquillero en su país natal, *Estación Central* levantó punteros en todo el mundo. A partir de entonces hubo un éxito latinoamericano cada año: *Y tu mamá también* en el 2002, *Ciudad de Dios* en el 2003, *Los diarios de motocicleta* en el 2004. Todas estas películas vivieron el momentum y el interés que el mundo estaba prestando al cine de la región. Aprovecharon dicho momentum y pudieron hacerlo a pesar de sus diferencias de origen, los realizadores tenían un tema común que detectaba el público.

El hecho de que todos estos filmes hablaran, de una u otra forma, de política, quizá sea la semejanza más obvia. Rosa Boch, la productora mexicana, ha sido citada en el prólogo de *The Faber Book of Mexican Cinema* diciendo: "A veces resulta que hay un movimiento artístico que florece durante un tiempo y que está ligado con momentos políticos, sociales o culturales específicos. No se trata sólo de un número de cineastas haciendo buen cine." El que muchas de las películas reconocidas, las pioneras en sus géneros, triunfaran en sus propios países tiene que ver, efectivamente, con un momento político: *Amores perros* se estrenó cuando terminaba el largo dominio de 70 años de poder del Partido Revolucionario Institucional. *Estación Central* y *Ciudad de Dios* se dan en el contexto previo a la histórica elección de Lulla, el primer presidente socialista en el país; *Nueve reinas* anticipó el oscuro porvenir de la crisis en Argentina. Las audiencias estaban deseosas de abrazar un nuevo producto nacional. Eran tiempos de introspección; *Nueve reinas* y *Ciudad de Dios* tenían más cosas en común de lo que parecía a primera vista: son retratos descarnados de la realidad de sus creadores.

La realidad política golpea la vida de los protagonistas en todas estas películas, hay más semejanzas de lo que podría creerse entre *Historias mínimas* y *Los diarios de motocicleta*; las dos muestran áreas rurales muy empobrecidas. *Los diarios* exhiben la falta de progreso en los últimos 50 años. En *Ciudad de Dios*, la intención del autor, según ha dicho el propio Meirelles, fue despertar a la clase media urbana para que se diera cuenta de lo que estaba sucediendo en las favelas, en el patio trasero de sus casas. Es interesante pensar que, tanto *Amores perros* como *Y tu mamá también*, fueron las primeras película en México que se atrevieron a abrazar con fuerza el "chilango", ese rudo idiolecto que se habla en las calles de la ciudad.

El cine Buena Onda, y las películas que ha dado al mundo, parece gustar de exhibir a personajes llevados al límite. Los lugares exóticos o los espacios recónditos del continente aparecen en ellas como parte de un tejido que se refleja en cada momento de la vida diaria; la desigualdad y sus causas encuentran camino en las películas latinoamericanas y así, las historias personales resultan parecidas, se transforman en alegorías de la vida en una extensa región del mundo. Lo que motiva a los personajes a actuar en estas películas, está ligado con situaciones personales que muestran a una sociedad desigual, imperfecta.

Un tema recurrente en el cine *Buena Onda* son las fallas que tienen los gobiernos en el cumplimiento de sus responsabilidades, ya sea por negligencia, incompetencia o corrupción. Este hecho se ve reflejado en las obras, sobre todo por la constante ausencia del padre. En *Estación Central*, Josué va a buscar a su papá y no lo encuentra; en *Amores perros*, el padre no se sabe si existe, está perdido o regresará un día, luego de un largo periodo de farra y borrachera. En *Y tu mamá también* hay una carencia total de relación entre padres e hijos y, aunque la metáfora no parece ser intencional, resulta obvio que algo está sucediendo. En *Ciudad de Dios*, el abandono del estado provoca la desesperación en las favelas, donde los jóvenes no encuentran otra solución que sacar la pistola y comenzar a disparar a los vecinos. La figura del padre desaparecido resulta una metáfora de los factores desintegrantes que se reproducen en todas las sociedades de América Latina: tensión familiar, inmigración y crimen. Algo similar podría decirse con respecto a la corrupción, un tema común en la vida diaria y en el cine de Latinoamérica. El hecho de que la policía no esté haciendo su trabajo en las favelas, permite las condiciones para las historias de *Ciudad de Dios* y *Tropa de elite* (su sucesora). Vivir entre asesinos y oficiales mal pagados parece ser el destino de una sociedad desigual, en la que el miedo a perder en un momento todo lo que tienes lanza a sus individuos a buscar por mano propia la justicia.

No resulta sorprendente este apetito por temas profundos. Si los gobiernos de América Latina no pueden ser dirigidos por gente realmente interesada en sus países, el cine puede denunciarlos. Por ahora, las dictaduras parecen haber quedado en el pasado. Las restricciones en las libertades civiles y la censura han desaparecido en casi todos los países del continente. En forma analógica a la España que despertó del franquismo, los artistas ahora pueden criticar a su gobierno y lo hacen en forma que no tiene igual. Puede que *Y tu mamá también* como *El crimen del padre Amaro* hayan tenido problemas con los conservadores de México, pero no hubo una iniciativa contundente para prohibirlas. Durante una conferencia en el National Film Theatre, Walter Salles declaró: "Vivimos hoy en una sociedad más libre: hace 20 años, gran parte del continente vivía bajo terribles dictaduras militares, y si el cine en la región ha podido crecer es, en muchos sentidos, gracias a que la democracia ha llegado hasta nosotros. Puede que no la democracia económica, pero al menos la democracia política es una realidad y es por esto que podemos expresarnos como cineastas; reflexionar a través de nuestras obras en la pantalla."

Aun con las nuevas libertades, filmes brasileños como *Carandiru, Ciudad de Dios* y otras, se cuidan de emitir mensajes panfletarios y definitivos. Este punto distingue a la Nueva Ola de América Latina de los movimientos fílmicos que lo precedieron, los nuevos artistas muestran en su cine la injusticia que se vive: las comunidades rotas y la sociedad en crisis. Y pese a todo, los realizadores confían en que las audiencias sacarán sus propias conclusiones. El nuevo cine de la América Latina evita los sermones; busca que sea el espectador el que dé la solución a los problemas que enfrentan sus sociedades desde el fin de las dictaduras. Hoy los enemigos no están definidos. Tal vez resulte difícil pensar que una película ofrezca soluciones concretas, pero por esto mismo, los realizadores del continente han conseguido involucrar a las audiencias, ganando su confianza. Lo han logrado contando las cosas como son y elevando el nivel técnico. Hasta hace poco, las películas del continente tenían una calidad muy inferior en lo que al cine respecta. La gente prefería el producto extranjero, pero ahora que la calidad es casi igual, la decisión resulta difícil, aunque en el terreno técnico aún hay muchas cosas por hacer.

Gael García Bernal dijo en el National Film Theatre: "Siento que en México hay una percepción absurda de las cosas, por una parte somos conservadores y no obstante, de pronto nos damos cuenta de que no lo somos tanto. En México poca gente hubiera creído que películas como *Amores perros* o *Y tu mamá también* tendrían semejante éxito taquillero, pero lo tuvieron. Me parece que se trata de una señal que muestra, en muchos sentidos, que la sociedad mexicana ha avanzado más de lo que ella misma cree. Lo que pasa, es que nuestras sociedades han tolerado muchos discursos demagógicos que les piden abrazar el modernismo y rechazar la tradición. Para la gente, lo moderno es lo que viene de Europa o Estados Unidos. El incremento del orgullo local y la globalización están ligados con una creciente aspiración a ser como Estados Unidos y sus multinacionales en general. El incremento en la calidad de nuestros productos ha despertado una lealtad que no creímos posible: el público ha comenzado a ver nuestro cine." La movilización contra los churros hollywoodenses es lo que el cine de América Latina estuvo buscando de tiempo atrás, algo que no había conseguido. El cine de la región comienza a igualar los valores de producción de sus colegas hollywoodenses; existen filmes que los han superado, *Amores perros* o *Ciudad de Dios,* obras con fino acabado, son piezas cinematográficas con técnicas visuales profundas, innovadoras en el formato y con soundtracks que explotan en la cabeza.

Las películas *Buena Onda* tienen hoy mejor recepción más allá de sus fronteras, porque dibujan temas específicos de cada nación, pues encontraron la forma de configurar lo local en lo universal. Puede que el color y el ambiente sean francamente locales, pero los instintos animales en *Amores perros,* el despertar sexual en *Y tu mamá también* o la transición del adolescente al adulto en *Los diarios de motocicleta,* son universales y se entienden en todo el mundo. Por otra parte, las mafias de drogas y la guerra en las favelas en *Ciudad de Dios* tal vez sean particulares de la vida en Brasil, pero la falta de oportunidades como tema trasciende cualquier frontera.

Ayuda en este logro de universalidad, el que los productores estén buscando el desarrollo de sus proyectos con base en su calidad. Proponer un problema local en un contexto universal ha resultado una buena apuesta para conseguir audiencias. Por una parte, el público doméstico se siente reconfortado viéndose a sí mismo en las pantallas; por otra, el público extranjero se relaciona con asuntos universales que le permiten entrar a un mundo como el de América Latina; un mundo que resulta fascinante por distinto, extraño y exótico. El Nuevo Cine de América Latina no favorece los clichés, otorga a sus audiencias una fantástica mezcla de paisajes, costumbres y gente. Se trata de una región que no puede evitar el aura y el sentido místico. No resulta insólito que la brigada de la Nueva Ola siga en muchos sentidos la huella del Nuevo Cine de América Latina, aunque distanciándose, ya que ha cambiado radicalmente el clima político, y sería difícil seguir haciendo películas que llamen a las armas. Sin embargo: "Aquí siguen las realidades que desconciertan y que tienen que mostrarse. Las películas de América Latina han tenido tanto éxito, porque tocan problemas reales con los que nuestros pueblos tienen que trabajar. Son películas que nos golpean donde duele", ha dicho Iñárritu. "Y son fuertes; porque, aunque no sean perfectas, surgen de lo profundo de las entrañas. Yo sudo y sangro mi país, no importa lo que haga, no puedo escapar a esto. Y a pesar de que la realidad mexicana me pueda resultar dolorosa, también es cierto que es mía."

En los llamados países subdesarrollados, el negocio de hacer cine, como en otros sectores, puede resultar complicado; pero los intérpretes de la *Buena Onda* parecen haber entendido cómo funciona el cine comercial, aunque hacer dinero fácil no ha sido nunca la razón principal para involucrarse en el arte: "En México todo mundo hace cine por las razones verdaderas, ninguna de las cuales es el dinero", ha dicho Cuarón. "En Estados Unidos hay mucho dinero y uno puede dedicarse al cine para hacerse de dólares, porque hay una gran industria, pero en México no; en México hacemos cine porque nos gusta." En el diario *The Independent,* Gael García Bernal ha dicho: "Los mexicanos en general hacemos cine porque creemos en el proyecto y no por el cheque. El dinero nunca ha estado ahí, así que no es algo que tomemos en cuenta. Tal vez por eso hacemos películas que están diciendo algo que vale la pena." Lo que revelan estas observaciones es que, más allá de las diferencias específicas, los países de América Latina tienen mucho en común. Uno de los puntos principales en general es tratar de dar sentido a los problemas. Bielinski ha dicho: "Todos somos latinoamericanos compartiendo problemas y herencias. Hemos sufrido del colonialismo y formamos una industria joven que trata de conectarse con un mundo mayor. Artísticamente, es obvio que compartamos cierto aire social."

No es una coincidencia que estas películas estén bien hechas. En América Latina, las escuelas de cine aparecieron una generación atrás y dieron a luz a individuos talentosos, tanto en los terrenos de la dirección y la actuación, como en otras áreas técnicas, por ejemplo, la fotografía. Los cineastas del continente no buscan una colaboración común. Lo que han vivido es producto de la globalización y no de una meta conjunta. Pero la gente que ha producido la Nueva Ola de América Latina está cerca e interactúa sin agenda; se apoyan y permanecen leales a sus regiones aunque no lo hacen en forma institucional. Sus preocupaciones y deseos son básicamente los mismos. Por tanto, y a pesar de que puede ser una feliz coincidencia del destino, es posible hablar de un movimiento fílmico de América Latina en la última década y... puede que *Buena Onda* sea un atinado nombre, después de todo. Si es que hay que darle alguno.

La transformación para *La mala educación*

La mala educación

Era una de esas oportunidades únicas en la vida: trabajar en la última película de uno de los monstruos del cine moderno, Pedro Almodóvar. Y qué papel tan jugoso, aunque mejor hay que decir, qué papeles. Así de importante era la parte que interpretaría Gael García Bernal. Juan es un joven actor que se hace pasar por su propio hermano y termina interpretando a un travesti en una película dentro de otra película. Tanto en montaje como en estructura, la naturaleza de *La mala educación* resulta compleja, pues hay elementos que tardan en emerger.

Estamos en Madrid en 1980; han llegado los tiempos de La Movida y, Madrid a la caída de Franco, vive los días de su hedonismo con toda la diversión que los habitantes perdieron durante la dictadura del generalísimo. Es en este contexto, Juan (Gael García Bernal), un actor de 20 años, haciéndose pasar por su hermano Ignacio, entra en la oficina del conocido director de cine Enrique Godet (interpretado por Fele Martínez). El actor le dice al director que es su antiguo amigo de la escuela, su primer amor. Este supuesto Ignacio, ahora con el nombre artístico de Ángel Andrade, le entrega a Enrique su guión *La visita:* basada en la historia de ambos en el colegio católico donde vivieron idilio y plantea, cómo pudo haber sido la vida de los protagonistas. Conforme Enrique va leyendo, comienza a visualizar una película con Ignacio en el papel protagónico. Ignacio es un travesti que trabaja en cabarets de poca monta y a menudo vuelve a su antigua escuela para imaginar venganzas contra el padre Manolo, el sacerdote que se enamoró y abusó de él. Y que después de un ataque de celos para castigarlo, expulsó a Enrique, su amor años atrás. Antes de decidirse a hacer la película, Enrique se da cuenta de que Ángel no es Ignacio sino su hermano menor: Ignacio, nos enteramos, murió hace tiempo. Como sea, Enrique hace la película pero sigue intrigado por lo sucedido. Cuando termina la filmación, el argumento se vuelve todavía más extraño, pues el padre Manolo reaparece convertido en un publicista de nombre Berenguer, que le explica al director de cine, Enrique, la verdad de lo que sucedió en el pasado y cómo Juan está involucrado en la muerte de su hermano.

La participación de Gael García tiene tres partes: comienza siendo Ángel, el actor; finge ser su hermano Ignacio y, luego, es Zahara, un travesti que en la película interpreta Ignacio. Dadas semejantes complicaciones, no es extraño que el proceso de audiciones resultara problemático. Almodóvar tiene fama de perfeccionista. Difícilmente cede una vez que tiene una visión en la cabeza. Se sentía reticente a entrar de lleno en la producción de esta película, debido a que se trataba de una obra muy personal: el guión está basado en un cuento que escribió él cuando era joven y estaba muy enojado, justo como Enrique, el director de cine en la película.

Pedro Almodóvar comenzó a trabajar en Madrid, en la década de 1980: *Pepi, Lucy, Bom y otras chicas del montón* se estrenó en 1980. Como Enrique, su personaje, Almodóvar estuvo en un colegio católico donde los maestros tenían fama de abusar de sus alumnos, aunque el cineasta afirma que no es su historia. El caso es que todo tenía que estar bien estructurado, sobre todo en lo que respecta a los papeles principales o, mejor dicho, a los tres papeles de desarrollo del protagonista, uno de los cuales tiene que cambiar de sexo. Pedro Almodóvar audicionó a cientos de actores vestidos de mujer. Básicamente a cualquier actor español en ese rango de edad. Eduardo Noriega, quien había trabajado con él en *Carne Trémula,* fue quien estuvo cerca de coincidir con la visión que tenía sobre su personaje. El Deseo, la compañía productora que dirige Almodóvar junto con su hermano Agustín, incluso lanzó un anuncio de la *La mala educación* con Noriega vestido de mujer. Sin embargo, el director español no estaba del todo satisfecho, le ganó su parte perfeccionista y, a pesar de que la cara de Noriega era excepcional (ha dicho Almodóvar: "es la cara de mujer más hermosa que vi"), sus espaldas eran anchas y lo hacían verse demasiado hombruno. Exasperado por lo fallido de la búsqueda, Almodóvar archivó la idea y se lanzó a la producción de *Hable con ella.* No fue mala idea. Ganó un Oscar en la categoría de mejor guión original. Gael García llego a escena. Resultó sin duda un actor atractivo como muchacho... y como muchacha también. Este atractivo resultaba fundamental para entender las relaciones que el personaje establece con todos los que se le aparecen en el camino, la forma en que todos se obsesionan con él.

Cuando publicitaban el filme, Almodóvar dijo de Gael: "Tiene la ventaja de que, además de ser guapo, es chiquito. Es uno de los hombres más fotogénicos que he conocido. Estudié su cara milímetro a milímetro y entonces descubrí que tiene una parte masculina y una parte femenina. Era posible explotar este hecho utilizando la .posición de la cámara. Además, esta simetría funcionaba muy bien a causa de la naturaleza ambigua del personaje." Sin duda, otra ventaja de García Bernal, consistía en que, gracias a *Y tu mamá también* y *El crimen del padre Amaro,* no tendría las reticencias que otros habían expresado con respecto a los temas controvertidos del filme; la homosexualidad y el ataque a la Iglesia. Era la oportunidad de toda una vida, pero implicaba una parte complicada. En una de las escenas, Gael interpreta a Juan apareciendo en pantalla como Ángel, que está haciéndose pasar por su hermano Ignacio, quien a su vez interpreta a Zahara; esto es, un travesti que se disfraza de Sara Montiel, una estrella española de la década de 1960. Aproximarse a semejante cantidad de niveles histriónicos, no era cosa fácil. Diría Gael García Bernal a la revista española *Fotogramas,* cuando le preguntaron que si *La mala educación* era la película más extraña que hubiese filmado: "Pues tuve que interpretar a varios personajes, cambiar de acento, cambiar de sexo sin que la cosa se viera demasiado forzada y hacer el papel de un personaje dentro de un personaje, todo esto en una cultura distinta de la mía. Complicado, un poco, sí."

Para empezar, Almodóvar, perfeccionista hasta el límite, le dijo que no podía asegurarle el papel hasta que demostrara que podía hacer a la perfección el acento español. El director tenía miedo de que el acento de Gael pudiera sonar extraño. El personaje ya era suficiente complejo sin necesidad de añadir una cuestión de nacionalidades al interior de la trama. Para lograr el madrileño, Gael trabajó desde febrero del 2003 hasta junio. Lo ayudaron diversos asesores de voz, para asegurarse de que las palabras salieran en el más puro cantado castellano y no en el chilango propio de su cultura. Se trataba no sólo de refinar el acento, su lenguaje corporal tendría que ser también español. El actor tomó clases de flamenco no únicamente para el número musical gitano de la película, sino para aprender a caminar en forma peninsular. Cando adquirió el aire español, el siguiente paso fue mantenerse ahí y cambiar su atención al asunto de volverse mujer. Para prepararse en su cambio de sexo, Gael vio los filmes de Bárbara Stanwick. Buscó inspiración en el trabajo de todas las chicas Almodóvar: Carmen Maura y Victoria Abril sobre todo. Y buscó inspiración en la ambigüedad de Alain Delon en *A Plein soleil* de 1960. Pero puso su mayor concentración en Sara Montiel a quien su personaje tendría que imitar. Durante una secuencia de la película, Ignacio y Enrique (niños) van al cine a ver a la Montiel; años después, el personaje de Gael hará una interpretación de ella cantando su famoso éxito *Quizás...*

Para hacer al travesti, Gael tomó clases con Sandra, un travesti que justamente imita a la Montiel en el cabaret gay *Babilonia*, de Madrid. Gael ha comparado la dificultad de interpretar a Zahara, como la de un actor no mexicano que quisiera transmitir al resto del mundo lo que significa el tequila. Las diferencias culturales eran grandes: "Tal vez podría haber interpretado en forma simple a un travesti caribeño o a uno veracruzano, pero una drag española setentera simplemente no tenía idea de como hacerla", diría Gael más adelante. Otro factor que hizo difícil la filmación fue lo demandante de Almodóvar. El director tiene fama de fijar altos estándares. "Tenía que construir un personaje absolutamente con nada y delante de Almodóvar, un hombre demandante con quien tienes que hacer lo que él quiere. Supongo que es parte de su genio", ha dicho García Bernal. Y hablando de las contradicciones del papel, el actor mexicano afirma que hubiera necesitado mayor libertad para hacer justamente lo que Pedro Almodóvar pedía: "Es difícil actuar con naturalidad cuando tienes que actuar algo tan específico como una *drag queen* española de 1977." Como sea, la práctica lo volvió maestro. Con el tiempo, Gael iría aprendiendo lo que mejor funcionaba para hacer a un hombre que interpreta a una mujer: "El secreto está en las manos", diría. "Pero la forma en que las españolas mueven sus manos es muy distinta a como las mueven las mexicanas. La clave la encontré en la forma de gestualizar, la forma de tocar cada cosa." Gael dirigió su atención más allá de las drag y se puso a mirar los gestos de toda mujer que se atravesaba en su camino. "El problema cuando interpretas a un travesti es que a menudo tratas de demostrar que eres una mujer" y, dice, "lo mejor es tratar de sentirte una mujer sin tener que demostrarlo."

Para entrar en la mente femenina, el mexicano comenzó un método experimental muy interesante: fue a toda clase de clubes nocturnos vestido de mujer. Lo acompañaban sus amigos y... "me di cuenta de lo que sienten las mujeres y fue muy liberador. Se trata de una experiencia excepcional como actor." Algunos de sus amigos han dicho que cuando estaban con él, Gael entraba en carácter y comenzaba a cantar canciones del popular artista mexicano Juan Gabriel. Al mismo tiempo, García Bernal se dio cuenta de que cuando estaba vestido así, la gente actuaba en forma distinta, incluso los técnicos en el set: "Todo me lo ponían cerca para que pudiera tomarlo, me preguntaban qué deseaba, sólo porque estaba vestido de mujer." Aunque pocos se daban cuenta del esfuerzo que cada día invertían el actor y sus maquillistas en travestirlo, tuvo que aparecer en la locación cuatro horas antes de filmar. "Tenía que rasurarme muy bien, hasta tener la piel perfectamente suave. Además, los tacones me estaban matando." Vestir tacones no fue la única experiencia: "Lo más difícil de todo fue el corpiño. Te aseguro que es la cosa más extrema en la que me he metido. Es algo que ningún *stunt* o doble podría hacer por mí: ponerse ese maldito corpiño todos los días en mi lugar." A pesar de las dificultades de encarnar a un travesti, Gael hace una interpretación excelente.

Lo vemos a "él" haciendo de "ella" en una escena suntuosa, en la que la cámara se regodea por el brillante vestido Jean Paul Gautier. La cámara sube hasta su cara maquillada y él está coronado con una peluca dorada. En esta escena, la cara de Gael tiene un halo de luz que lo ilumina por detrás. Almodóvar ha puesto todos los elementos para introducir a su personaje en forma llamativa. En el diario de filmación, el director escribió: "Hay momentos en que Gael García interpreta a Zahara y se parece a María Perpignan. Tiene esos ojos melancólicos, esa determinación misteriosa. Me recuerda a la Perpignan no sólo por la mirada, también por la línea recta de sus quijadas." Según Gael, la persona en la que decidió inspirarse fue Julia Roberts. Con esa enorme boca sonriente, parecería tener una luna en medio de la cara. Con respecto a Perpignan era una presencia que flotaba en la mente de todo el reparto que, por cierto, leyó horrorizado de su muerte a manos del novio. De Roberts, Gael afirma que, pese a que su personaje era bastante guarro, trató de imitarla en *Mujer bonita*; pero en cualquier caso, lo que más lo alarmaba era el parecido con su mamá.

Otra de las condiciones que Almodóvar exigió para darle el papel a Gael, tuvo que ver con compromisos físicos. En *La mala educación* hay una escena en la que el arte imita a la vida: Enrique, el director de cine le promete al muchacho el papel que desea, sólo si éste es capaz de perder peso para interpretar a Zahara. En forma similar, Gael tuvo que involucrarse seriamente en el asunto del peso. Primero, subir siete kilos para hacer al barbado ángel: fue constante en el gimnasio y se alimentó con hidrocarburos cinco meses antes de iniciar el rodaje. Y para interpretar a Zahara, Almodóvar estipuló que Gael debería perder diez kilos. Así, cuando Gael vino para filmar la secuencia del regreso a la escuela, la vestuarista informó a Pedro que Gael no daba el peso. No había adelgazado lo suficiente, no le quedaban los calzones de Zahara, simplemente no cabía. El director se puso furioso y, como no es uno de esos que le gusta perder el tiempo, suspendió la filmación por una semana, en la que Gael tendría que perder los kilos que le sobraban. El actor se tuvo que someter a una dieta bajo supervisión médica y volver al gimnasio, esta vez para perder los kilos que tanto trabajo le había costado subir. El proceso no le gustó en absoluto. Dijo a *Fotogramas* que no le importaba rasurarse al ras para parecer mujer: "Pero no estoy a favor de arruinar mi cuerpo. Después de todo, es sólo teatro, un juego, una broma, es ficción." García Bernal ha descrito la experiencia de filmar con Almodóvar como intensa. Fueron ocho semanas en las que no pudo pensar en otra cosa que no fuera la película. "Ocho semanas, sin tiempo para descansar. Almodóvar es obstinado en su visión de las cosas. Siempre está buscando algo que ya existe en su cabeza, así que es difícil entenderlo. La verdad tuvimos una relación particularmente difícil, aunque sólo en términos del trabajo; al final todo resultó positivo, porque los conflictos suelen producir mejores resultados", ha declarado a The National Film Theatre con mucha filosofía cuando le han preguntado con respecto a la experiencia que vivió con Almodóvar. Además: "Pedro es específico, te dice cuántos pasos tienes que caminar, si te dice nueve, tienes que hacer nueve. Este tipo de cosas producen mucha tensión. Creo que es uno de los pocos que lo hacen así, supongo que se trata de crear su propio mundo. En fin, que vivir para producir las ideas que desea recrear Almodóvar implica repetir una y otra vez cada toma. Repetir hasta que todo salga perfecto, justo como lo ha pensado."

Era la primera vez que Gael hacía una película casi filmada en un set. Este hecho, si bien daba intensidad y control a la película, al actor lo hacía sentir claustrofóbico. Después de la excitante experiencia de *Los diarios de motocicleta,* hubo momentos en que tuvo ganas de botarlo todo y vivir en paz, plantar a Almodóvar y volver a México; tirar la toalla, olvidarse de *La mala educación.* Fue una filmación difícil en todos sentidos, incluso una vez que el actor superó los problemas de peso, el rodaje volvió a posponerse porque el director se había lastimado al inicio de la película y, ha dicho el actor, en el set hacía un calor infernal.

El rodaje comenzó a mitad de junio del 2003. Las escenas de Gael fueron casi todas filmadas en Madrid, donde el actor rentó un piso en el barrio de los Austrias, una zona bohemia en la que se hizo cliente conocido. Iba a menudo al famoso café del Nuncio y a la Taquería de Alamilla; la prensa lo encontró una vez en la terraza con quien era su novia en aquel tiempo: Natalie Portman. Las escenas en la escuela fueron filmadas en locación; en un pueblito cerca de Barcelona y en Valencia, donde Almodóvar ha descrito un emotivo momento callejero: a las tres de la mañana, el equipo estaba filmando, pero la gente salió a sus balcones para ver el rodaje. Cuando la escena terminó, Luís Jomar, el intérprete de Berenguer, se lanzó a los brazos de Gael para felicitarlo y darle su adiós. Entonces, se escuchó un suspiro de alivio al que siguió un atronador aplauso en todos los balcones del barrio.

A pesar de que el proceso puede haber sido difícil, evidentemente fue también rico; una experiencia positiva por donde se le vea. Gael García ha descrito a Almodóvar como a un tipo obsesivo, pero divertido, y ha dicho que se siente privilegiado de haber trabajado con este genio del cine.

Los paparazzi documentaron una alta tensión en el set, cosa que parece se confirmó por las dos veces que se pospuso la filmación. Tanto en Europa como en América, los medios hicieron gran alboroto del asunto y pocas dudas quedaron con respecto a que hubo serios problemas entre director y protagónico. Sin embargo, Gael desmintió todos los rumores cuando publicitaba *La mala educación*, dijo: "Estoy harto de la prensa sensacionalista. Almodóvar y yo no tuvimos diferencias de opinión. La prueba es que aquí estoy con él." En los Estados Unidos, un reportero trató de ir más lejos, le pidió a Gael que confirmara si era cierto que habían tenido problemas con las escenas explícitas de sexo entre hombres. Gael, bastante molesto, insistió en que nunca tuvo ninguna reserva para hacer todo lo que su director pidió, que lo escribiera así, tal cual lo estaba diciendo. Por su parte, Almodóvar puso a descansar los fantasmas, explícitamente agradeció a Gael y a Giménez Cacho (intérprete del padre Manolo) por su profesionalismo, su falta de prejuicios y por la forma en que se habían preparado para desnudarse y estar juntos. Con respecto a Gael, el director estuvo dispuesto a responder a la prensa, diciendo que sin duda el mexicano había interpretado el papel más controversial que él hubiese escrito nunca: "Gael consiguió transmitir justamente lo que quería en esta historia. Querría volver a trabajar con él, sin duda. Ya habrá tiempo adelante, en el futuro."

Sin embargo, a pesar de este reconocimiento y a pesar de todas las amables declaraciones que actor y director se han lanzado mutuamente, es claro que Almodóvar presionó a Gael hasta el límite. Ha dicho el director español: "Fue difícil, sobre todo porque él tenía que perder su acento e interpretar a un travesti. Hay actores para los que esto no resulta tan complicado porque vienen de culturas abiertas a las susceptibilidades femeninas. Los andaluces por ejemplo, y cuando digo esto, estoy pensando en Antonio Banderas. Gael aunque es un niño moderno, evidentemente tiene una mentalidad machista. Con todo y todo, trabajó fuerte para su papel. Creo que es un actor excelente, sobre todo para las partes oscuras de los personajes que interpreta." Cuando el periódico *The Observer* mencionó semejante declaración a Gael García, el actor respondió: "Son unos hipócritas los españoles, antes de seguir diciendo que los mexicanos somos machos deberían pensar en el problema que tienen en su país con la violencia familiar." Con respecto a perder su acento mexicano, Gael contestó: "Lo que hice fue ponerme un acento, si yo desmexicanizara mi acento terminaría hablando como robot. Tuve que ponerme un acento español. Se trata de poner, no de quitar. En España no piensan esta clase de cosas."

En España, la revista *Fotogramas* le preguntó al mexicano qué sintió la primera vez que se vio en *La mala educación:*

> Estaba muy nervioso. Tenía tantas dudas que estuve a punto de tener un ataque de nervios. Tenía muchas expectativas. Luego, conforme fue pasando la película, comencé a relajarme y vi que todo iba saliendo bien. Cuando menos en lo que respecta a mi actuación, no hubo ninguna sorpresa. Nunca me había pasado algo así; era como tener encima el peso de algo desconocido, como si no hubiera sabido lo que estaba haciendo, y sin embargo, cuando la vi me quedó claro que Pedro sabe lo que quiere.

Cuando se le refirió esta declaración al director español, Almodóvar respondió: "Es la primera vez que un actor dice algo así sobre mí. En general los actores trabajan su parte y no se preocupan de la forma en que trabajo todo el concepto de la película. No sé. Creo que Gael debe haber querido decir cualquier otra cosa. Yo no le daría demasiada importancia a esta declaración.

En resumen, pocos tienen dudas de que fue una filmación difícil, laboriosa. Se trata de una compleja interacción entre dos artistas que trabajaron al límite. Dada la naturaleza del material sería extraño que hubiese sido de otra forma. Tanto Gael García Bernal como Pedro Almodóvar tuvieron momentos complicados y, por más que ambos declaren lo contrario, es dudoso que vuelvan a trabajar juntos. Con todo, el respeto mutuo parece haberse mantenido intacto. Gael sigue manteniendo su respeto por Almodóvar, y Almodóvar sigue dando el crédito a Gael por su entrega en la realización de este personaje. En *La mala educación*, Enrique, el personaje del director de cine, dice en una línea en referencia a Juan, el actor, una línea que bien podría aplicarse a la dinámica que vivieron Gael y Pedro Almodóvar: "Quería ver que tan lejos podía ir; saber qué tanto podía tomar." No cabe duda qué los dos se dieron a la tarea de hacer la mejor película posible. Como resultado, la crítica y el público no pudieron menos que apreciar positivamente la película. Se reconoció la dificultad de tocar el tema de la memoria selectiva, la sexualidad y otras cosas, más fáciles de decir que de actuar. Sin duda, las marcas de agua del director brillan en su película número 15: el tema gira en torno a una trama que busca demostrar que las cosas no son tan simples como parecen. También se ha hablado de la forma en que *La mala educación* difiere del resto de la producción de Pedro Almodóvar, quien se ha enfocado en las mujeres, incluso cuando los papeles protagónicos son masculinos. En *La mala educación,* aun cuando se toca el tema de la homosexualidad y el abuso de la Iglesia católica, es un tema incidental. La película es, mejor dicho, un estudio sobre deseos venenosos y la forma en que algunas personas se abandonan a la lascivia, aun sabiendo que al hacerlo caerán en la ruina. En este sentido, el título resulta ambiguo, pues mala educación designa a alguien que sólo se comporta mal.

Pedro Almodóvar ha mostrado simpatía hacia quienes se dan permiso de actuar mal. Parece admirar la forma en que sus personajes excéntricos se mantienen honestos a sí mismos y a nadie más. En este sentido, Gael ha dicho: "Me encanta la forma en que hace emerger, en sus películas, la flor de la inmoralidad. Es una flor que conmueve e invita a la audiencia a considerar las motivaciones del mal." En el caso del asesino impostor que está interpretando Gael, vemos a un joven confuso que trata de escapar de la sombra de su hermano mayor; con respecto al padre Manolo, asistimos a la tragedia de un hombre que no puede controlar sus pasiones. La actuación de Giménez Cacho (el padre Manolo) fue muy elogiada, particularmente por la forma en que sabe captar las complejidades del alma torturada de un hombre que sabe que su amor por un niño es inmoral. El mismo Giménez Cacho, quien es gran amigo de Gael, ha preferido subrayar el trabajo de García Bernal: "Lo que hizo él, es más valiente que lo mío. Las escenas de sexo me impresionaron muchísimo. Las hace muy bien, sobre todo cuando simula que es homosexual y otro hombre lo está penetrando por dinero. Es una escena fuerte y Gael lo hace muy bien." Por supuesto, el sacerdote pedófilo es el malo de la película, pero Almodóvar se asegura que el director de la historia —quien sabía que la audiencia identificaría con él mismo— sea una suerte de explotador en su propia línea. Enrique está obsesionado por Ignacio y quiere explotarlo a su forma. Fele Martínez en el papel de Enrique termina siendo un personaje manipulador.

La interpretación de Gael García fue aplaudida. Unánimes, los críticos aclamaron su papel y alabaron los giros que da su personaje. Dada la inestabilidad del personaje de Juan, hay que decir que fueron las habilidades de Gael—resaltando cosas y ocultando otras— lo que permitió al personaje jugar con la atención del espectador haciendo tres papeles en uno. La revista *Sight and Sound* calificó la interpretación de Gael como "milagrosa". Sus columnistas elogiaron la habilidad emocional del mexicano para llevar adelante una película con una trama barroca que fácilmente podría irse al suelo: "Cuando la película comienza a girar sin rumbo, es García Bernal quien le devuelve el ritmo; sin él, la simetría de la estructura narrativa podría haber explotado dejando al material sin vida."

Si bien Gael García fue ampliamente elogiado, *La mala educación* fue mal vista, porque la trama era esquizofrénica. Hubo quien escribió que parecía ser todo al mismo tiempo: un melodrama en tonos cómicos, un *thriller* con aspiraciones de película negra que al final no termina por ser otra cosa que una suma de muchas partes. Otros pensaron que la trama estaba demasiado recargada como para dar tanto giro: cada misterio resuelto abría otros y la historia terminaba volviéndose lenta y confusa. Quienes encontraron el filme en exceso enredado no tuvieron otra cosa que admirar la forma en que los múltiples hilos narrativos se entretejen en uno solo. Almodóvar fue comparado con Hitchcock, afirmando que *La mala educación* es la cumbre de su carrera.

The Observer anota que pese a que los personajes eran todos transexuales, homosexuales o bisexuales, las grandes audiencias (el *mainstream*) tenían elementos para identificarse. Y efectivamente, nadie se ha quejado de la política sexual de la obra. No se trata de la forma de narrar, el crédito puede darse a los tiempos que son tolerantes. La sociedad moderna ha sufrido un importante cambio en lo que respecta a la apertura moral. Como *La mala educación* toca temas que conciernen al cambio en la conciencia liberal española (una conciencia que en los años que recrea la película creció en particular) y que, de una u otra manera, ayudó profundamente en la transición a la democracia, el filme en sí mismo es prueba de la forma en que los españoles han sido capaces o no de reconciliarse con su pasado.

La mala educación se estrenó en marzo del 2004, justo antes del ataque terrorista en el metro, un ataque que acabó con la vida de 191 personas. Su premier en Barcelona se canceló como parte del luto de la ciudad. En una rueda de prensa, Almodóvar habló de la posibilidad —que manejó siempre la opinión pública del país— de que el Partido Popular había ocultado información para revelarla después de las elecciones generales. El partido perdió rotundamente la elección, cuando se descubrió que el acto había sido orquestado por terroristas de Al Qaeda y no por extremistas vascos como se informó oficialmente. Cuando la película se estrenó en Madrid, cinco días después, quienes hicieron colas para verla fueron recibidos por simpatizantes del Partido Popular que, furiosos contra las declaraciones del director, mostraban pósteres con leyendas en contra de Almodóvar y lanzaban huevos a los cinéfilos. El ambiente en el país era volátil y los comentarios del director pusieron a todos con los nervios de punta.

Más de 250 mil personas fueron al cine a ver *La mala educación* en su primera semana. Al mes siguiente, el filme abrió el festival Cannes 2004. Era la primera vez que una película española tenía el honor de inaugurar la apertura del prestigioso festival. Durante la noche del estreno, el director dedicó la función a los muertos en el atentado.

El mayor problema con la notoriedad de *La mala educación* vino de casa: *Mar adentro* fue escogida para representar a España en la ceremonia de los Oscares, donde ganó en la categoría de Mejor película extranjera y en los Goyas; si bien fue nominada en cuatro categorías, *La mala educación* se fue sin un solo reconocimiento. Almodóvar y su hermano Agustín renunciaron a la Academia Española de Artes y Ciencias Cinematográficas, en protesta por lo que decían era un sistema de votación injusto. Trataron de crear la sospecha de que detrás de todo el asunto había un castigo a Almodóvar por sus convicciones políticas.

La compensación vino al año siguiente: el filme fue premiado con La navaja de Buñuel por mejor película del 2004. La navaja es el premio que otorga el programa televisivo *Versión española* y la Sociedad General de Autores y Editores de la Nación. Con respecto a Gael, obtuvo la nominación como mejor actor, tanto por el círculo de escritores de cine de España, como por la sociedad de actores.

El actor mexicano se perdió el calor de la controversia que había incendiado a España durante el estreno de *La mala educación*. Estaba lejos, en Estados Unidos, filmando *The King*. Aunque estuvo en Cannes y, cuando se presentó la película, Gael promovió *Los diarios de motocicleta*, así que en aquella emisión fue el rostro que ocupaba la mayoría de los espacios en la Rivera Francesa.

Su mirada lo dice todo

Sex Mex

"**E**s uno de los trabajos más extraños del mundo, pero también es uno de los mejores, porque tienes experiencias de todas las facetas de la vida. Además viajas mucho y te haces de grandes amigos", ha dicho Gael García con respecto a su profesión. "Lo más importante de todo es que, además de cumplir tus objetivos, este tipo de vida te permite conocer a muchas mujeres. Ésta fue la razón principal por la que yo quise ser actor."

Ha conocido muchas mujeres hermosas y a menudo los espectáculos chismean de los romances pasajeros del artista mexicano, como el que tuvo con Naomi Campbell, por ejemplo. Se han publicado notas sensacionalistas, como que después de los BAFTAS en Inglaterra, Sienna Miller hizo una fiesta en la que se pasó todo el tiempo en compañía de Gael. La verdad es que Rodrigo de la Serna estuvo todo el tiempo con ellos. La antigua bailarina de ballet conoció a Gael en un bar, mientras él vivía en Londres por segunda vez: interpretando *Bodas de Sangre*. Gael García Bernal suele proteger mucho su intimidad. Le resulta molesto el interés en sus asuntos privados. Le parece intrusivo y dice, cada que puede, que no está dispuesto a responder a cuestiones que no tengan que ver con su trabajo como actor. García Bernal es bastante sociable y puede estar en fiestas con todo tipo de gente, pero no es uno de esos que gustan de los escándalos y, cuando menos en este sentido, prefiere mantenerse en el anonimato. A menudo, cuando le preguntan por sus novias, él evade el tema. No es la clase de hombre que aparece en una fiesta de estrellas con la última de sus conquistas colgada del brazo. En todo caso tal vez sea al revés. La prensa especuló, con que la verdadera razón por la que apareció con su mamá en Cannes en el 2004 para la premier de *La mala educación* fue que se sentía abatido después de que Natalie Portman lo había dejado. Como se ha visto, Gael ha tenido un montón de hermosas e interesantes mujeres con las que ha coestelarizado.

Todo comenzó temprano: cuando tenía 13 años, en *El Abuelo y yo*, Gael y Ludwika se volvieron novios dentro y fuera del set. También se relacionó sentimentalmente con Vanessa Bauche, Cecilia Suárez y, en *El crimen del padre Amaro*, hubo todo un romance detrás de cámaras con Ana Claudia Talancón. Lo cierto es que el más significativo de sus romances en filmación fue con la argentina Dolores Fonzi. Comenzaron durante el rodaje de *Vidas privadas* a principios del 2001.

Gael ha dicho: "Ser actor es siempre un buen pretexto para evadir cualquier responsabilidad. Puedes dejarlo todo atrás y decirle a tu novia: '¿Sabes? Tengo que hacer esta película, lo lamento, tengo que irme, disculpa'." De hecho, con Dolores Fonzi sucedió algo así, la relación se disolvió apenas terminó la filmación, pero García Bernal volvió a Buenos Aires a mediados del 2002 para iniciar la aventura de *Los diarios de motocicleta* y reinició el romance. Eventualmente, Gael tuvo que volver a utilizar su consabido pretexto: se fue a España a trabajar en *La mala educación* y el segundo romance con Fonzi terminó igual que el primero. Durante los Oscares del 2003, en marzo, Gael conoció a Natalie Portman. Sobre su relación con la actriz de *La guerra de las galaxias* hay que decir que duró más de un año, todo terminó con la aparición que tuvo con su mamá del brazo en Cannes 2004.

Gael y Portman eran una linda pareja no sólo en lo que respecta a los chismes de revista; Portman (quien es tres años más joven que Gael) es actriz desde niña, como él. Ambos han estado en el ojo del público desde sus inicios. El debut de ella tuvo lugar a los 12 años en una película de Luc Besson. Tienen muchas cosas en común y aunque rompieron se dice que todavía se siguen frecuentando. Más adelante, en febrero del 2006, Gael y Portman fueron vistos en público otra vez como algo más que amigos. La prensa de espectáculos especuló que habían vuelto. Con Fonzi también reemergió el romance. Ella estaba trabajando en una serie de televisión llamada *Soy tu fan* y realizó un episodio en México: acá se encontró a Gael. Incluso, Dolores trató de persuadir al mexicano de que trabajara en la serie, pero él se negó. García Bernal volvió a Buenos Aires en junio del 2007. Había ido a la capital argentina a filmar *El pasado* con Héctor Babenco. Buen pretexto para que él y Fonzi recordaran su propio pasado. Fueron vistos por *paparazzi* en diversos lugares de la ciudad, aunque ellos buscaron por todos los medios mantenerse a salvo de la prensa. Las cosas cambiaron drásticamente. Natalie Portman se apareció en Buenos Aires sin avisar. Trató de evitar la atención, así que reaccionó furiosa cuando la descubrieron los fotógrafos. Fue triste. Una cámara en mano la grabó completamente enojada y, por supuesto, el aspaviento se presentó en la televisión argentina. Las columnas de chismes se dieron vuelo: imaginaron que Portman había venido a reclamar a su novio la infidelidad con Fonzi y que Gael la había mandado a Estados Unidos de regreso.

Sin duda, más de una mujer estará de acuerdo en que vale la pena un poco de escándalo por Gael García Bernal. Multitudes de fanáticas le gritan y le dan la bienvenida en todos los lugares en los que aparece; ya sea en un pueblito mexicano para la filmación de *El crimen del padre Amaro*, en la rivera del Támesis durante su temporada en *Bodas de sangre* o para hablar en el National Film Theatre. Gael ha tenido que acostumbrarse al aplauso de mujeres que, además, le gritan.

Por otra parte no es un secreto que a él las mujeres lo enloquecen. Tiene un carisma que hace crecer lo mejor de su belleza, de tal forma que todas se ponen a correr. Gael tiene un atractivo duable. Atrae tanto a muchachos homosexuales como a heterosexuales sin prejuicios. Tal vez este hecho sea la prueba de que su éxito está más allá de la cara bonita y por esto su actuación es capaz de reflejar semejantes ambigüedades; una que le permite configurarse a los gustos particulares de cada fan. Hay algo infantil en sus facciones, una sonrisa inocente que ha llevado a algún periodista francés a escribir que tiene la cara de un ángel sincero y apasionado que derrite a las jovencitas, al tiempo que su conversación y madurez hace que las mayores se derritan también.

Puede que en el fondo las mujeres maduras quieran ser una madre para Gael: o un poco más. Ha sido justamente en Francia que apareció por primera vez el mote que da título a este capítulo: *Sex Mex*. No le va mal. Su aspecto es sexual, de sonrisa angelical que en un momento puede volverse picante, dulce, sugestiva e incluso un poco sucia. Puede que sean las miradas de ídolo de matiné las que lo han hecho notorio, pero ha sido el *sex appeal* lo que lo ha convertido en estrella. Por otra parte, el hecho de que sus primeras películas estuvieran cargadas de sensualidad ha ayudado. A él no parece darle pena, todo indica que le gusta explotar esa parte suya; se siente cómodo con un físico que combina perfecto con el pelo crespo y un poco descuidado de crudeza tosca. Gael García Bernal parecería un muchacho cualquiera, el hijo de la vecina, pero cuando se le mira hablar o actuar, uno se da cuenta de que es en realidad lo que tú quieras. Los extranjeros encuentran algo misterioso en su mirada latina, pero son ciertas características de hombre "normal" lo que atraen a las multitudes de México. Midiendo sólo cinco pies con siete pulgadas, Gael García está lejos de ser el arquetipo del hombre alto, moreno y guapo. El hecho de que sea bajo rara vez se ha notado en la pantalla y a él, simplemente, no le importa: "Muchos actores protagónicos son pequeños, tal vez sea que tienes que ser pequeño para caber en la televisión", ha dicho bromeando. Gael se siente cómodo en su propia piel. Va con su personalidad con una confianza y una tranquilidad que le ayudan a crear el aura que tiene.

Su presencia es la clave. "Presencia". Es una cualidad misteriosa, difícil de definir: "Eso que tienes o no tienes". La cámara lo adora. Es un magnetismo que, tal vez, tenga que ver con esos ojos que cambian del gris al verde. Muchos de sus directores han notado la forma en que el actor usa sus ojos para decir cientos de cosas distintas. Aquí radica la habilidad para hacer lo que hace con sus amantes. La explosión de la imagen de Gael ha llevado a ciertos medios a apodarlo el nuevo *James Dean*. Hay que decir a su favor que se trata, en todo caso, de un "rebelde con causa". Otros lo comparan con Marlon Brando; ignoran la relación con el mundo latino: se le llama Brando por su nivel actoral. Brando, al menos durante la primera parte de su carrera, también fue muy cuidadoso con la elección de sus papeles. Escogía los personajes más conflictivos y no los de héroe clásico.

Gael trata de pasar de largo ante todas estas comparaciones y responde que son cosas que la prensa construye a su conveniencia para inventar el "chisme del mes". Aunque con Brando hay ciertas correspondencias que sobrepasan la belleza del muchacho que adorna la Riviera con sus afiches. ¿El chisme del mes? Tal vez no tanto, la irrupción de Gael en el ámbito cinematográfico es una especie de regreso a la década de 1960, cuando los actores europeos tenían fama internacional sin necesidad de servir a Hollywood. Actores como Brigitte Bardot, Sofía Loren, Jean-Paul Belmondo, Marcello Mastroiani y Alain Delon, tuvieron un atractivo universal en las pantallas de todo el mundo, lo cual no impidió que se mantuvieran fieles al cine de sus países, a su tierra natal. Este hecho les daba a estas figuras un sentido de pertenencia que terminó por volverlos especiales.

Es posible que el atractivo de Gael efectivamente pertenezca a los circuitos de arte, cuando menos en Gran Bretaña y los Estados Unidos: *Paste Magazine* de los Estados Unidos lo colocó en el lugar número dos, sólo detrás de Seymour Phillip Hoffman, como la estrella independiente más importante del año 2006. Otras revistas han subrayado la magia de una estrella que adoran tanto las mujeres como los hombres (algunos de los cuales quisieran ser como él). La revista *Esquire* lo cita en su lista de los hombres mejor vestidos del 2004 y, ese mismo año, *GQ* lo nombró el hombre del año. Y *Gay Times* encuentra que Gael es el número cuatro en la lista de los actores más *sexies* de todos los tiempos. Además de los ojos que transmiten una sexualidad un tanto inocente, la gente gay se ha sentido llamada por el hecho de que en *Y tu mamá también* y en *La mala educación* aborda papeles con rasgos homosexuales. Muchos actores heterosexuales evitan los papeles así. Gael no. Si valen la pena, los toma. Por otra parte, no tiene problemas con hacer escenas explícitas. Gael García promueve los derechos de los homosexuales. En noviembre del 2006 dio su apoyo a la ley civil de Convivencia en la ciudad de México. Por esta ley, muchos homosexuales (aunque no sólo homosexuales) ahora pueden registrarse en convivencia lo cual les permite heredar sus propiedades y obtener otros beneficios que la sociedad machista les había negado. Sin duda, la dedicación a las buenas causas le sirve con las mujeres que deben pensar: "¡Wow! Resulta que este hombre no sólo es guapo y gran actor, además es un tipo que piensa, un hombre inteligente."

A causa de este atractivo, la fama de Gael es capaz de cruzar todos los sectores. El actor tiene un atractivo perfecto para los mercadólogos; pero a causa de sus ideas políticas, sus experiencias en el mundo de la publicidad han sido contadas: Alejandro González Iñárritu vio un promocional para MTV, pero desde entonces sólo ha hecho un comercial para Levi's. La historia del comercial va así: ha llovido en una ciudad porteña que no podemos identificar. Gael García Bernal conduce un convertible sin capote. A su lado va una joven y adorable mujer. Parecería que ellos van de viaje de placer o de romance, pero no, hay alguien persiguiéndolos. Gael conduce a lo largo del puerto; cuando salen del auto, echan a correr hacia un yate al que suben. Entonces, de un golpe, la mirada satisfecha de Gael se transforma en angustia, ha dejado algo importante en el coche. Gael vuelve al auto. Toma lo que ha perdido y regresa al yate. Ella pregunta: "Que c'est que tu as oublie?" (¿qué olvidaste?) Gael sonríe y sin responder, la abraza. Entonces la cámara se enfoca en el bolsillo trasero del pantalón. Ahí hay un libro de conversaciones en francés. Durante todo este tiempo hemos escuchado una canción romántica en la pantalla. Se trata de una curiosa inmersión en el mundo de los comerciales, sin duda es un trabajo estilizado, creativo. Puede que Gael haya hablado a menudo de las desventajas del capitalismo, pero cuando menos aquí ha demostrado que las bolsas traseras de los nuevos Levi's sirven para toda clase de propósitos.

García Bernal podría haber hecho, si hubiera querido, muchos comerciales. Sin embargo, dadas sus ideas anticapitalistas y contrarias al libre mercado, prefiere mantenerse lejos de ellos. En la medida de lo posible, el actor busca ser congruente con lo que piensa, y esto le gana todavía más admiradores. Su personalidad en la vida real es tan encantadora, como sus personajes en la pantalla. En los *junkets* de prensa, por ejemplo, tiene fama de recibir a los periodistas uno por uno. Estrecha firmemente las manos de los hombres y da un beso discreto en la mejilla a las mujeres. De esta forma los reduce y, de una u otra forma, los gana para sí, antes de que comiencen a hacer preguntas incómodas. Una vez, una reportera irlandesa le preguntó si había pensado hacer alguna película usando el acento de Dublín. Gael replicó: "¿Sabes? Me gustaría, mas estoy seguro que el mejor lugar para aprender un acento es la cama."

Gael suele responder en forma inteligente y abierta a cualquier cosa importante que surja con respecto a sus películas, se asegura de que los reporteros salgan con material suficiente para su trabajo; les presta atención, se involucra con ellos... en apariencia, porque más tarde, encontrarán que les dijo lo mismo a todos. El actor mexicano tiene la habilidad de inventarse respuestas de cajón y repetirlas de forma que parezca que las dice por primera vez y que le interesa que lo que está diciendo se publique. Algo genuino en él, algo inusual en las estrellas de cine; una cualidad imposible de disimular incluso entre actores: cuando Gael habla de política, sobre asuntos que conciernen al interés común, social y cultural, contagia a todo mundo. Son cosas que le interesan, vuela siempre que expone sus ideas políticas.

Gael García Bernal aporta un toque de carisma a cualquier papel que haga. Tiene la cualidad de las grandes estrellas de cine que se las arreglan para mantener los pies en la tierra. Es algo que sus fanáticos agradecen; la fama no parece habérsele subido a la cabeza. Mantiene la popularidad en una perspectiva calmada: "Las cosas me han ido bien, pero hay límites", afirma. "Nunca puedes decir 'ya, la hice', porque siempre hay algo que no has hecho, así que tienes que tener cuidado con las actitudes de estrella." Así lo ha hecho: de la fama busca tomar sólo las cosas positivas sin dejar que lo pierda. García Bernal declaró a *La Jornada*: "La fama sólo debería afectarte para bien. A veces es difícil; te miras en la tele, en las revistas, y es fácil que se te suba a la cabeza, pero tienes que pensar que ése, el que está ahí, no tiene nada que ver con quien eres en realidad. En este ambiente las cosas cambian rápido. Finalmente, con todo y la fama, te das cuenta que sigues siendo siempre el mismo. Esto te permite mantener claro el porqué las cosas te están sucediendo a ti, y en la actuación esta reflexión es clave." El estatus de celebridad es una cosa curiosa. Afirma: "La fama es como subirte a una bicicleta: no existe en ninguna parte un manual de instrucciones." ¿Quién hubiera podido preparar a Gael para semejante paseo en bicicleta?

A pesar de estas declaraciones, las cosas cambiaron en su vida cuando volvió a México, luego de *Los diarios de motocicleta*. Como había estado varios años fuera del país, la prensa enloqueció con el regreso del hijo pródigo y por más que tenía buena voluntad, a Gael no le gustaba nada la atención extra; sobre todo cuando los de espectáculos comenzaron a meterse en su vida privada. La prensa comenzó a atacarlo y Gael tuvo que cortar, o cuando menos enfriar, la relación con ella. Se publicó que Gael era una "diva", del estilo de Salma Hayek que llega tarde y no responde a lo que se le pregunta.

La conductora de un programa de chismes dijo que Gael era una construcción de los reporteros, y que los reporteros podían destruirlo cuando quisieran. Se trata de una declaración aventurada, pero Gael la tomó con calma: "Es un juego de los reporteros de todo el mundo. Yo no tengo ningún problema con tratar con todo tipo de gente, no tengo problemas con que a alguien no le guste mi trabajo; pero es que hay periodistas que a veces... se ponen insoportables. Se me dificulta la crítica cuando ésta se enfoca en la forma en la que actúo en público." Los reporteros de espectáculo han hecho escándalos porque el actor no reacciona como ellos quisieran cuando vienen a interrumpirlo en un restaurante. "Ya se cree mucho", dicen. "Ya se le subió y es algo estúpido, porque la fama es efímera."

Aunque los reporteros de espectáculos pueden ser impertinentes, la gente que lo conoce de toda la vida dice que es posible que el niño esté un poquito crecido; parece despreciar discretamente a todo mundo y difícilmente expresa su opinión delante de la gente. La fama y la fortuna lo han seguido desde los 13 años. Es posible que a veces actúe como un tipo superior al resto de los mortales, pero en general se le elogia su humildad.

Su compromiso con el cine mexicano y los proyectos sociales en los que ha trabajado desde que volvió al país, han limpiado las acusaciones hechas sobre su supuesta venta al sistema que tanto critica. Ha comenzado a aparecer en la escena de la ciudad, a menudo se le ve despreocupado en bares y restaurantes de la Condesa. Juega futbol los domingos, como cualquier chilango. Lo del futbol es en Gael una pasión. Siempre que puede encuentra el tiempo para jugarlo. Si los compromisos se lo permiten y si está en casa, entrena en el Sinaya, un equipo formado de actores y otros especialistas del teatro, el cine y la televisión; técnicos, fotógrafos y profesionistas de la industria audiovisual. Juegan en Rancho Viejo, un campo dentro de un bosque en la parte alta de esta colonia desde la que se mira la enorme ciudad de México. En Sinaya, es justo decirlo, Gael no es uno de los mejores futbolistas. Juega como central pero: "¿Es bueno?", le han preguntado a uno de sus compañeros y la respuesta seca y triste fue: "No, la verdad no." Luego el compañero recapacitó agregando: "Pero lo importante es la diversión, jugar y luego irnos a los tacos cerca del campo."

Como parte de su preparación para la película *Rudo y cursi,* con Diego Luna (también compañero del Sinaya), se entrenó con Zague, un brasileño naturalizado mexicano que jugó en la copa de México 1994. Un día de estos sus habilidades futbolísticas con el entrenamiento posiblemente se verán transformadas. "El futbol es una de las primeras cosas que aprendí cuando era niño. Jugaba con mi papá, en el corredor del departamento en el que vivíamos", ha dicho a *El Universal*. "El primer juego al que fui, era Pumas contra Chivas." Las Chivas son la gloria de Guadalajara y sin duda uno de los equipos más populares de México. Y los Pumas son el equipo de la Universidad Autónoma de México. Resulta complicado, pero a pesar de que Gael es un orgulloso tapatío, él le va a los Pumas y siempre que puede va a verlos, sobre todo con sus amigos de toda la vida: Diego Luna, Martín Altomaro (actor de *De tripas, corazón)* y Osvaldo Benavides (compañero de *El abuelo y yo).* Todos ellos le van a los Pumas. Gael dice que la pasión por el futbol lo ha llevado a llorar dos veces cuando ha perdido su equipo favorito. La primera, cuando México perdió contra Alemania en la Copa del Mundo de 1986: "Yo estaba solo viendo la televisión y era un niño. Me puse a llorar porque ¡fue en penales!" La segunda vez fue ese mismo año, cuando los Pumas perdieron contra el América: "Es que Ríos la cagó", ha dicho. El campeón goleador de los Pumas regaló el juego a sus peores adversarios.

Mientras vivía en Londres, Gael adoptó al equipo de Tottenham Hotspur. Resulta lógico, vivió al noroeste de la ciudad todo ese tiempo; aún sigue fiel e informado de lo que sucede con su equipo inglés. Recientemente comentaba con un escritor de la revista *GQ* en Inglaterra: "Esta temporada ha estado bastante floja, ¿verdad? Si yo fuera el técnico preguntaría por qué contrataron a ese tarado de Berbatov." Dimitar Berbatov es el campeón goleador búlgaro, quien resultó una gran adquisición para el equipo, pero que en aquel tiempo el "tipo" estaba teniendo problemas.

Aparte del futbol, a Gael le gusta surfear; aunque admite que es malo. Lo suyo es el baile, la salsa es su pasión; uno de sus grandes sueños es trabajar en un grupo profesional. Durante un tiempo tuvo su banda de *rock.* Ha declarado a la revista *Hot Dog*: "En *La ciencia del sueño*, cuando el personaje aparece, trae una carpeta que se llama Intestino Grueso. Ese era el nombre de mi grupo." Gael baila-

Escena de *Rudo y cursi*

ba (saltaba), cantaba y tocaba la batería. En *Rudo y cursi* tuvo que mostrar todas estas habilidades. Como roquero, grabó un dueto con Devendra Banhart, la cantante folclórica de los Estados Unidos.

Desde que era niño, otro de sus pasatiempos fue leer. Ahora, como viaja tanto, lee más. Cita *El extranjero,* de Camus, y *Un héroe de nuestro tiempo*, de Mihail Fermontov, como sus libros favoritos cuando era adolescente. Otro autor que admira el actor es George Büchner, dramaturgo alemán de la segunda década del siglo XIX reconocido por *La muerte de Danton, Leoncio y Lena* y *Woyzeck*. Esta última nunca se terminó de escribir. Büchner murió de tifo a los 23 años. El dramaturgo alemán escribió sobre la unificación de Alemania y la Revolución Francesa, lo cual produjo que estas ideas se extendieran por más allá de la tierra del Rhin. Fue perseguido y forzado a exiliarse. De Büchner, Gael García Bernal ha dicho: "Desde que lo leí por vez primera, entendí a nivel visceral todo lo que puede hacer uno con la narrativa, una historia." En la feria del libro de Guadalajara, en noviembre del 2006, Gael García Bernal se reunió con José Saramago en el escenario del teatro Aldama, para leer pasajes del último libro del Premio Nobel: *Las intermitencias de la muerte*. Con las ganancias recaudadas apoyaron a la caridad. Por otra parte, el encuentro ayudó a acrecentar su interés por la obra del escritor, lo cual resultó significativo: poco tiempo después filmaría *Ceguera*, la adaptación del bestseller de Saramago.

The King

The King

El personaje de Gael García Bernal en *The King* ilustra perfectamente la forma en que el actor se aproxima a su oficio. Es una aproximación sin duda particular, distinta a los otros personajes. Cuando le llegó el guión, talentosos y jóvenes actores habían rechazado el protagónico diciendo que les gustaría hacer la película, pero que el papel podría resultar contraproducente para sus carreras. El personaje es Elvis Pérez de 21 años, hijo de una prostituta recién fallecida y que va a buscar al padre que no conoció. Elvis, a quien acaban de despedir de su trabajo en la marina militar, es un hombre ambiguo; gentil y a veces amenazador. Conforme la trama se desarrolla, comete actos violentos y escalofriantes. No es difícil ver por qué la última camada de estrellitas hollywoodenses rechazó la posibilidad de interpretar a un asesino simpático. Como es típico de Gael, en cuanto leyó el guión y vio que era algo particular, saltó de felicidad. Adoró a Elvis así como estaba escrito. Era muy interesante desarrollar el personaje, representar sus complejidades porque él, García Bernal, está decidido a explorar las profundidades de su arte como actor.

The King fue escrito por Milo Addica, guionista estadounidense que alcanzó la fama con *Monster's Ball*, obra por la que Halle Berry ganó un Oscar interpretando a una viuda a punto de morir que se enamora del personaje de Billy Bob Thornton, un red-*neck* estadounidense convicto. A pesar del éxito de *Monster's Ball*, Addica se sentía insatisfecho, en parte porque cuando la película se produjo no tuvo en ella mucho poder de decisión ni responsabilidad. Así las cosas, cuando levantaba el proyecto de *The King* decidió que el control sería suyo por completo. Terminó produciendo el filme asegurándose que así fuera. El guión lo escribió junto con James Marsh, director de documentales británico: Marsh dirigiría *The King*. Marsh y Addica no se conocieron personalmente hasta una reunión en Texas, ciudad en la que se desarrolla el filme. Se juntaron para trabajar en la escritura del guión. Marsh tiene un largo pasado como documentalista, así que le resultó natural escribir en el lugar en el que se realizaría la historia, para tener la oportunidad de reescribir en caso de que vinieran nuevas ideas. Había sido uno de los documentales de Marsh lo que inspiró el nombre del nuevo proyecto y, en último caso, el nombre del protagonista. El documental de Marsh se llamaba *The Burguer and the King,* y contaba la historia de los cocineros de Elvis Presley. El papá de nuestro héroe Elvis Pérez fue interpretado por William Hurt: David Sandor. Hurt aceptó el proyecto contagiado por el entusiasmo de quienes estaban levantándolo. Fue un trabajo circular, pues una vez que Gael aceptó el trabajo, los autores reescribieron escenas, dando al filme una dimensión física extra: "Cuando lo conocimos, redefinió todas nuestras concepciones, así que retrabajamos la historia casi por completo. Entre otras cosas, incluimos características hispanas en el personaje." Todos estos cambios produjeron que la película se retrasara dos años, entre que Gael dio el sí y el inicio del rodaje.

El que Gael esperara con tanta paciencia demuestra su enorme interés en la película. Ha dicho: "A veces con el término selectivo parecería que uno se pone a escoger cuidadosamente lo que sí hace y lo que no. En mi caso es al revés, hay razones sorprendentes por las cuales me involucro en un proyecto o no considero ni siquiera hacerlo." En *The King* le llamaban la atención los temas. "Elvis tenía muchos problemas entretejidos en una red compleja que me resultan interesantes: la frontera entre México y Estados Unidos, el territorio, la redención, la fe, el amor; todo esto en una historia buena y simple." Esta "simple" historia habla de un ex-marine que se va a buscar a su padre. En el trayecto se entera que dicho padre es un *Born Again Christian*. Se ha convertido en el reverendo Sandor, un próspero pastor en cuya vida no entra el hijo ilegítimo que tuvo con una prostituta.

Elvis es el vestigio de un pasado nada santo que su padre prefiere olvidar. Elvis es un hombre obstinado, una vez que una cosa se le ha metido en la cabeza, la lleva hasta sus últimas consecuencias. Se dedica a infiltrarse en la familia de su padre y seduce a la hija de 16 años, su media hermana. La muchacha se embaraza atrayendo al padre de

Elvis miseria y deshonor. Cuando el otro hijo del pastor, Paul, medio-hermano de Elvis (muchacho educado con base en la firme imagen fundamentalista de su padre, quien ve en él un sucesor) se entera del *affair*, trata de terminar la relación de su hermana y advierte a Elvis que debe mantenerse lejos; pero Elvis no está para bromas y asesina a su hermano. Como es fácil de notar hay complicaciones en esta película. Gael ha dicho: "Es un personaje en el que de ninguna forma uno puede llegar hasta el fondo. Un hombre como éste, lo que le sucede, todo en él es tan extraño que es imposible entenderlo, entre otras cosas porque no has estado jamás, ni remotamente, cerca de ese tipo de vida. No puedes saber lo que Elvis vive, lo que puede llegar a ser... y hacer. Lo primero es tratar de entender su drama, su sentido de la tragedia."

En términos de la preparación, el actor ha dicho: "Hice un trabajo de investigación, pero no tengo una forma específica de aproximarme a todos los personajes, quiero decir, no tengo una lista de la A a la Z que me diga qué debo hacer. Estudio caso por caso. Con Elvis, para dibujarlo, hice el viaje tratando de entender su tragedia humana y las motivaciones que lo atormentan. En su caso son muy claras y específicas." Gael pasó tres meses viviendo en Austin, Texas, en los Estados Unidos. Ensayaba con su futuro director y luego, ya de noche, saltaba a un coche y se iba a pasear por la ciudad. Se perdía en los barrios de inmigrantes mexicanos. Había algunos de segunda y tercera generación. Observaba a la gente: "Traté de mezclarme con ellos, escucharlos, entrar en su contexto, empaparme de todo."

The King fue la primera película en tono serio que Gael García filmó en los Estados unidos. Antes, como ya se ha dicho, hizo un papel de reparto en la comedia romántica *I'm With Lucy*. Gael encontró interesante sumergirse en este mundo: "Estábamos filmando en Corpus Christi, que es un pueblo pequeño, con moteles y refinerías; y en Austin una población interesante. Es, me parece, una de las pocas ciudades de los Estados Unidos en las que no existe tanta discriminación. Supongo que parte de esto se debe a que hay una universidad y muchos mexicanos con dinero." Gael nunca había estado allí, pero le gustó la forma en que lo recibieron. "Hablas español y todo mundo lo acepta. Nadie pone el grito en el cielo si hablas tu idioma. Es un lugar menos hipócrita, más abierto que el resto de los Estados Unidos. Me trataron bien."

La filmación comenzó a finales del 2004, aunque al principio hubo problemas con el financiamiento. Los inversionistas cortaron el financiamiento dos días después de que Gael había llegado a locación. Los empresarios dijeron que el filme era demasiado malévolo como para encontrar audiencia. Otros inversionistas potenciales se mostraron escépticos e inconformes. Al final, Ed Pressman, un productor comprometido con el cine independiente, vino al rescate, proporcionando el mínimo necesario para seguir adelante. En cierto sentido, todas estas desventuras ayudaron al equipo a mantenerse fiel al guión original; hubo que hacer la historia con la menor cantidad de recursos posibles. El rodaje fue apretado: sólo 23 días, lo cual significó más de 10 escenas por día. Una enorme presión para los actores. La situación estaba cerca del desastre, entre otras cosas porque Marx, director de documentales, no había dirigido nunca a un actor. Al final lo hizo bien poniendo su confianza en ellos. "Gael y William Hurt tienen mucha experiencia, así que les di la responsabilidad y la libertad de hacer todo lo que quisieran. En sentido estricto no los dirigí, sólo discutí con ellos un poco sobre lo que querían de sus papeles y puse todo mi esfuerzo para ayudarles a lograrlo." Una actitud sensible sin duda, aunque había uno con fama de quisquilloso en el equipo, William Hurt.

The King es un viaje a lo más oscuro y profundo de Estados Unidos. Habla del incesto, del fundamentalismo religioso y la suerte de los marginados. Puede que sea un filme que choca por su violencia, pero no es gratuita. La violencia dice algo en sí misma. Y puede que no haya más que dos escenas explícitas, pero es lo que está detrás de todo, lo que las vuelve tan intensas. Otros filmes comerciales usan tanto terror que todo termina volviéndose una caricatura. En *The King* las escenas de incesto no están para escandalizar o romper tabúes, sino para subrayar la mentalidad de un hombre confundido, enojado y enfermo: Elvis.

Cuando Elvis trata de seducir a su media hermana, lo hace por una íntima necesidad de ser amado y, a un tiempo, herir a su padre. A su vez, la muchacha, Mallory, ha llegado a esa edad en la que se cree madura, esa en que cuestiona la autoridad paterna y se rebela

contra ella. Al principio sólo se somete a Elvis por molestar al personaje de Hurt, pero luego es ella quien comienza a tomar la iniciativa
y a dejar atrás el tiempo de la inocencia.

Dado el furor que rodeó el estreno de *El crimen del padre Amaro*,
Gael había podido probar en carne propia lo que era molestar a grupos religiosos conservadores: *The King* se encontró con severas críticas
en facciones eclesiásticas, entre otras cosas, porque la película ataca
directamente la doble moral de quienes se sienten iluminados. El cris-
tianismo y todas sus facetas se manejan con sensibilidad. La intención
no es escandalizar o burlarse, sino explorar los valores religiosos en sí
mismos. Este punto resulta especialmente cierto en lo que respecta
al tema de la redención. El filme lanza abiertamente la pregunta: ¿es
posible redimirse? ¿Es posible el perdón? ¿Es el perdón un derecho?
Los *Born Again Christian* no son ridiculizados, aunque queda claro que
los autores piensan que son hombres y mujeres que se están haciendo
tontos, pero a la audiencia se le pide considerar el por qué son como
son y por qué creen lo que creen, no tanto hacer juicios sumarios.

Finalmente, *The King* fue atacada por los predicadores de la Bi-
blia bajo el brazo. La película habla, con firme convicción, contra el
asesinato violento y el incesto, pero sobre todo contra la hipocresía
en la religión. Los autores hablaron también de hogares rotos. Ninguno de éstos es tema fácil, pero lograron hacerlo sin herir a sus
audiencias, mejor los invitaron a sacar sus propias conclusiones.

Es cierto que la película deja un sabor amargo: Elvis ha tenido
mala suerte en la vida, parecen decir sus creadores, pero el contexto
en el que ha crecido y la forma en que su padre lo ha abandonado,
hace difícil explicar el misterio del bien y el mal, aunque hay un
punto interesante en todo esto: nadie puede ser juzgado realmente. Los autores parecen decir que el mundo está echado a perder,
que no hay verdaderos culpables, que no hay absolución posible ni
menos tal cosa como la redención. En el fondo, si hubiera un mensaje oculto aquí sería que, hay que entender antes de juzgar y esto
requiere de un esfuerzo mayúsculo, porque los espectadores tienen
que simpatizar con personajes que están lejos de ser amables. En todas estas reflexiones brilla el crédito de sus creadores, quienes logran
que las audiencias se sientan identificadas con las criaturas más
monstruosas.

William Hurt es una presencia intimidante y áspera. Su interpretación de Sandow es profunda hasta el dolor. Duele ver la forma en que sus acciones han herido —y siguen hiriendo— a su familia. Entendemos que él piensa que lo que hace es lo mejor. Las escenas entre Elvis y Mallory fueron manejadas con mucha delicadeza. Son lo mejor de la película. Gracias a una interpretación contenida, nos presenta a un monstruo del que vemos su vulnerabilidad. Cuando toca dudosamente la mano de su media hermana, casi sin atreverse a mirarla, es tal la aprensión de los jóvenes que, lo único que podemos hacer es compadecerlos. Esta es una de las muchas escenas en que la acción dice más que las palabras, una de las marcas de agua de Addica, no cabe duda. Ha dicho el autor: "Me gusta crear un ambiente en que los actores puedan actuar, quiero decir, a diferencia de los autores que ponen a sus personajes a hablar, yo creo que el diálogo es siempre secundario a la acción." Efectivamente, *The King* es una obra con diálogos espaciados. Buena cosa para el protagonista, considerando que Elvis fue el primer papel protagónico en que Gael interpreta a un angloparlante de nacimiento. En *Dot the i*, su personaje era un brasileño con padres ingleses, no hay que olvidar. En *The King*, el acento estadounidense de Gael está próximo a la perfección; siempre confiado, nunca dudamos que es un personaje de carne y hueso lo que estamos viendo. García Bernal, en *The King*, demuestra que es un actor impresionante. Su carisma le otorga al papel protagónico una mezcla de miedos hechos de inseguridades, falta de amor e inocencia agridulce. Uno no sabe lo calculador que es, hasta que se van disipando sus intenciones. Elvis está dispuesto a destruir a una familia que no quiere aceptarlo. En el trayecto, es un rey que se mira a sí mismo.

Se ha dicho a menudo que a Gael le gustan los personajes abiertos a la interpretación. Lo suficiente al menos como para no saber lo que están pensando. Esta afirmación no ha sido nunca tan cierta como en *The King*, una película en que la profundidad de sus personajes resulta impredecible. García Bernal tiene la fuerza como para colocar su propia marca a un personaje como éste: esos ojos que todo lo dicen resultan profundamente efectivos. Tienen el brillo ocasional de un demonio que vive detrás de su sonrisa de niño.

Papel protagónico

The King significó para Gael García Bernal el primer papel protagónico en una película de Estados Unidos, pero el mexicano no cambió de dirección. En estos tiempos globalizados resulta natural que un actor versátil pueda trabajar en todo el mundo. Gael García ha filmado en Inglaterra, España, Francia y Canadá. Si el guión es bueno como el proyecto, Gael va a donde quiera que lo lleven. Fue invitado, en junio del 2005, a ser miembro de la Academia de Ciencias y Artes Cinematográficas de los Estados Unidos, lo cual le da la posibilidad de votar en los Oscares. Sin embargo, él se mantuvo distante del premio de Hollywood. Está orgulloso de decirlo, que Tijuana, en la filmación de *Babel*, ha sido lo más cerca que ha estado de filmar en Tilsentown. Gael es un hombre comprometido política y culturalmente con América Latina y México. No es un fundamentalista en sus ideas contra Hollywood, pero todos los papeles que le han presentado desde el otro lado del río son estereotipos: *latin lover,* chico sensible en apuros, muchacho del barrio. Todo lo que le viene de California resulta convencional. Si el proyecto adecuado llegara de California, con toda seguridad lo tomaría. Gael ha expresado su admiración hacia Nicole Kidman, por la capacidad que tiene de involucrarse en películas interesantes dentro y fuera de la corriente. El actor es lo suficientemente talentoso para ser reconocido como una especie de actor a la carta, uno que puede dar sólo lo que le pidan, y en el reverso de la moneda, él puede escoger qué quiere y qué no quiere hacer.

La fama de García Bernal está basada en el talento. Mientras otros actores se venden a Hollywood al mejor precio, él se da permiso de tomar riesgos, aprovechando este periodo en el que ahora se encuentra. Ha dicho a *Fotogramas*: "¿Cuál es el riesgo de tomar una película que narra una historia que debe ser dicha?" Cuarón está de acuerdo. Declaró a la revista *Time*: "A Gael no le gusta lo fácil. Él no está formándose una carrera complaciente. Si tomara papeles a la ligera, podría obtener películas que lo expondrían masivamente, pero él sabe lo que quiere y quiere lo que hace. Es como un corredor, como un maratonista que sabe que la suya es una carrera de resistencia." Con respecto a los papeles que le gustan, declaró a *Fotogramas:* "Me atraen los personajes que no soy yo. Puede que suene al típico cliché del actor que dice que quiere ser mujer, Hitler o Jesús, pero es cierto, los personajes que me sorprenden son esos tan distintos a mí que quiero hacerlos."

Tanto *Los diarios de motocicleta,* como *La mala educación,* fueron rodajes de ocho meses con todo y preproduccion. El actor sostiene que es un tiempo que le acomoda, porque permite desarrollar un papel. Le gusta verse obligado a trabajar en forma instintiva. Lo mejor es cuando las dos cosas se juntan y tiene tiempo para pensar y reflexionar antes de poner en juego el instinto. "El instinto te mantiene alerta, pero es la intuición la que te permite hacer algo íntimo, algo que no sabes de dónde viene y hacia dónde va, algo que sorprende. Una vez que has aprendido este tipo de cosas con las manos, viene el estudio, las búsquedas con el director; el dejar las cosas claras, el llegar a un consenso."

Gael está agradecido con el instinto que le ha permitido evitar los papeles estereotípicos de latino. "Alfonso Arau, por ejemplo, me ofreció el papel de Emiliano Zapata, pero en inglés. Mira, un mexicano interpretando a otro mexicano en inglés es algo que no va. Fue mi instinto el que me dijo: algo hay aquí que no suena bien. Algo me estaba molestando en las vísceras." Si bien, Gael no admite la teoría de que haya una Nueva Ola de cine en América Latina, sí se mantiene leal al cine hecho en la región. Ha protagonizado *Amores perros*, *Y tu mamá también, Los diarios de motocicleta, El crimen del padre Amaro* y *Babel,* cinco de los filmes más exitosos en la historia de América Latina. No sería descabellado afirmar que parte del *boom* que está viviendo la región se basa en este joven y exitoso actor estelar.

La popularidad de García Bernal se debe sobre todo a su talento, pero también hay algo en su belleza física. Este "algo" permite asegurar la taquilla. Su estatus de icono en México es tal que los tres largometrajes que ha hecho como protagonista (sin contar su incursión como actor y director en *Déficit*) de *Amores perros, Y tu*

The Last Post

mamá también y *El crimen del padre Amaro,* son los más exitosos en la historia del país.

Por supuesto, muchos factores han contribuido al surgimiento del cine *Buena Onda* y Gael es uno de estos, importante tal vez, pero reducir toda la *Buena Onda* a un actor es ir demasiado lejos. García Bernal ha dicho a *Time* que para él las cosas han sucedido así: "He estado en el lugar correcto en el momento preciso. El destino y la suerte me han dado, a mí y a muchos otros compañeros, la posibilidad de aspirar a posiciones privilegiadas dentro del mundo de la actuación." Puede que sí, pero Gael ha sido descrito como amuleto de buena suerte. Para *Time,* Walter Salles declaró: "Un movimiento fílmico no puede estar basado sólo en guionistas y directores. Es verdad que Italia tuvo a Rossellini y a Visconti, pero también tuvo a Marcello Mastroiani, a Giulietta Masina. Puede que en América Latina tengamos a Alejandro González Iñárritu y a Alfonso Cuarón, pero también tenemos a Gael García Bernal. Hay que ver los directores con los que ha trabajado; son los más importantes de la región: Iñárritu, Cuarón, Salles, Babenco. Llevando el círculo que gira en torno a Gael un poco más allá, nos comunicamos con todo el gran cine de Latinoamérica: la pareja de García Bernal, Dolores Fonzi, hizo *El aura* con Fabián Bielinski, director de *Nueve reinas. Pablo Stoll,* de *Whisky,* fue coordinador de producción en el cortometraje *El ojo en la nuca. The Last Post* hace crecer el círculo todavía más, Hugo Colás, director de fotografía en este corto, trabajó también en *La ciénaga, Bombón el perro* e *Historias mínimas;* Colás fue el director de fotografía en la sección bonaerense de *The Last Post* (una que por cierto no incluía a Gael). Y otros directores de fotografía, Prieto y Lubezki lo han tenido frente a sus cámaras en sus primeras películas. Como puede verse, más que ningún otro, Gael García Bernal ha estado en el epicentro de la Nueva Ola de cine Latinoamericano.

El actor afirma que a él le gustaría hacer crecer la interacción en todo el continente. Dice que la clave para establecer una industria de cine en la región, tiene sólo que ver con el trabajo y el enfrentamiento al mundo como un bloque; lo que hacen los países asiáticos en oposición a países más dispersos e individualistas. Ciertamente Gael es un buen ejemplo de ambas cosas: de que el continente puede hacer cosas en bloque y de que el trabajo duro conduce al éxito.

La ciencia del sueño

Luego de representar a personajes tan difíciles como los que hizo en *The King* y en *La mala educación,* uno entiende por qué de pronto Gael decidió, a la primera oportunidad, cambiar de estilo y saltar a la surrealista película *La ciencia del sueño* (*La science du rêve*) de Michel Gondry. Este filme es más ligero que los dos anteriores. El personaje es un hombre inestable mentalmente y sin rumbo fijo. La creatividad de Stéphane no encuentra salida. El personaje de García Bernal trabaja en una oficina que ahoga su creatividad, así que tiene que descargarla en otros momentos de su vida. La imaginación salvaje de Stéphane se apodera de él: sus sueños y sus realidades comienzan a confundirse.

La ciencia del sueño fue el tercer largometraje del francés Michel Gondry; el primero en el que dirige y escribe. Sus obras anteriores, *Human Nature* y *The Eternal Sunshine of the Spotless Mind,* fueron escritas por Charlie Kaufman, aunque Gondry tuvo en ellas una participación significativa: en la segunda compartió el Oscar, por mejor guión adaptado, con Kaufman, la mente detrás de las obras surrealistas *Adaptation* y *Being John Malkovich,* ambas dirigidas por Spike Jonze. Como a Kaufman, a Gondry le gusta ir más allá de lo establecido y retar al espectador. El francés comenzó su carrera dirigiendo videos musicales que saltaron a la vista por su originalidad. Colaboró con Björk y ganó atención de la industria por sus videos de animación cuadro por cuadro, usando Lego en el videoclip *Fell in Love With a Girl* de White Stripes. Por este video ganó un premio de la cadena MTV. Los largometrajes de Gondry exploran el lenguaje audiovisual y empujan las fronteras del arte hacia una forma más amplia del medio. La idea para *La ciencia del sueño* se originó en el video que el francés dirigió para los Foo Fighters, es un hit que lleva por nombre *Everlong* y en el que dos muchachos intercambian sus sueños. Se vio influenciado por los descubrimientos de un clip en el

La ciencia del sueño

que uno de los personajes tiene que vivir con manos gigantes, un poco como sucedería con Gael en esta película.

Gondry estaba detenido con el desarrollo de la premisa, exploraba los sueños y la forma en que estos impactaban las relaciones amorosas de los personajes. Comenzó a jugar con ideas y obsesiones que traía hasta que finalmente decidió escribir una historia autobiográfica para dirigirla él mismo. Gondry había trabajado detrás de cámaras en París en una oficina dedicada a la publicación de calendarios, justamente como el personaje de Gael en *La ciencia del sueño*. Gondry reflexiona en esta película con respecto a sus orígenes en la industria de la música y produce una alegoría de su propio pasado. En una conversación para *The Guardian*, Gondry equiparó *La ciencia del sueño* con el primer álbum de un rocker: "Digamos que firmas un buen contrato cuando tienes 20 años y puedes grabar tu primer álbum. Entonces, cuando tienes 21, tratas de publicar toda tu existencia; lo que ha sido importante en tu vida desde que tienes memoria. En el primer álbum están todas tus ideas originales; en el segundo, todos tus pensamientos. Pues bien, en mi caso fue al revés."

Excéntrico como es, Gondry considera que *The Eternal Sunshine of the Spotless Mind,* es algo así como su segundo álbum (*Human Nature* para él no cuenta, pues hizo todo lo que los productores le dijeron que hiciera), mientras que *La ciencia del sueño* se aproxima a su idea de lo que es un verdadero primer álbum en una estrella del rock, con los temas que importan al compositor; en el caso de esta película y este autor son: el sexo opuesto, la belleza y el sufrimiento que implica la vida con una imaginación demasiado vívida, excesivamente creativa.

La trama de *La ciencia del sueño* (si es que puede decirse que hay trama) gira en torno a Stéphane, un hombre que vuelve a París para reunirse con su madre francesa, luego de la muerte de su padre mexicano. Stéphane dejó la ciudad cuando sus padres decidieron separarse y ahora que, luego de tanto tiempo vuelve a París, viene a vivir a la antigua casa familiar. Su mamá le encuentra un trabajo "creativo" que termina siendo una cosa administrativa, un puesto en una oficina con unos tipos que editan calendarios. Por más que Stéphane hace sugerencias con respecto al diseño, siempre se ve forzado a mantener a raya sus arranques de imaginación. Los sueños son el único lugar donde de verdad puede explayarse. Los sueños de Stéphane comienzan a invadir su vida cotidiana, hasta que ésta se ve invadida por la vecina Stéphanie, interpretada por Charlotte Gainsbourg. La vecina le ofrece al creativo un nuevo foco de fantasías y, sin querer, contribuye a crecer en él, un universo que busca por todos los medios su válvula de escape. Stéphanie está atraída por Stéphane, pero la naturaleza infantil del hombre la confunde. Finalmente, la falta de noción de lo que significa "la realidad" termina por alejarla.

La relación en la película parece estar más en la mente de Stéphane que en cualquier otro lado, la línea narrativa se fragmenta entre realidad y vigilia. El personaje de Gael, Stéphane da voz a Gondry, lo cual casi le cuesta al mexicano la posibilidad de hacer este papel: "El personaje de Stéphane es un alter ego, una suerte de otro yo, así que me sentía preocupado, porque Gael es un tipo guapo; bueno para tratar a la gente en general y a las mujeres en particular, pero yo quería verme a mí mismo. Fue gracias a que García Bernal es un gran actor que pudimos resolver los problemas y hacer que encarnara un personaje tan personal."

Gael y Gondry se conocieron en Los Ángeles, en el hotel Château Marmont. Gael fue invitado por la producción de Gondry al lanzamiento de una compilación de sus videoclips en DVD. Durante la noche, el actor y el director se hicieron amigos y salieron juntos a tomarse un trago en el bar *The Shoe Stores*. Más tarde, actor y director se fueron de típica noche de borrachera, S*how Business*, hasta que terminaron en un *after hours* en un hotel de la ciudad, en donde Wynona Ryder, muy borracha fue lanzada a la piscina. Al día siguiente todos estaban crudos, pero había nacido la amistad entre Gael y Michael Gondry, quien se propuso trabajar con el mexicano en el futuro.

En aquel tiempo, Gondry estaba por filmar *The Eternal Sunshine of the Spotless Mind*, aunque había comenzado con el guión de *La ciencia del sueño*. Luego que conoció a Gael, Gondry reescribió su guión con el actor en mente. Cuando Gael lo leyó se fascinó. El actor galés Rhys Ifans, quien trabajó con Gondry en *Human Nature*, quería hacer *La ciencia del sueño*. Ya había trabajado con el director, quien le había prometido que haría el protagónico. De hecho, Ifans fue quien le dio el título a la película, esto se reconoce en los agradecimientos finales. Ifans ha declarado que se sintió traicionado y humillado cuando supo que Gael estaba ocupando sus zapatos, pero desde que Michel y Gael se conocieron en Los Ángeles, el francés había trabajado a su personaje con Gael en mente. García Bernal comentó a *El Universal* que lo que le atrajo del proyecto fue trabajar en una película ligera, tomar un descanso luego de películas tan pesadas: "Lo que más me llamó la atención fue la ligereza. Yo acababa de hacer *The King* y me sentía denso; tenía ganas de dejarme perder en algo tranquilo. Ser, al final del día, un poquito parecido a como soy y no como estos hombres excéntricos que sufren grandes tragedias."

En el caso de *La ciencia del sueño*, lo sedujo la posibilidad de permitirse improvisar, dejar que las cosas sucedieran sin tanta estructuración; había hecho *The King, Los diarios de motocicleta* y *La mala educación*, todas películas muy intensas: "Eran películas en las que me sentí presionado, restringido a un tono particular; en cambio, en *La ciencia del sueño* tuve por fin la oportunidad de volar, ¡de dejarme ir!" Gondry permitió a Gael improvisar en el set lo que quisiera, teniendo en cuenta la especialidad de Gael; significó resultados en el producto final: "He de decir que es gracias al espíritu y a las contribuciones de Gael que hay en esta película tanta fantasía", ha dicho Gondry. Gael habla del entusiasmo que le dio improvisar: "Con Michel queríamos eso, poner atención en lo importante; así cuando terminábamos una escena, nos preguntaba si funcionaba para nosotros o si queríamos hacer cualquier otra cosa; sin decir nada, nos dejábamos ir lejos." Gondry le daba a Gael y a sus compañeros un amplio espacio de maniobra: "En mi trabajo con Charlotte y con Gael preferí no darles directivas. Sobre dirigir a un actor es una cosa estúpida, porque ellos son artistas que tienen sus propias ideas y si yo los aplasto con mis puntos de vista antes de que ellos me digan lo que piensan, nunca sabré lo que tienen en la cabeza. Por ejemplo, en la escena en la que Stéphane presenta su calendario a los jefes, yo había pensado que él estaría acobardado, humilde, tímido; pero Gael hizo la secuencia con otro espíritu, uno más confiado. Resultó chistoso. Gael me preguntó que si me había gustado y yo le dije: '¡Claro que me gustó!' Luego quiso saber: '¿Cómo habías pensado la escena?' Y contesté: '¿Sabes qué? ¡No importa!'" Bromea

Gondry, "de todas formas, al final fue a mí a quien le dieron el crédito de director."

La filmación duró siete semanas. Rodaron en París, pero las secuencias animadas se produjeron meses antes en otro lugar. Para entrar en el ambiente de la película, filmaron en el edificio de apartamentos donde Gondry vivía cuando trabajó justamente produciendo un calendario, como su personaje. De hecho su hijo (y más tarde socio) sigue viviendo en este multifamiliar, dos pisos arriba de donde hicieron *La ciencia del sueño*. Gondry evidentemente disfrutó dirigiendo a sus protagonistas: "Fue divertido, Gael tiene un montón de ideas y sugerencias que son interesantes. Charlotte actúa increíble, hace todo lo que le pidas. Una de las cosas más importantes del trabajo fue tomar lo mejor de cada una de sus personalidades. Nos sirvió porque no habíamos tenido tiempo para ensayos, al final fue un trabajo intenso y espontáneo; con una química inusual." Gael parece estar de acuerdo: "En general como actor tienes que llegar al set como si fueras el dueño del mundo y supieras lo que estás haciendo, pero con Gondry no había ninguna necesidad de ser pretencioso. El resultado que el director perseguía era poco claro, Gondry aprecia la colaboración." El francés afirma que disfrutó viendo a Charlotte y a Gael haciendo "un gran trabajo y lo digo tal vez porque yo escribí el guión, pero siento como si hubieran arrancado un gran peso de mí. Cuando veo la película en la pantalla, me siento feliz de no ser ya el protagónico. Me encanta *La ciencia del sueño*. La veo una y otra vez, en el fondo soy un narcisista."

Gondry ha dicho también que García Bernal ayudó a crear un ambiente de trabajo cálido: "Gael es como una maquinita de la felicidad. Así era en la filmación, hacía que todos nos sintiéramos felices y entretenidos."

Hubo también los reveces en la moneda. Es típico del director de una película que, luego de una toma, felicite a sus estrellas para masajear sus egos y mantener los espíritus altos. Gondry hacía justamente lo contrario: "Los actores están acostumbrados al apapacho y el halago, y yo creo que es necesario ponerlos fuera de balance para que no tengan claro lo que están haciendo. Así, cuando me preguntaban: '¿Estuve bien?' Les respondía: 'sí, pero no te preocupes, si hubieras estado mal, no te lo diría. Quería que se se sintieran cómodos, pero no demasiado." En *La ciencia del sueño,* Gael se enfrentó a inconformidades distintas a las que vivió hasta entonces. Por ejemplo, para filmar una escena en la que vuela en un sueño, Gondry puso un gran tanque de agua frente a una luz y una pantalla con un proyector que lanzaba de luz trasera al agua. El director le dijo: "Ahí es, ahí tienes que nadar." Se supone que el agua tendría que estar tibia, pero no, el agua estaba helada. Aunque Gael parece haber disfrutado del método bizarro que utiliza Gondry para producir sus efectos especiales: "Una de las cosas que me gustan de Michel es que sus efectos son mecánicos", afirma el actor. "La filmación era como un gran teatro de marionetas. Demandaba concentración y energía, pero era fantástico."

La ciencia del sueño comienza con un sueño dentro de otro sueño. Un sueño despierto de Stéphane durante la noche. La idea de toda la secuencia es demostrar que el protagónico puede manipular su mundo onírico. Stéphane sueña que es presentador de televisión y está en un set construido con puro cartón y otros materiales manipulables. Como es un show de variedades matutinas, hay una sección de cocina en la que alguien está dando recetas para hacer que los sueños sean placenteros. La película contrasta la desbordada fantasía del protagonista con su mundo real que lo aplasta. Gael, como actor, puede balancear los dos mundos para dar tono a la obra, es él quien da carisma al personaje, es él quien emana confianza cuando interpreta las fantasías de Stéphane en contraste con la temblorina que le viene en la vida real. Gael hace que la película interese a las audiencias que, a menudo, se preguntan si lo que están viendo es parte de la realidad o de la imaginación del protagonista.

Los sutiles cambios del personaje hacen evolucionar la acción y son, sin duda, lo mejor de la obra de Gondry. El encanto de Gael hace que Stéphane se vuelva un tipo adorable. García Bernal regala a Stéphane un entusiasmo desenfrenado que permite al público estar de su lado, es vulnerable y a prueba, porque siempre se le dificulta superar la timidez. Cuando Stéphane parece comenzar a madurar, Gael regresa a las audiencias hasta el niño que lleva dentro. El personaje se encuentra perdido en una serie desafortunada de circunstancias, perdido en una ciudad desconocida y sin un padre, atrapado en un trabajo que está destruyendo toda su imaginación, pero Gael hace un personaje adorable.

Stéphane duerme todavía en la recámara de su infancia, un cuarto adornado con juguetes, mas tiene la astucia para proponer un calendario de desastres o tratar de seducir a la amiga de la mujer que realmente desea. Durante varios momentos de la película, Stéphane aparece vestido con un traje de peluche y sobre un caballito de trapo. Ha sido sólo gracias a las capacidades histriónicas de Gael que el público se identifica con semejantes excentricidades. Gael tiene, a decir de un crítico: "la gracia cómica y la inocencia divertida de las estrellas del cine mudo, con un lenguaje corporal que recuerda a Buster Keaton. El actor encarna el estilo lírico y visual de la película". Al tiempo que Gael recrea la hiperactividad de Stéphane, su contraparte femenina hace un papel controlado, seguro de sí mismo. El contraste es muy hermoso.

Otro valor de la interacción entre Gainsbourg y García Bernal, se aprecia en el terreno lingüístico: desde el momento en que los dos se encuentran en la pantalla la conversación oscila entre inglés, francés y español. Este hecho simboliza, en muchos sentidos, las dificultades que tiene la pareja para entenderse. En otro nivel idiomático, la pareja habla del sentido de la soledad. Stéphane, a pesar de que ha nacido en París, tiene tiempo lejos de casa, así que se siente poco seguro hablando en francés; justamente como Gael, quien produce un acento decente pero ordinario. Un periódico parisino escribió, comparándolo con su personaje del Che Guevara: "El mexicano no parece haberse adaptado al parisino como al bonaerense."

El que Gael se haya aproximado al francés tuvo que ver con el reparto; la francesa Miou-Miou se había comprometido con Gondry para hacer el papel de la madre de Stéphane, pero había puesto como condición no hacerlo en inglés. Gael tuvo que pulir su francés, pero había que justificar el acento español. El director encontró que estaba forzando las cosas, aunque los juegos con el lenguaje terminan por quedarle bien a la historia. El director pensó que los juegos idiomáticos funcionarían, pues las barreras lingüísticas sirvieron para dar al filme tonos delicados. La química entre García Bernal y Gainsbourg fue una de las grandes fuerzas de la película.

La ciencia del sueño tuvo sus fanáticos. En el Festival de Sitges fue premiada por el público. Dijeron que una de sus grandes virtudes era la evasión de todos los clichés románticos en la pantalla. Decían, va más allá de los tópicos del *sex appeal* hollywoodense. Algo habrá de cierto, Gondry está convencido de que así es el amor: "Cuando estás enamorado actúas haciéndote un poco el niño..." En una película que necesita que la audiencia se involucre con tu sentido del humor, el tema resulta fundamental.

Ciertamente la narrativa divide a los espectadores: hay quienes disfrutan de esta inventiva rara y quienes se sienten víctimas de una falta de sustancia del amor. Con respecto a esto, los hay que afirman que la novedad visual de la película se desvanece pronto y deja el filme desnudo, convertido en una gran secuencia de imágenes que entran y salen a capricho del director. Gondry ha dicho que nunca pone en la pantalla una imagen sólo porque le gusta, ni siquiera en los videoclips que ha filmado. Afirma que en sus largometrajes, los efectos especiales juegan un papel ligado a la narrativa, aunque no se le escapa que haya quien tenga razón, al pensar que jugar y divertirse son *la raison d'être* final en este trabajo.

Gael es uno de los defensores fieles de la película, ha declarado que su originalidad es suficiente justificación, *La ciencia del sueño* "te hace entender el cine, lo que autores como Méliès descubrieron; Méliès o los hermanos Lumiére, gente que aprendió a hacer cine experimentando, superponiendo imágenes, disolviendo, introduciendo partes animadas o haciendo efectos cuadro por cuadro. Es así, como estos artistas entendieron los conceptos prácticos del cine." Yendo más lejos, afirma: "El cine es arte. Hay elementos ficticios que convergen en él y crean una relación particular. A veces resulta difícil trazar la frontera entre lo que sucede en la realidad del personaje y la realidad del universo de la película; pero yo, después de haber asistido a semejante bombardeo de filmes que traen la realidad bajo el brazo, con *La ciencia del sueño* decidí lanzar toda realidad por la ventana, para contar una historia de amor que no sucedió ni sucederá, pero que está hecha, eso sí, con todos los elementos mágicos del cine." Con el mismo espíritu experimental y juguetón, cuando se le pregunta qué aprendió de su papel, responde: "A prestar atención a mis sueños; a respetarlos, a vivirlos, a experimentarlos, a jugar con ellos. Soñar es una necesidad biológica y creo que, inconscientemente, te ayudan mucho en la vida; son como tu válvula de seguridad."

La ciencia del sueño ha sido criticada por ser larga en duración y corta en trama. Es difícil rebatir dicho punto, lo cual no significa que el realizador debería volver a los videoclips, lo mejor sería que se diera permiso de trabajar con un guionista de cabeza fría que ponga disciplina donde hace falta; uno que ayude a amarrar todas las ideas en una línea central y convincente. Gael García Bernal ha dicho que dar a sus ideas e imaginación la oportunidad de jugar en la vida real, fue la razón principal para embarcarse en este proyecto. En primer lugar y a diferencia de Stéphane, tanto Gael como Gondry, han encontrado en el cine una efectiva fuente de creatividad. *La ciencia del sueño* se parece a su protagonista, quien se siente confiado cuando trabaja con cosas fantásticas, pero que no consigue conectarse bien con la realidad. La película en su conjunto es como el personaje de Gael, un creativo mal entendido, una obra fina y un delicado intento por destacar.

Bodas de sangre

Gael García Bernal se hizo de buenos amigos en *La ciencia del sueño*, y su siguiente proyecto le permitió estar en contacto con ellos. Se comprometió para hacer un protagónico en el teatro inglés, en la obra de Federico García Lorca *Bodas de sangre*.

Durante el tiempo en que estuvo ensayando, el actor a menudo usaba el Eurostar, para irse a París de fin de semana. *Bodas de sangre* fue dirigida por Rufus Norris, en el teatro Almeida, ubicado en los barrios viejos del norte de Londres. El Almeida está cerca de donde vivía Gael. Norris había hecho una obra muy exitosa un año atrás: *Festen,* y como director asociado del teatro *Young Vic,* había puesto otra obra de García Lorca en 2003: *Peribáñez y el comendador de Ocaña,* la cual Gael estuvo a punto de protagonizar.

Norris y Gael se conocieron en Londres. Se cayeron bien; pero al final no pudieron hacer juntos la obra a causa de sus apretados calendarios. Aunque en aquel tiempo, Gael ya había hecho *Amores perros* y *Y tu mamá también,* todavía no se estrenaban ni *La mala educación* ni *Los diarios de motocicleta,* Norris pensó en Gael para el protagónico de *Bodas de sangre* en 2005. La estrella del actor brillaba cada día más, y como Norris y él habían expresado el deseo de trabajar juntos, es lógico que el director afirmara a la prensa que lo había escogido por sus cualidades y no por su éxito taquillero: "De cierta manera, ésta es la respuesta de cajón de cualquier director cuando le preguntan que por qué escogió a una estrella para hacer un protagónico: '¿porque escogiste a Gael?' Te preguntan: '¿no será porque en cuatro horas se vendieron todos los boletos?' No, para nada, lo escogí porque es muy buen actor", dice Norris riendo. "En este caso es cierto. No creo que nadie pueda negar que hice todo para trabajar con Gael antes de que se volviera famoso. Estoy contento, me siento afortunado de haber trabajado con él."

La odisea para que Gael saltara a bordo del proyecto llevó a Norris y a su esposa, la escritora Tanya Ronder, a venir a México. Maggie Lunn era en aquellas épocas la productora ejecutiva del Almeida; había trabajado haciendo el reparto de *Festen* y propuso a Ronder una adaptación de *Bodas de sangre*. Una estelarizada por Gael García Bernal. "Yo dije 'sí, claro, si podemos conseguir que él actúe, yo dirijo'", recuerda Norris. Gael respondió la llamada encantado de volver a Inglaterra. Y volver a ver a los amigos londinenses; quería hacer a Lorca. En poco tiempo, Roder y Norris estaban camino a México: "Le mandamos el texto y él nos pidió que fuéramos a verlo a su casa fuera de la ciudad de México. Nos quedamos de ver en un barrio cerca de donde vive y estábamos esperándolo en una esquina cuando él y Pablo Cruz dieron la vuelta en lo que creo es el coche de la mamá de Gael. Subimos y nos fuimos a dar la vuelta." Lo que siguió fue un largo fin de semana de socialización. "Fuimos a casa de su mamá en este pequeño pueblito, y en la carretera estuvimos conversando todo el tiempo. Al llegar, nos dieron algo de comer; nadamos, caminamos, visitamos el pueblo y pasamos por un bar, el único en el pueblo, Gael preguntó: ¿quieren algo de tomar? ¿Tequila? Todo comenzó ahí. Parecía de pronto que hubiéramos entrado en un *spaghetti western*, con cantinas de puertas giratorias y toda la cosa. Había dos mexicanos con sombrero recargados en la barra del bar y las paredes estaban decoradas con porno soft. Más allá había una estatua de la virgen de Guadalupe y otras imágenes religiosas. Los mexicanos con sombrero nos miraban extrañados y nosotros pensamos, todo esto parece... no sé, un poco peligroso; pero al mismo tiempo sabíamos que estábamos con Gael y todo mundo sabe quién es. La gente del bar sabe que viene a menudo. Al final, resultó que los hombres nos estaban mirando porque dudaban si venir o no a ofrecernos alguna cosa. Corte a: estamos en una mesa redonda y nos están diciendo: 'prueba esto, toma esto y tal'; tres horas después, la mitad del pueblo ya está aquí y nosotros estamos tan borrachos que no sentimos ni las piernas."

Bodas de sangre se presentó todos los días del 6 al 18 de mayo; cinco semanas antes de la primera presentación, comenzaron los ensayos. Cuando hay una estrella, el resto del reparto y el equipo miden la importancia por las ventas. "Como director, lo único que puedes hacer es tratar de crear un buen ambiente; pero en el fondo todo depende de la estrella, de la forma en que se porta con los otros. Desde el principio, Gael se portó bien con todos, como un miembro más de la compañía. No tuvo ningún tratamiento especial, estoy seguro que toda su vida ha odiado ese tipo de cosas. El reparto estaba mezclado, teníamos nueve nacionalidades distintas: islandeses, irlandeses, portugueses; uno de Madagascar. Y un mexicano, por cierto. Hicimos algo que ayudó a conocernos, al final de nuestro primer día de ensayos, nos sentamos todos en círculo y yo pedí que uno por uno cantaran algo en su lengua natal, fue un momento emotivo que ayudó a que los actores se conocieran unos a otros. En el reparto había actores con los que había trabajado ya, Hano (Björn Hylnur Haraldsson) un islandés que interpretó una adorable canción de su patria. Los actores se fueron levantando, y uno de los primeros fue Gael. Cantó una canción mexicana muy bonita." Tener en el reparto a Gael era un asunto artístico, pero que aseguraba las ventas. Norris nunca lo había visto actuar en teatro. Pronto fue obvio que el actor tenía una presencia escénica escalofriante: "En definitiva, Gael está lleno de vida; la vida misma parece emanar de él, con toda su luz y su oscuridad."

Bodas de sangre es la historia de una novia que se escapa con un antiguo amante en plena noche de bodas. El amante es Leonardo. Por supuesto, el esposo de la novia fugitiva sale a buscarlos y todo termina en una enorme tragedia: Leonardo y el marido se matan el uno al otro. La novia sobrevive, pero víctima del escarnio social. La esposa de Leonardo, el amante, deberá vivir cargando la vergüenza de lo que su marido hizo. Gael hace a Leonardo, el único personaje con nombre en el libreto.

Actuar en teatro no da espacio a la improvisación, es posible hacerlo durante los ensayos: "Siempre que le dejábamos improvisar, lo hacía. En el show teníamos música y él se involucraba en cada cosa. Es un tipo adorable para trabajar con él", recuerda Norris. Como sea, *Bodas de sangre* trae al director memorias encontradas: "No creo que ni Gael ni yo diríamos que *Bodas de sangre* ha sido el punto más alto de nuestras carreras. Tomamos riesgos y unos resultaron bien, pero otros no. El proyecto nunca despegó como hubiéramos querido. Si tuviera que decir algo al respecto, diría que me hubiera gustado darle a Gael una mejor producción, porque la obra resultó un gran éxito económico, hubo partes muy brillantes desde el punto de vista artístico; pero no encontramos el balance justo, la química adecuada. Se trata de una cosa importante en esta obra: teníamos nueve nacionalidades en el reparto, y uno de cada continente, así que la aspiración era alta. Igual, no me arrepiento de haberla hecho, aprendí mucho." Justamente el reparto internacional fue lo más criticado por los comentaristas de los medios impresos. Hubo quien sintió que en una obra de pasión andaluza no tenían nada que hacer actores del norte de Europa. Hay que decir que existen prejuicios arraigados sobre la forma en que tiene que interpretarse a García Lorca.

Una de las razones por las que García Bernal quería interpretar al poeta y dramaturgo español, era que es fanático de su obra y quería evitar los clichés: "Sí, tenía muchísimas ganas de hacer a Lorca, pero no en español, porque siempre viene en un paquete de prejuicios y preconcepciones, en México como en España. Fue duro darse cuenta de que estos prejuicios también existen en inglés", afirma Norris. "Nos sentíamos seguros de lo que queríamos hacer, y la mayoría de las respuestas fueron positivas, aunque los puristas nos agarraron: hubo comentaristas que nos daban desde cinco estrellas, en diarios nacionales, hasta otros... creo que fue en el *Evening Standard* que el tipo abrió su columna de teatro con algo como: 'Se ha cometido un crimen contra el teatro y los perpetradores son Norris y su mujer.'" Efectivamente, los comentaristas ingleses estaban muy divididos. Siempre sucede con Lorca. "Hay esta idea romántica de cómo debes interpretarse al español: con acentos castellanos y un montón de gente ¡rangatantatán! Dándole duro con la guitarra, no puedes jugar así. Por otra parte es una obra muy difícil, y ni siquiera es una obra de teatro, en realidad es un poema. No creo que haya habido una produccción de García Lorca unánimemente aplaudida, al menos no de *Bodas de sangre.*"

La interpretación de García Bernal fue más o menos elogiada en lo general. El periódico *The Guardian* dijo que era buena "pero no incandescente"; otros aseguraron que su interpretación estaba sufriendo a causa de todos los que lo rodeaban y que no eran capaces de convencer con sus actuaciones de sus motivaciones emocionales. "El personaje de Federico García Lorca es bidimensional y requiere de una presencia fuerte en el escenario", escribió el crítico de *The Stage*: "*Bodas de sangre* fue una cosa medianamente patética, porque Gael no mide dos metros de altura." Recuerda Norris girando la cabeza: "Uno piensa: esto es teatro, estamos trayendo a Gael García Bernal, un actor de talla internacional para que venga a Londres y la prensa de espectáculos le está haciendo esto, creo que es triste."

La producción corrió bien. Una vez que todo el equipo estaba caliente, mejoró. "Fuimos felices: Hano y Gael compartían vestuario y se volvieron grandes amigos. Luego un grupo de nuestros actores organizó un viaje a Islandia. Como director, sabes que las cosas han ido bien cuando están sucediendo ese tipo de cosas." Y parte del equipo, incluido Gael, viajó a Islandia en 2007. Volvieron para a seguir trabajando en Londres.

Bodas de sangre vendió todos los boletos en cosa de horas, un record: dos meses antes de la primera representación no había un solo lugar. Luego, cuando comenzaron las presentaciones, la gente se formaba desde las tres de la tarde, con la esperanza de conseguir un boleto que a alguien le sobrara y que pudiera revender. Todas las noches había multitud de muchachitas alborotadas esperando al actor en la puerta de salida: "Tuvimos que usar una puerta trasera, para que él saliera sin tener que enfrentar a las fans que lo estaban esperando por la salida del vestidor. A veces, se hacía el fuerte y salía para cumplir su obligación con las jóvenes. Firmaba autógrafos, se tomaba fotos y en fin... para mí fue una prueba de lo aburrido que puede llegar a ser este tipo de fama", comenta Norris. En México, el mismo director parece haber visto una cara distinta del mismo asunto: "Estás en camino hacia alguna parte en la carretera. Te detienes a comprar alguna cosa, lo que sea. Un hombre solitario te vende un melón. Es un muchacho, un jovencito que está ahí, todo el día parado en la carretera. Hace su trabajo y te da el melón en una bolsa, luego el cambio. Sólo al final le pregunta a Gael: '¿Te molestaría?' Y le extiende un papelito. Gael, por supuesto, dice que no hay problema, toma el papelito, que es uno de esos con los que el joven hace cuentas, y lo firma. No es la clase de fama de... '¡Oh... tú eres!' Sólo una pequeña conversación sobre futbol o cualquier tontera, y así son las cosas: creo que hay un mutuo enamoramiento entre Gael y los mexicanos."

Uno de los momentos que Norris atesora con gusto, respecto a la producción de *Bodas de sangre*, tiene que ver con esa carretera en México, en la que viajó con Gael: "Lo más hermoso fue viajar con él por su país. Fueron como cinco horas, en las que me contó todo lo que pensaba sobre México. Algo del tipo de *Y tu mamá también*, pero en serio. Me recordó las largas escenas, que en esa película te dan una idea de las convicciones políticas del director." En este caso, la voz en off era la propia voz de Gael: "Es un tipo muy politizado y, sobre todo, muy inteligente", concluye el director de teatro.

Político

En una de las primeras entrevistas que dio Gael al diario argentino *La Nación* (para promover *Y tu mamá también*), le preguntaron que qué le gustaría ser en el futuro. Respondió bromeando: "¡Pues presidente!" Puede que haya sido una broma, pero la política juega un papel fundamental en la vida de García Bernal. Teniendo en cuenta que creció en una casa de ideas liberales e izquierdistas, una casa en la que se narraban leyendas sobre la revolución cubana antes de dormir, no podía haber sido de otra manera. Gael ha dicho que sus ideas políticas se gestaron en el mundo en que creció. "Cualquier cosa que hagas en América Latina tiene que ver con cosas políticas", afirma. Es difícil no sentir interés por la política en un país como México. Las últimas elecciones presidenciales terminaron con una manifestación masiva: miles de personas protestando y acampando durante meses en las principales calles de la capital. Las cosas sucedieron así: el popular candidato Andrés Manuel López Obrador, izquierdista de centro, iba muy adelante en todas las encuestas. La gente daba por hecho que sería el nuevo presidente. Pero resultó, que en las elecciones de julio, Felipe Calderón, un auténtico desconocido, emergió como candidato sorpresa y ganó por más de 200 mil votos, casi nada en un país con 106 millones de personas. Se ha dicho, en resumen, que el Partido Acción Nacional (PAN), gobierno en el poder, jugó sucio.

Gael comentó las elecciones de su país en el National Film Theatre en octubre de ese mismo año:

Fue uno de los momentos más difíciles para la democracia en México. Se dice que se cometió fraude, aunque el fraude comenzó a cometerse mucho antes de que empezara la guerra sucia contra Andrés Manuel López Obrador. ¿Quién iba a creer que con semejante diferencia en las intenciones de voto en todas las encuestas, de pronto la gente iba a ir a votar por Calderón? Es una cosa difícil de pensar, pero también es cierto que la guerra sucia de Calderón cerró mucho el margen de diferencia a costa de polarizar al país. Todos sabíamos que quien ganara lo haría por un margen muy corto. Yo, la verdad, simpatizo con Andrés Manuel, porque es el partido más cercano a mis convicciones políticas; pero con las "estrategias" de campaña del PAN, el margen se estrechó tanto que el ascenso del PRD se detuvo. Era imposible seguir adelante.

Con semejantes escenarios, es fácil ver por qué Gael afirma que sería difícil ser un ciudadano responsable en México, sin tener una opinión política. Pero no se trata sólo de los eventos del 2006; Gael recuerda el turbulento año de 1994, como el que marcó su futuro. En aquellos años, el Partido Revolucionario Institucional (PRI) estaba a punto de caer (cosa que haría poco antes del estreno de *Amores perros*). Luego de una dictadura partidista de 70 años, los simpatizantes del PRI tenían razones para pensar que estaban firmes en la silla y que seguirían siendo la dictadura perfecta por muchos años. Pero hubo dos asesinatos políticos en menos de un año y una terrible devaluación recomenzó la eterna crisis económica: el Tratado de Libre Comercio (TLC) había dado inicio (se había ratificado por última vez en 1992).

Además de detener el Producto Interno Bruto doméstico, el TLC como se esperaba, benefició a los ricos volviéndolos más ricos; pero a los pobres, sobre todo a los campesinos, más pobres. Fue así que llegó el año nuevo de 1994 y con él, un levantamiento armado en el estado de Chiapas, al sur del país, en una de las regiones más pobres de México. Los insurrectos, identificados como zapatistas, eran guiados por un enmascarado de pipa, el Subcomandante Marcos. Los zapatistas pedían un trato más justo para su gente, los indígenas. Como era de esperarse, el gobierno reaccionó, en forma dura y lanzó al ejército para iniciar una guerra que parecía poder extenderse a todo México. En la capital creció la preocupación por esta parte del país. La gente comenzó a apoyar a los zapatistas: "El movimiento polarizó a México, pero mucha gente se lanzó a detener la masacre del ejército contra los indígenas. Más de 1.5 millones de personas protestaba, casi todos los días, al inicio de las hostilidades entre el gobierno y las guerrillas", recuerda Gael en la revista *Time Out*. "Yo me sentí involucrado. Envié comida a Chiapas, escribí sobre la situación y, por supuesto, iba a todas las marchas." Hay que decir que no era sólo un profundo sentido de justicia social, lo que hacía que Gael se involucrara en el movimiento en forma seria: "Yo era joven y era divertido hacer todas esas marchas. Además, ahí encontré a mi primera novia de verdad."

México, al igual que el resto de América Latina, es un país marcado por la extrema desigualdad en la distribución de la riqueza. Dicha desigualdad se da incluso a nivel visual: la pobreza de los sectores bajos contrasta con la opulencia de la elite, y en pocos metros de terreno se pasa de barracas de cartón a penthouses de súper lujo en un repentino cambio de paisaje.

Todo mexicano de la generación de Gael recuerda el terremoto que azotó la ciudad, el 19 de septiembre de 1985. Oficialmente se dijo que habían muerto 10 mil personas, pero la gente de la ciudad suele creer que les han mentido y fueron, cuando menos, 10 veces más. El gobierno del PRI maquilló los números e hizo todo lo posible para que nadie viera el enorme movimiento ciudadano que comenzó a gestarse en las calles. Muchos de los edificios públicos habían sido construidos con material deficiente, buscando bajos costos en zona sísmica. Hubo corrupción involucrada en la tragedia.

Asimismo, los contemporáneos de Gael recuerdan al menos dos desastres bancarios en los que mucha gente perdió los ahorros de toda su vida en una sola noche. Todos estos eventos configuran sin duda la conciencia de un niño, lo obligan a pensar políticamente. Cuando un reportero de *El universal* preguntó a García Bernal que cómo comenzaría la película de su vida, él respondió que con el terremoto del 85: "Desde que naces en México, te ves enfrentado y confrontado con esta situación: la increíble desigualdad. Y te preguntas: ¿por qué? ¿Por qué este niño es más pobre que yo? ¿Por que cinco centavos que son importantes para esta persona no son importantes para aquella otra?"

Ser actor de teatro cultural e independiente es una profesión en la que difícilmente puedes volverte rico en cualquier país del mundo. Aunque está lejos de la existencia miserable de un campesino rural. La infancia de Gael siempre fue confortable y más tarde, cuando sus papás comenzaron a trabajar en Televisa, en el Distrito Federal, la economía familiar creció notablemente. Él mismo comenzó a ganar dinero bastante niño, actuando en teatro y en telenovelas desde que tenía 10 años. Sin embargo, Gael había sido educado para hacerse preguntas, para tratar de entender las razones que en su país estaban provocando semejantes desproporciones. A los 14 años, Gael tomó parte en diversos programas de alfabetización. Dichos programas lo llevarían a las montañas, donde vive la etnia de los huicholes: "Se trata de una experiencia que inevitablemente te abre los ojos. Te sorprende que estés compartiendo esta misma tierra, este mismo país con gente como ellos", recuerda el actor. "Te das cuenta de lo privilegiado que eres por haber nacido en la casa que naciste. ¡Ellos no tienen nada! Y sólo tuvieron la mala suerte de nacer en el lugar equivocado, pero ellos y yo compartíamos el mismo país. No es una cosa fácil de tragar." Gael describe su vida de maestro rural como una etapa de descubrimiento; de un despertar que tiene dos polos: "Te da la sensación de que tienes que devolver algo a la tierra de la que vienes, como si de pronto reconocieras el lugar en el que vives. Nace un sentimiento de que necesitas corresponder por todo lo que te ha tocado. Ese hombre sin dinero es tu hermano, pero no sólo eso, los huicholes, por ejemplo, son más espirituales que tú. Tú les enseñas, pero ellos te enseñan también. Es un intercambio."

México tiene mucho más que hacer que sólo intercambiar esta clase de cosas y Gael ha decidido seguir fiel a sus ideas: "Mi decisión de vivir en México es estrictamente personal; no tiene nada que ver con un deber o una responsabilidad. Es una decisión política." Por su trabajo, Gael García Bernal sale a menudo de casa; está fuera del país filmando o promoviendo películas, pero cuando puede regresa a México, en donde vive entre el Distrito Federal y Cuernavaca. A pregunta expresa, Gael ha dicho a *Los Angeles Times*: "No tengo preparada una respuesta con respecto a la razón por la que he elegido México para vivir: aquí viven mi familia y mis amigos. Además, me hace bien sentirme en contacto con esta tierra."

El orgullo de Gael está basado en sus logros como actor, pero también en su país, en esta tierra de amplia presencia visual, donde la gente aprecia que él se preocupe tanto de los problemas sociales y apoye iniciativas que buscan aliviar la inequidad; al mismo tiempo que promover la justicia y la cultura: "Siento que todavía tengo un ideal efervescente. Estoy seguro que hay algo para lo que viniste al mundo y es eso: viniste para hacer mejor el lugar en el que naciste", ha dicho.

Para ser congruente, Gael fue a Chiapas invitado por la Asociación Nacional de Empresas Campesinas, para pasar un tiempo visitando a cultivadores y aprender de las dificultades de los productores de maíz. El maíz es la base alimenticia de México, así que resulta cuando menos preocupante el que los precios se hayan desplomado con la introducción del Tratado de Libre Comercio que, en esencia, permite al país ser invadido por productos protegidos más allá de las fronteras, productos con los que es imposible competir. A causa de los altos subsidios que dan a sus propios campesinos los gigantes del norte, los campesinos mexicanos se están viendo forzados a acabar con la tradición milenaria de cultivar maíz y, lo que es peor, conforme cae la producción, México se vuelve cada vez más vulnerable, se abre a los dictados de un precio que se decide en otra parte. Por si fuera poco, la gente está cada vez peor nutrida, porque las tortillas mexicanas han sido reemplazadas por tortillas de producción industrial que vienen de Estados Unidos.

En un viaje por todo su país, Gael acompañó a la presidenta de Irlanda y Alta Comisionada para los Derechos Humanos de la ONU, Mary Robinson; después fue con ella a la cumbre de la *World Trade Organisation* en Hong Kong. Estuvo ahí durante 10 días como embajador global, asistió a reuniones y foros presentando el caso de Chiapas, pidiendo que se estudiara a profundidad. También, se le confió una posición de trabajo en la organización *Make Trade Fair*, iniciativa que busca desaparecer las condiciones injustas que promueven los mercados globales.

En compañía de la cantante Angélique Kidjo y el músico chino Anthony Wong, presentó la petición de *Make Trade Fair* a Pascal Lamy, director general de la *World Trade Organisation*. Durante la ceremonia, Gael afirmó: "En mi familia hay campesinos. Los represento a ellos y a todos los campesinos de México y de América Latina; las injustas situaciones que viven estos hombres y mujeres no pueden seguir así." Gael estuvo presente en Edimburgo para promover la iniciativa *Make Poverty History*, una protesta contra la reunión del equipo del G8 que produjo el concierto Live Aid en Hyde Park. García Bernal fue una de las figuras importantes en el concierto, junto con Bono y Phill Collins. También posó para la campaña de OXFAM, *La pobreza no viene del cielo*. En un gesto simbólico, las celebridades que se fotografiaron tienen varios productos agrícolas colgados sobre sus cabezas, para subrayar que las practicas comerciales de los países ricos del mundo están acabando con los países pobres. Al tiempo que trabaja para OXFAM, Gael lucha en México, tratando de establecer una ley que obligue a que las ganancias del estreno de cualquier película se donen a la caridad. Comenzó haciéndolo con el estreno de *La ciencia del sueño*. Todos los ingresos de la premier se donaron a Casa de la Sal, una organización que ayuda a tratar a niños con VIH.

Desde tiempo atrás, Gael ha enfocado sus esfuerzos en la prevención del sida, promoviendo la conciencia de la gente. En este rubro, trabajó para la *Aid for Aids Foundation*, la cual le otorgó el premio *My Hero*. Durante una ceremonia que tuvo lugar en Nueva York en el 2007, Gael dijo que no se ve a sí mismo como un activista, sino que se conduce congruente con la forma en que fue educado: "Los latinos estamos politizados", reitera. "Las ideas políticas no pueden estar divorciadas de lo que eres como persona. Las dictaduras militares están en el pasado reciente de mi memoria y esto, sin duda, conforma mi vida. Es un poco... ¡imagina cómo van a estar politizados lo niños iraquíes dentro de 10 años!"

Y hablando de Irak: Gael García fue un fuerte —y activo— crítico de la guerra en Irak. Lo fue antes de la invasión y sigue siéndolo. En un concierto contra la guerra que tuvo lugar en Madrid, Gael recordó a las audiencias que José María Aznar, el presidente español, había conducido a su país a la guerra de Estados Unidos y Gran Bretaña; mientras que en América Latina, los únicos que habían conservado intacto el orgullo eran México y Chile: rechazaron a sus vecinos del norte en el consejo de seguridad de la ONU, a pesar de la enorme presión que estaban sufriendo.

Sin embargo, son las palabras que dijo en el 2003, durante la presentación de los Oscares, las que se han fijado en la memoria del mundo. La ceremonia fue vista por 23 millones de personas sólo en los Estados Unidos y a Gael no pareció preocuparle, al menos al principio, que se enojara la parte conservadora de Hollywood. Hubo quien pensó que este discurso podría haber hecho fracasar su carrera, dado que como actor no ha tenido aún la oportunidad de saborear la fama en Tinseltown. Hablar contra la invasión de Irak fue riesgoso. Dos semanas antes de la ceremonia, Gael se sintió feliz al recibir la invitación para presentar a Caetano Veloso y a Lila Downs con una canción del *soundtrack* de *Frida*. Pero se sintió menos emocionado cuando terminó de leer el guión que le enviaron una semana después: "Era un discurso estúpido sobre la unidad de América Latina y no se qué de sentirte orgulloso de los valores de mi país, y terminaba presentando a Veloso como el Bob Dylan brasileño."

Aquel año se hizo claro que la ceremonia sería, para bien o para mal, una en la que todo mundo hablaría a favor o en contra de la guerra. Eran los tiempos. Gael arregló su discurso y se lo enseñó al guionista en el set durante los ensayos. Estaba nervioso. Sus amigos lo animaron, particularmente Pedro Almodóvar y Salma Hayek. Salma era la protagonista del film *Frida* y estaba con él en el *backstage*. El actor iba de arriba para abajo, bebiendo sorbitos de un vaso de champaña. Llegó el momento: "La siguiente canción es de la película *Frida*. Frida Kahlo no pintaba sueños, pintaba realidades y la necesidad de que haya paz en el mundo no es un sueño, es una realidad, no estamos solos, si Frida Kahlo viviera, ciertamente estaría de nuestro lado: contra la guerra."

Tim Robbins y Susan Sarandon habían cruzado la alfombra roja con el signo de la paz y Chris Cooper, al recibir su Oscar en la categoría de mejor actor de reparto, deseó la paz a todo el mundo. Sin embargo, fue Gael quien dio nombre y apellido a un asunto que estaba en las mentes de todos: la guerra. El primero en hablar del elefante en el salón, de la cuerda en casa del ahorcado. Las felicitaciones por su discurso fueron calurosas, aunque el ala conservadora de Hollywood estaba irritada con lo presuntuoso de un advenedizo. Gael ha dicho que estaba nervioso, pero: "Hay en el mundo tanta gente que no quiere ser parte de Hollywood ¿sabes? A mí, la verdad, no me interesa." Agrega que si hubieran querido que alguien leyera un guión, deberían habar llamado a uno de los suyos, uno a favor de la guerra. "Sentí la necesidad; era una obligación decir algo, acababa de comenzar la guerra y yo representaba a Frida Kahlo, una de las personas más rojas que han existido en el planeta", dijo a *Fotogramas*. Una vez que el agua amainó comentó: "¿Qué mejor plataforma podemos tener contra la guerra? Somos muchos millones, estamos en todas partes y estamos contra la guerra. Las consecuencias que pueda traer a mi carrera el discurso en el Oscar... ¡no tengo idea! Pero era más importante la obligación social, moral y política, así lo veo. Tenía que ser honesto conmigo mismo en ese momento."

Como se ve, Gael no se arrepiente. Más tarde conoció a su nueva novia Natalie Portman. La conoció después de la ceremonia en una fiesta que dio Salma Hayek, así que: "por muchas razones aquella noche fue perfecta."

Babel

Dado que el tratamiento que los mexicanos están viviendo en Estados Unidos es una de las principales preocupaciones políticas de Gael García Bernal, era lógico que se sintiera emocionado cuando le propusieron trabajar en *Babel*. En esta película, Gael interpreta a Santi, un joven mexicano medio loco que vive en Tijuana. Las frustraciones de Santi explotan justo en la frontera entre México y los Estados Unidos, con consecuencias desastrosas para todos los involucrados.

Babel es una profunda reflexión de Guillermo Arriaga sobre la globalización del mundo. Hay en ella varias historias que se interconectan, un poco como el globo terráqueo se interconecta con la globalización. *Babel* era un proyecto ambicioso. Un plan de producción que llevó al equipo a trabajar en tres continentes, para narrar historias que suceden en Marruecos, Japón y la zona fronteriza entre México y Estados Unidos.

La ópera prima de Alejandro González Iñárritu, *Amores perros*, había sido escrita por Guillermo Arriaga. Luego con él, el director hizo *21 gramos*. Y *Babel* sería la última colaboración entre los dos. Era la conclusión de una trilogía, vagamente temática, que se había basado en trágicos reveses de suerte. Babel sería un éxito arrollador. La producción ganó una enorme cantidad de premios y la nominación al Oscar como mejor película. Pero marcaría el final de la asociación creativa Arriaga-Iñárritu. Guillermo Arriaga tuvo con Iñárritu un amargo desencuentro durante el desarrollo de *Babel*. Todo había comenzado armoniosamente. La historia —otra vez— era encargo de Iñárritu, quien propuso a su guionista una obra que explorara las fronteras simbólicas. El escritor le entregó al director un borrador a finales del 2004. Iñárritu comenzó a trabajarlo en set y las locaciones en la cabeza.

Cuando tenía 19 años, *El Negro* Iñárritu viajó a Marruecos. Fue una travesía que le causó una gran impresión. La nueva película

Babel

era una oportunidad excelente para volver al país africano. Con su propio dinero pagó una exploración para encontrar locaciones en Marruecos y Túnez, e invitó a Steve Golin y John Kilik, productores independientes de *The Eternal Sunshine of the Spotless Mind* y *Broken Flowers,* respectivamente. Un buen movimiento, finalmente los hombres produjeron *Babel,* junto con el mismo Iñárritu, lo cual permitió que la película tuviera el apoyo de los estudios Paramount. Fue el primer proyecto en tener luz verde por el nuevo equipo de producción de Paramount: Brad Gray, que acababa de reemplazar a Sherry Lansing, dio la autorización para dar a la película un presupuesto de 25 millones de dólares.

Desde el punto de vista logístico, *Babel* era un filme complicado de producir. Requería a miembros del equipo (básicamente Iñárritu y su fotógrafo de toda la vida, Rodrigo Prieto) viajando de país en país todo el tiempo, y había que hacerse de equipos fijos en tres locaciones distintas. Iñárritu ha dicho que fue como filmar cuatro películas a la vez. Como los interiores de California se filmaron también en Tijuana, Iñárritu pudo sentirse en casa y llamar a algunas personas conocidas, casi todo el equipo de *Amores perros.* Iñárritu ya había tratado de trabajar con sus antiguos conocidos en *21 gramos,* pero como se filmó en Estados Unidos, tuvieron que dejar atrás a todos los que no hablaran inglés. Por otra parte, algunos del equipo original de *Amores perros* habían ascendido en sus propias carreras. Carlos Hidalgo, por ejemplo, había dejado el trabajo de asistente de dirección y se había convertido en cinefotógrafo. Como sea, la filmación en México fue una gran reunión de viejos amigos.

Una de las que pudo volver a trabajar con Iñárritu fue Tita Lombardo, gerente de producción de *Amores perros.* Lombardo fue productora en línea, de la parte mexicana de *Babel.* "Fue un verdadero placer trabajar en *Babel*", afirma, "entre otras cosas porque no me lo esperaba. Muchos habíamos sentido que perdimos a Iñárritu, que su cine sería hecho siempre fuera de México, así que fue una sorpresa muy linda trabajar juntos otra vez." Vale la pena recordar que casi todo el equipo había debutado en el cine con *El Negro* Iñárritu, y *Amores perros.* Aunque se habían conocido trabajando en comerciales años atrás. Estamos hablando de relaciones profesionales y de lazos emocionales que se enraizaban lejos en tiempo. En el espíritu de la nostalgia fue normal que González Iñárritu encontrara un papel para Gael García Bernal en esta nueva aventura. Además, Barraza, quien había sido su mamá en *Amores perros*, ahora sería su tía.

En *Babel*, Barraza hace una interpretación que le ganó una nominación al Oscar, en la categoría de mejor actriz de reparto. Barraza es Amelia, una nana mexicana que cuida a los hijos pequeños de un matrimonio que se ha ido de vacaciones a Marruecos. Un retraso en el viaje obliga a Amelia a llevar a los niños consigo a la boda de su hijo al otro lado de la frontera. Su sobrino, Santi (Gael García), los lleva a todos. Cuando ha terminado la fiesta y el muchacho vuelve hacia Estados Unidos (borracho), se encuentra con un policía fronterizo pesado y descortés. En un arranque decide escapar hacia el desierto, donde abandona a Amelia y a los dos niños. Los padres de los niños Cate Blanchett y Brad Pitt, en el papel de Richard y Susan, marido y mujer, están en un viaje en el que buscan desesperadamente rescatar una relación que, luego de un suceso funesto, se les está viniendo abajo. Hay más: el famoso retraso se debe a que Susan está al borde de la muerte, pues ha sido herida por una bala, disparada por dos niños marroquíes que jugaban con un rifle que les regaló su padre, un pastor que lo compró para proteger a su rebaño de los chacales. Como si no hubiera problemas suficientes para todos, el disparo es interpretado como acto terrorista, lo cual hace que el accidente adquiera dimensiones políticas de repercusión internacional. Los policías de Marruecos, para evitar sanciones de los Estados Unidos, están ahora obligados a encontrar a los culpables. En otra parte del mundo, en Japón, una muchacha sordomuda ha comenzado a rebelarse contra su distante padre, un hombre que se ha vuelto frío a causa de su viudez. La muchacha toma drogas y anda de fiesta en fiesta en desesperada búsqueda de afecto. Se expone en público y llega a ofrecerse sexualmente al policía que viene a visitar el departamento en la búsqueda del dueño de un arma, un rifle que hace mucho el padre de la muchacha regaló a su guía en Marruecos, después de una cacería. Como se ve, *Babel* demuestra la forma en que el mundo globalizado se cierra —y nos encierra a todos—.

Primero filmaron en África, en Marruecos. Habían audicionado a cientos de muchachos musulmanes en la comunidad árabe de

París, pero nadie convenció a González Iñárritu, quien decidió buscar intérpretes no-profesionales en su propio país. Anunciaron que buscaban a dos actores para una película, en una de las mezquitas de un pueblo marroquí. Cate Blanchett es una actriz que el director admira desde hace tiempo y Brad Pitt, estadounidense todo terreno, fue contratado, a decir de Iñárritu, por su celebridad: "Quería castigarlo un poco", dice riendo; "verlo avejentado, hacerlo un ser humano, tratar de hacer que la gente que viera *Babel* se olvidara que ése era Brad Pitt. De hecho, Pitt no se portó en absoluto como una estrella durante la filmación, entre otras cosas porque nadie sabía donde estaba filmando. Trabajamos en un pueblito sin luz a la mitad de la nada. Allí la gente es muy pobre y no tienen ni tele. Creo que al final esto ayudó, porque el de Pitt era un papel muy difícil."

Parece que la parte más complicada de la filmación fue justamente el país africano. A pesar de que Tita Lombardo no trabajó más que en México, lo cuenta así: "Marruecos parece haber sido la locación más difícil desde el punto de vista logístico, sin contar con el lenguaje, las condiciones generales y las estrellas que tenían que cuidar. Por otra parte, tampoco es que la sección japonesa de *Babel* haya sido un dulce."

Iñárritu dice que, como no le dieron permisos oficiales para cruzar la frontera con todo el equipo, tuvieron que filmar toda la sección americana en México, aunque un día estuvieron a punto de terminar en prisión porque retrasaron el tráfico de la mañana. México fue el alivio que necesitaban: "Una vez aquí, *El Negro* se sintió feliz y relajado. Estaba rodeado de cosas y asuntos familiares: El país, las condiciones climáticas y sobre todo el equipo. Estaba en casa", dice Lombardo. "Fue buena idea que las escenas en México se filmaran justo a la mitad, porque habría sido demasiado si de Marruecos hubieran tenido que irse directo a Japón, sin un respiro en el medio." La filmación en Marruecos comenzó a principios de mayo. Los diseñadores de producción tenían dudas sobre lo que sería mejor dejar al final. Cambiaron el calendario varias veces, pero al final decidieron que Tijuana sería el jamón en el *sandwich*.

Hay que decir que el calor había sido uno de los factores a tomar en cuenta. Justo por el calor había razones para querer abandonar la filmación en la frontera entre Méxito y Estados Unidos. El equipo y el reparto aguantaron altas temperaturas en el desierto de Sonora. Hubo cinco casos de deshidratación. "Yo coordinaba las ambulancias que iban al hospital. Adriana estuvo enferma en algún momento", ha dicho Lombardo. "Tijuana es una ciudad muy caótica, pero si puedes filmar en la ciudad de México, hacer algo en Tijuana es lo más fácil del mundo", bromea.

Fue un rodaje demandante así que, aunque todos eran muy profesionales y estaban acostumbrados a las presiones de tiempo, hubo una fecha en que ya tenían que estar en Japón y seguían filmando en México. El problema se hizo grande, pues los japoneses son poco flexibles en este sentido. "Se suponía que trabajaríamos en México cuatro semanas, pero al final hicimos cinco y aunque no parecería un retraso serio, es usual en el cine este tipo de retrasos, sí produjo problemas con la sección japonesa." Lombardo agrega que, a pesar de las restricciones de tiempo, la filmación en México fue divertida, con comidas, fiestas y todo. "Había una atmósfera excelente en el set, sobre todo por la familiaridad." Ayudó que hubiera crecido tanto la estatura de Iñárritu. Cuando hizo *Amores perros*: "Estaba muy nervioso, pero en *Babel* ya era un director establecido, reconocido. Se sentía confiado y seguro de sí mismo. Esta clase de cosas se contagian en el equipo. Era de lo más amigable y a todos nos hacía reír", cuenta Lombardo.

"Lo que sí: a Iñárritu le gustaba traernos a todos moviditos. Si una toma es complicada, a él le gusta hacerla tres o cuatro veces más complicada. Por ejemplo, cuando estaba en el desierto sucedió algo que era demasiado: Iñárritu y Rodrigo Prieto se consiguieron unas bicicletas para irse a buscar el lugar en el que querían filmar. Se perdieron a la distancia y se veían chiquitos como hormigas. Entonces *El Negro* dijo por radio: 'Justo aquí vamos a filmar.'" Lombardo coordinaba el movimiento de todos. Había que seguir las huellas del director en el desierto y transportar el equipo para poner la cámara exactamente donde él quería. "Yo pensaba, no veo ninguna diferencia. ¿Por qué lo filmamos allá y no aquí? Filmar en el desierto fue problemático. Había serpientes y, como estaban trabajando con niños, teníamos que tener cuidados especiales. Contrataron a un experto en ofidios. Todos los días, *El Negro* despertaba preguntando qué cuántas serpientes habían atrapado. Cuando el experto le mostraba dos, se ponía muy contento aunque la verdad", recuerda Lombardo, "yo creo que siempre le enseñaba las mismas serpientes."

Fuera de bromas, era cosa sería filmar en el desierto hasta las cinco de la mañana. A veces Rodrigo Prieto caminaba con cámara en mano, siguiendo a los niños con Adriana Barraza detrás. En la oscuridad, cualquier cosa podría haberles caído encima. Todas estas vueltas en el desierto vienen porque el personaje de Santi (Gael García) termina por ser el catalizador de la tragedia. "Él venía manejando y cuando se encuentra con el policía fronterizo... creo que su reacción es de nivel inmediato porque viene borracho. No es sorprendente, en la fiesta lo vimos bebiendo mucho."

La escena de la boda mexicana en *Babel*, es una gloriosa celebración. Se filmó en el pueblo de Tecate, con muchos lugareños. Iñárritu uso canciones de fiesta durante la filmación y no un *soundtrack*. El sonido es completamente ambiental. La técnica probó sus frutos: cuando menos con respecto a Gael, quien afirma: "No bailé mucho en la película, pero yo sé bailar. Me enseñaron mis primos que son del norte." Durante una escena, Santi se lanza al centro de la pista con una pistola que dispara al aire. Se trata sin duda de una interesante yuxtaposición de felicidad y amenaza que encapsula el carisma del personaje, quien es a un tiempo adorable y peligroso: en una escena memorable, sorprende a los niños enseñándoles como matar a una gallina torciéndole el cuello (los amantes de los animales se sentirán reconfortados al saber que usaron una gallina mecánica). Gael ha dicho que ver a los niños mexicanos y a los estadounidenses felices, jugando y mezclándose detrás de cámaras, fue lo más placentero de todo. Lombardo está de acuerdo: "Los niñitos de Estados Unidos eran adorables. Estaban descubriendo México por primera vez. Todo era nuevo para ellos, así que sus reacciones son muy genuinas." Iñárritu comenta: "Los niños preguntaban qué iba a suceder, pero no les decía todo: 'ya verás' les contestaba, así que cuando sucedía, con la cámara rodando, sus reacciones eran muy naturales."

En lugar de hacer un *Making of Babel*, como sugirió Paramount, *El Negro* Iñárritu contrató a dos jóvenes cineastas: Almeida y Rubio para hacer un documental, algo más serio que un simple "detrás de cámaras". En una de las secuencias de este documental, Gael García entrevista a los niños estadounidenses: "¿Cuáles son las diferencias principales entre México y Estados Unidos?" Los niños piensan: "Mh, creo que la comida ¡y la gente que vende en las calles!" Triste pero cierto, en Estados Unidos no hay tanta gente vendiendo cosas en las calles. "Pero el idioma es lo más diferente, concluyeron los niños."

Babel se remonta a la historia bíblica en la que Dios castiga a la humanidad por querer hacer una torre que llegue hasta el cielo. Los obliga a hablar muchas lenguas para evitar su soberbia. Los paralelos entre narración bíblica y película fueron bastante obvias. Iñárritu dice que en Marruecos el equipo se vio obligado a hablar seis lenguas distintas. Las barreras idiomáticas hicieron difícil llevar a buen término el objetivo de Iñárritu, de dirigir actores no-profesionales. "Fue complicado dirigir a gente en comunidades humildes... o a los sordomudos japoneses. Yo los dirigía en un idioma que ellos no entendían. Esto y encontrar una gramática visual fue lo más difícil de toda la película."

Como se desprende del título, la ruptura comunicativa es uno de los temas principales de *Babel*. En la superficie nos encontramos con la vulnerabilidad de Richard y Susan, quienes no pueden hablar árabe y conseguir ayuda; pero en un nivel más profundo, está el disparo de un rifle, un juego que termina siendo interpretado como un acto terrorista. El punto es claro: puede que las comunicaciones mejoren, puede que haya mejor tecnología; pero la globalización no necesariamente produce el entendimiento de unos con otros. No se trata simplemente de una cosa cultural o lingüística, en general los hombres en esta película no se pueden comunicar con sus hijos, por ejemplo. Esto habla de la dificultad de los gobiernos para alcanzar consensos y manejar mejor las fronteras.

La migración es otro de los puntos de *Babel*, sobre todo la migración mexicana hacia Estados Unidos. Se trata de una experiencia personal, pues Iñárritu tuvo que cruzar esta línea cada cuatro meses para renovar su permiso: "He tenido experiencias bastante desagradables con esos policías de Estados Unidos. Estas experiencias me ayudaron en *Babel*, al final de cuentas sirvió para algo haberme enfrentado con tanto policía xenófobo."

Gael dice que su personaje, Santi, está lleno de resentimiento y: "Es normal, es increíble la locura que encuentras cada que cruzas esa frontera. Es humillante tener que mostrar que eres inocente siempre que quieres cruzar. Tienes frente a ti a un loco xenófobo que usa pistola y es intimidante. Santi explota y toma el control antes de arriesgarse a que lo arresten, porque Amelia tiene un trabajo ilegal, así que es probable que Santi también. En todo caso, el alcohol hace ver a Santi una buena oportunidad de escape. El alcohol y un poco de honor, pero las cosas no funcionan así", comenta Gael. "Santi está reaccionando en forma primaria al ritual de humillación que viven todos los días millones de mexicanos cuando cruzan la frontera con ese país."

Babel era la primera película mexicana que filmaba Gael desde 2001. Rodaron en Puerto Peñasco, el lugar en el que muchos años antes grabó secuencias de *El abuelo y yo*. Había pasado tiempo desde que era un niño entrando en la adolescencia y estrella de televisión. Además de la oportunidad de trabajar con viejos conocidos, Gael disfrutó conociendo Tijuana: "Hay algo en el espíritu de este lugar, algo particular. Yo creo que Tijuana es uno de los lugares más humanos del mundo. Hay miles de conflictos, sientes que los problemas tienen que ver con la globalización. Tijuana es como un mosaico de lo que está sucediendo en el mundo. Y hay gente que no logra sobrevivir, pero admiro a quienes lo logran, a quienes no permiten que el gobierno de Estados Unidos los obligue a volverse exiliados en su propia tierra." Un día mientras tomaba un descanso de la filmación, Gael se fue a dar una vuelta por el parque. Se encontró con el enorme muro que el gobierno de Estados Unidos está construyendo en la frontera: "Esta gente es víctima de haber nacido donde nació. Esa frontera es una imposición." Para Iñárritu la pared es un gran monumento a la estupidez: "Es una vergüenza", ha dicho. Por otra parte, cuando ganó el Globo de Oro, recibió la presea justamente de las manos de Arnold Schwarzenegger y él, Iñárritu, no fue el único en ver la ironía de que el xenófobo gobernador californiano fuera justamente quien tuviera que entregar el premio a un mexicano. El que está construyendo una pared para no dejar pasar "mojados". Gael ha dicho: "Si no hubiera esa frontera, cambiaría totalmente la historia de *Babel*, al final los niños volverían a casa y descubrirían muchas cosas buenas; pero la pared, la xenofobia, ese es en el fondo todo el problema."

Desde la concepción del proyecto, García Bernal se interesó en las fronteras que dividen a los humanos: "Las fronteras mentales son, sin duda, las más difíciles de tirar: la estupidez, el nacionalismo, los gobiernos y las ideologías." Sin embargo, fueron otro tipo de fronteras las que debieron cruzar para estructurar *Babel*. Iñárritu dice que la marca de agua de *Amores perros* y de *21 gramos* fue justamente su estructura no lineal. La historia debía ser armada en la cabeza del espectador. Finalmente lo logró, con habilidad y oficio. Tanto él como Arriaga encontraron la manera sencilla de un ensamblaje tan complicado. La naturaleza discontinua de *Babel* es en realidad una reflexión en torno a la dispersión humana. Los confines simbólicos en el espacio y el tiempo pueden ser navegados por el espectador, hablan efectivamente del efecto globalizador que estamos viviendo, de la teoría del caos, según la cual un insecto en el Amazonas puede, con el batir de sus alas, desencadenar una tormenta en Nueva York. Estas cosas se exploran en forma inteligente en esta película: un rifle Winchester 280 que es fabricado en Estados Unidos, comprado en Tokio, regalado en el norte de África, termina hiriendo a una mujer estadounidense en Marruecos, lo cual afecta el desenlace de una boda en México. En el mundo de los celulares, el cable y el Internet, uno puede sentirse conectado, pero *Babel* recuerda que la humanidad es una misma. No hay teléfonos, ni cable ni Internet en el pueblo donde Richard y Susan han venido a parar. Ellos encuentran que el trato de la gente no es tan especial como están acostumbrados, sobre todo por parte de la policía: "Traté de construir una paleta humana en la que nadie destaca. Pitt no es más importante que un padre marroquí, aunque vivamos en una era en que la vida de una mujer de Estados Unidos parece ser más valiosa que la de un niño árabe; o de cualquier otro ser humano. Esto es falso y es justo lo que quería demostrar." *Babel* recuerda que todos tenemos en común la capacidad de sufrir, de herirnos. Es con base en esta premisa que surge la sospecha de que algo terminará mal. Se trata de algo que al principio el espectador sólo puede intuir, pero uno siente que todo confluirá en un momento espectacular.

El director agradece que Gael haya tenido el mismo compromiso que tuvo en *Amores perros*: "Es la clase de actor callado, concentrado. Una vez que entra en escena se transforma. Es en extremo dedicado." A su vez, Gael dice: "Todos caminamos mucho, pero el entusiasmo siguió siendo el mismo. Al principio estábamos un poco inconscientes de lo que estábamos haciendo, pero tuvimos que darnos cuenta del rigor artístico que requería esta película. Encontramos así la energía instintiva que necesitábamos; la misma adrenalina, pero con algo extra. Mientras más trabajas, más sabes, más piensas."

No todos ciertamente se estaban dando palmaditas y celebrándose durante la filmación: una fuerte diferencia entre Iñárritu y Arriaga explotó en el rodaje respecto a la autoría intelectual de la obra. Arriaga quería más reconocimiento. El guión original era suyo y se había molestado con algunos cambios que introdujo el director. La adolescente japonesa y sordomuda, por ejemplo, era una española ciega. La prensa hizo crecer los murmullos. Se dijo que Iñárritu había exigido, incluso bajo contrato, que Arriaga se mantuviera lejos del set. A partir de que Arriaga dejó de ir a visitar la filmación, crecieron los chismes. Hubo un juicio, se rumoró. Lo único cierto es que Arriaga declaró, por aquellas fechas, que su relación con Iñárritu estaba muerta y enterrada. El problema creció cuando González Iñárritu tuvo la curiosa idea de enviar a la revista *Chilango*, una carta en la que lamentaba "la injustificada obsesión de Arriaga por afirmar como única su autoría en esta película." El director se quejaba de que el guionista no parecía estar reconociendo que el cine es un arte de equipo y que implica una profunda colaboración. Escribió en la revista: "Nunca debes dejar de sentirte parte de este equipo. Tus declaraciones son desafortunadas en lo que respecta a este maravilloso proceso colectivo que hemos vivido y celebrado juntos." Aunque la carta fue escrita por Iñárritu, la firmó todo el elenco y la producción, incluido Gael García Bernal.

Poco después, Arriaga trató de poner las cosas claras y dijo a la prensa que él no había querido el reconocimiento total, que entendía que el cine es un proceso colectivo y que, de hecho, era eso lo que estaba objetando en línea con un congreso de guionistas europeos al que recientemente había asistido. En él, decía Arriaga, los escritores se quejaban de lo que sucedía con sus creaciones. Guillermo Arriaga declaró pues, que estaba buscando que se reconociera más el trabajo de los guionistas en general, y que la suya era una propuesta contra esos filmes que ponen: "una película de..." Lo que parece haber molestado al escritor de *Babel* fue que Iñárritu todo el tiempo se refería a "su" trilogía. El escritor dice que es injusto, porque todas las historias de *Babel* habían sido pensadas antes de conocer al *Negro*. Ahora, por más que Arriaga hubiese concebido todas las líneas narrativas antes; Iñárritu les dio un contexto, la globalización como tema. En pocas palabras, juntos armaron la historia de *Babel*.

Cuando a Gael García Bernal se le pidió que comentara el problema que había surgido entre guionista y director, él decidió alinearse con las mayorías, con Rodrigo Prieto, con Santaolalla, con Broch. Todos ellos declararon públicamente que hacer cine es un proceso colectivo. Por último, hay que decir que la prensa tuvo su cuota de culpa en esta explosión de malentendidos que produjo momentos desagradables. El director y el escritor declararían que se sentían avergonzados por sus desavenencias. Ambos se desearon genuina y públicamente mucha suerte para su carrera futura.

Todo parece indicar que los deseos fueron genuinos: Iñárritu y Arriaga fueron vistos juntos en la ceremonia del Oscar del 2007. En aquella ocasión y por desgracia, *Babel* fue derrotada en la categoría de mejor película por *The Departed*, un filme mediano dirigido por Martin Scorsese. Fue triste desde todos los puntos de vista. En el gran momento del cine mexicano, en la histórica ocasión en que ocho ciudadanos de México habían sido nominados (un record sin precedente), dos de las figuras clave del *boom* fílmico de este país estaban metidas en chismes de espectáculos.

Una vergüenza, sobre todo porque *Babel* y el Oscar del 2007, significaron el final de una excelente asociación creativa.

Los latinoamericanos en Estados Unidos

Los Oscares del 2007 vieron un enorme crecimiento en el número de latinos reconocidos. De los 18 hispanos que participaron ese año, nueve eran mexicanos: en el rubro de dirección, Alejandro González Iñárritu; en el de actuación, Adriana Barraza; en el de fotografía, Emmanuel Lubezky y Guillermo Navarro. Hubo también nominaciones en el departamento de sonido, y Gael presentó el Oscar a mejor cortometraje documental.

Siguiendo el despertar de la Nueva Ola de América Latina, Hollywood comenzó a alimentarse con una presencia cada vez más grande de latinos. Con la mitad de la población de California de origen hispano, no parece haber aquí casualidades. Los productores hollywoodenses han despertado a la realidad de que, demográficamente, los hispanos son un importante grupo al cual pueden —y deben— dirigir sus películas. Filmes como *La leyenda del Zorro* con Antonio Banderas o *Bandidas* con Penélope Cruz y Salma Hayek, pueden ser los típicos churros hollywoodenses, pero se ha comenzado a romper el molde para producir filmes con actores hispanos en toda clase de papeles protagónicos. En estas películas, no se han movido los estereotipos cuando se trata de hacer personajes al sur de la frontera de Estados Unidos. Las mayorías incultas siguen pensado que sus vecinos usan sombrero, hacen largas siestas a la sombra de un nopal y toman tequila. En general, se usa a los mexicanos para interpretar a policías corruptos y a traficantes de drogas. Tienen una visión limitada de un país con 106 millones de habitantes, que más que un apego a la realidad, refleja la ignorancia de los estadounidenses.

Los creadores fílmicos suelen pintar a México como un lugar casi mítico, exótico, en el que todo puede suceder. *El tesoro de la Sierra Madre*, de John Houston en 1948; y *The Wild Punch*, de Sam Peckinpah, promovieron esta clase de estereotipos. Existen aún clichés burlones, en películas como *La mexicana,* con Julia Roberts y Brad Pitt. Puede que haya películas que satiricen los clichés, pero hay productores que siguen usando el mismo común denominador. Incluso, la elogiada *Traffic,* que hizo ganar el Oscar al puertorrique- ño Benicio del Toro como actor de reparto, está llena de clichés y prejuicios; aunque la película pretende pasar como "realista", cual- quiera que hable español ha de notar que Del Toro interpreta a un policía mexicano con acento colombiano.

En términos del talento hispano que ha llegado a las grandes masas de Estados Unidos, la presencia latina ha tenido siempre un lugar significativo en Hollywood, pero es una presencia basada en lugares comunes. El mexicano Ricardo Montalbán y el argenti- no Fernando Lamas fueron los primeros *latin lovers,* y la brasileña Carmen Miranda fomentó el lugar común de la kitsch tropical. Las estrellas como Antonio Banderas, Penélope Cruz y Jennifer López, buscan reconfigurar los estereotipos. Ha surgido un gran número de personajes latinos, y aunque muchos de ellos (como Rosy Pérez) nacieron en Estados Unidos, otros como Andy García o John Leguizamo llegaron al país cuando eran jóvenes. El estadounidense de origen mexicano Robert Rodríguez saltó a la fama con *El mariachi,* una película que filmó en el pueblo mexicano de sus padres. Más tarde hizo *From Dusk Till Dawn* y *Sin City.*

En un ámbito latinoamericano, *Mary full of grace* habla de una muchachita colombiana que se ve tentada a volverse traficante de drogas. Protagonizada por la estadounidense de origen colombia- no Joshua Marson, fue rodada por completo en español y obtuvo una nominación como mejor actriz en el Oscar. Un trabajo típico fue *Spanglish,* que retrata a una sirvienta mexicana, interpretada, paradójicamente, por la española Paz Vega. *Spanglish* es un trabajo hecho de fórmulas, que apelan al sentimentalismo estadounidense y que retrata todos los clichés imaginables con respecto a América Latina en general y a México en particular.

Ahora, Estados Unidos busca reproducir el éxito del cine *Buena Onda,* en términos de grandes hitazos en taquilla. Y es que los la- tinos son la más grande minoría del país. Crece tanto que pronto se convertirá en la mayoría de la población. Uno podría pensar que los latinos se mueven en masas para ver estas películas, pero una observación minuciosa de los números revela que en general, los filmes de la *Buena Onda* son vistos por quienes siguen los circuitos artísticos y no por las masas. Luego de *Amores perros*, *Y tu mamá también*, *Los diarios de motocicleta* y *El crimen del padre Amaro*, todo mundo comenzó a esperar el siguiente éxito latino, y hubo quien pensó que sería *Secuestro express*; un frenético *thriller* de un secuestro en Venezuela, y dirigido por el caraqueño Jonathan Jakubowics. Puede que la película haya sido propositiva y que haya ofrecido suficiente realismo como para golpear las narices de los espectadores, pero es una película menor, carente de profundidad. Resultó, en todos sentidos, un fracaso. Como sea, *Secuestro express* probó que la industria no puede atraer al mercado hispano, con cualquier historia tonta que suceda en Latinoamérica y esperar un rotundo éxito comercial. Las películas de la Nueva Ola Latinoamericana han sido exitosas, fundamentalmente, porque son buenas películas. El que nada llegado antes a los grandes mercados se parezca a estos nuevos productos, se debe en muchos sentidos a que el talento involucrado en su hechura, es hoy maduro artísticamente hablando.

Las primeras películas de la *Buena Onda* fueron hechas por cineastas inteligentes, hábiles y con talento. Sus actores fueron solicitados por Europa y los Estados Unidos, de tal forma que se rompieron las fronteras industriales. Los BAFTA del 2005 incluyeron *Harry Potter y el prisionero de Azkaban*, de Alfonso Cuarón, financiada y hecha por completo en Inglaterra, en las nominaciones a mejor película inglesa. Algo similar sucedió con *The Constant Gardener*, dos años más tarde, un *flick* inglés dirigido por Meirelles que obtuvo, también en la Gran Bretaña, nominaciones en las categorías de mejor director y mejor película, gracias a *Ciudad de Dios*. Los BAFTAS acogieron también *Children of Men*, tanto en la categoría de mejor fotografía, como en la de diseño de producción. *Children of Men* es otro producto británico, dirigido por Alfonso Cuarón. En el festival internacional de Cannes del 2006, dos mexicanos lucharon por la Palma de Oro; *Babel*, financiada por Hollywood y *El laberinto del Fauno*, una producción española, financiada en México y dirigida por Guillermo del Toro. *El laberinto* es una fantasía gótica que se desarrolla hacia el fin de la Guerra Civil española. Guillermo del Toro había filmado en el 2001 *El espinazo del diablo,* en condiciones económicas muy similares. Arriaga e Iñárritu atrajeron la atención del mercado estadounidense. A *Amores perros* le siguió *21 gramos.* Más adelante, Guillermo Arriaga escribió *Los tres entierros de Melquíades Estrada,* ópera prima de Tommy Lee Jones. Arriaga escribió también en México *El búfalo de la noche.*

Los fotógrafos Rodrigo Prieto y Emmanuel Lubezki trabajan en obras que se producen en todo el mundo. Prieto ha sido nominado por su fotografía en la elogiada *Brokeback Mountain,* de Ang Lee. Por su parte, Lubezki consiguió un premio BAFTA por la fotografía de *Children of Men* y ha filmado *Ali, The Assesination of Richard Nixon* y *The Cat in the Hat.* En lo que respecta a Gael, luego de una serie de películas en lugares lejanos de casa, *Babel* significó su regreso a México, después del éxito taquillero de *El crimen del padre Amaro* en 2002.

Muchos técnicos mexicanos destacan en su trabajo fílmico al norte de la frontera: Carlos Hidalgo hizo *Clear and Present Danger.* Hasta la fecha, Hollywood sigue albergando a viejos pioneros mexianos, entre los que destacan Luis Mandoki, quien comenzó a vivir en California en la década de 1980. En muchos sentidos es justo decir que fue Mandoki quien abrió la puerta a la Nueva Ola de Cine de América Latina, entre otras cosas, porque fue el primero en emigrar, dada la falta de industria en México.

En México, hay que decirlo, el cine se hace por amor, no por dinero. En cualquier caso, si un director quiere utilizar las mejores cámaras y luces tiene que emigrar al norte del país. A México le falta tiempo para recomponer su industria fílmica. El viaje a Hollywood es otra faceta de la migración. Puede que no sea el mismo estilo de migración que denuncia *Babel,* pero también hay artistas y creativos que se ven obligados a cambiar de residencia, en busca de mejores posibilidades de vida. Roberto Aziz Nassif, en un artículo especial sobre el arte del cine en México, escribió para *El Universal:*

En casi todas las áreas de la vida pública está sucediendo lo mismo: el estado no es capaz de ayudar a su gente, es incompetente e impide cualquier tipo de regularización. Enfrenta inadecuadamente el mercado de Estados Unidos y permite pobres ganancias al país que tendría que defender. Puede que las cuestiones específicas varíen un poco, pero resulta claro que urge que el estado apoye y financie, una política cultural que permita a la industria del cine en México, hoy terriblemente deficiente, recuperar la solidez que tenía en tiempos del cine de oro.

En México, el apoyo a la cultura viene y va en ciclos de seis años, creando auges ficticios a los que siguen implosiones financieras. El apoyo cultural depende del gobierno en turno. El ex presidente Vicente Fox, por cierto, fue uno de los más desinteresados en todo lo que tuviera que ver con cultura. En uno de sus desplantes contra la cultura mexicana, Fox anunció un plan para quitar todo apoyo estatal al Centro Cultural Cinematográfico, la escuela de cine del Imcine. El plan de Fox incluía la venta de los estudios Churubusco, propiedad del estado. El ex presidente planeaba entregarlo a los especuladores de bienes raíces. Como dijo Cuarón en aquel tiempo: "La ironía es que cuando el cine mexicano comienza a atraer la atención del mundo, justamente Vicente Fox quiere acabar con él." Cuarón no fue el único en darse cuenta de lo que intentaba el foxismo. Unánimemente los cineastas e intelectuales condenaron el plan del gobierno, de tal forma que Fox tuvo que echarse para atrás. Sin embargo, el apoyo estatal a la producción fílmica siguió siendo muy deficiente, peor que en tiempos del PRI.

Hoy día, un cineasta que trate de levantar un proyecto con apoyo del Imcine, puede recibir como máximo 700 mil dólares, y sólo si tiene asegurado el resto del dinero. Dado que las películas más baratas cuestan al menos dos millones de dólares, el cine mexicano tine que sobrevivir con inversión privada. Y no es que la inversión privada sea mala en sí misma. Como ha dicho un columnista de *El Universal*, el problema es que el cine es sólo un ejemplo de los muchos sectores que necesitan apoyo estatal y que no están recibiéndolo. Por desgracia, las prioridades de los gobiernos neoliberales están en otras partes. Un gobierno comprometido con la educación y la cultura debería apoyar la inversión privada garantizándola, no sustentándose en ella. Sería posible implementar en México programas similares a los del Brasil en 2006: ofrecer exención de impuestos a los inversionistas, a cambio de apoyo a la producción, por ejemplo. En México, cuando se han tratado de echar a andar este tipo de iniciativas no se les da seguimiento. Los empresarios a veces no saben ni siquiera que existen. Además, los detractores del apoyo gubernamental dicen que promover la cultura desde el estado resulta, cuando menos riesgoso para ambas partes: las compañías no tienen por qué invertir en cultura, su misión es otra; la ganancia económica y no la promoción intelectual, tarea que, en cualquier gobierno democrático le corresponde al estado.

La exención de impuestos, afirma González Compeán: "Es una cosa buena para el cine, pero no desarrolla la industria. Los empresarios están pensando en evadir lo que tendrían que dar a la Secretaria de Hacienda. Estos empresarios dicen, 'muy bien, uno para ti y dos para mí, voy a hacer una película' o bien, 'voy a hacer como que hago una película'. Hay muchas irregularidades en este tipo de iniciativas, cosas que no se están pensando." El director Antonio Urrutia se aproxima al tema desde otro punto de vista: "La nueva ley de exención de impuestos permite hacer películas asquerosas, realizadas por gente que no tiene ni idea de lo que es el cine, gente con conexiones pero nada más. Sólo porque conoces al gran jefe de una compañía pueden obtener el dinero. Están haciendo cosas espantosas." Carlos Hidalgo trata de no hacer afirmaciones o juicios temerarios: "Es un hecho que la ley no está funcionando, pero es un avance de todas formas." El director de la Filmoteca, Iván Trujillo, dice: "Aunque la ley haya sido aprobada, se usa muy poco, no se menciona ni siquiera en el último boletín fiscal y es muy difícil para las compañías implementarlo." La mayoría de los involucrados en el arte del cine piensan que la mejor forma de apoyar el negocio es incentivando a los productores privados, no a través de la exención de impuestos, sino haciéndoles ver que el cine puede ser un excelente negocio, que el cine permite ganancias increíbles. Por desgracia, esto resulta una utopía en México, cuando menos ahora. Las condiciones para la recuperación de la inversión son bastante desfavorables.

Dos compañías dominan el panorama de la exhibición en México: Cinemex domina la mitad del mercado de la ciudad de México; Cinépolis domina la mitad del país. El poder de estas dos empresas es tan grande que pueden dictar sus propios gustos a favor o en contra de los productos mexicanos. Los exhibidores se quedan con el 60% de las ganancias y devuelven sólo el 40% a los productores y distribuidores. En otros países, las ganancias se dividen en forma más justa, 50% y 50%. Ahora, del 40% que dejan los exhibidores a los productores y distribuidores, la división favorece a los segundos; así que el productor que es el empresario, quien toma todo el riesgo en la factura de una película, se verá tratando de recuperar costos con menos del 10% de las ganancias en taquilla. Como se advierte, las condiciones que se viven en México para hacer cine son salvajes. Y ésta es sólo una muestra de lo que sucede a todos los niveles de la cultura en el país: "La parte más sucia de todo el negocio está en distribuidores y los exhibidores", ha dicho Carlos Hidalgo. "Los productores recuperan sólo entre ocho y 12 centavos de cada peso que han invertido. Así, el hombre o la mujer que de hecho hacen la película no están ganando con su inversión, los que se están llevando el gran trozo de pastel son los distribuidores, los tipos que venden las palomitas y los chocolates. Hasta que estas condiciones no cambien, en México será imposible hablar de una industria de cine."

La desigual división de ganancias ha llevado a proponer iniciativas que impongan cuotas de pantalla para hacer cine mexicano o tratar de conseguir que un porcentaje de cada boleto se reinvierta en la industria fílmica (como se ha hecho en Argentina). Y es que con las mínimas ganancias que les dejan los exhibidores, los distribuidores tienen razones para no querer echarse a las espaldas el riesgo de apostar por un filme mexicano que, además, necesita promoción. Está claro que si uno distribuye, es más seguro apoyar filmes que vengan desde Hollywood bien envueltos y listos para servirse. Por otra parte, las prácticas de competencia desleal que promueve el gobierno de Estados Unidos en todos sus productos se acentúan en el caso del cine, los grandes estudios obligan a los distribuidores mexicanos a comprar filmes "por paquete", esto es, si uno quiere distribuir el último éxito hollywoodense tiene que hacerlo proyectando también trabajos chatarra. "Como el mercado de Estados Unidos es tan grande y como estamos tan cerca de él, los productores nacionales somos un platillo desechable", afirma Compeán. "Si les das a los distribuidores una película mexicana que no funciona, a ellos no les importa. Ponen en el cine una película gringa al día siguiente. Sólo cuando hay escasez de películas puedes permitirte negociar los productos mexicanos y, claro, eso no sucede nunca."

El problema de la distribución y la producción local significa que, a pesar de que cada vez se hacen más filmes mexicanos, no se ha alcanzado un balance saludable que permita a la vez la proyección. Entre el 2005 y el 2006, se hicieron alrededor de 50 películas mexicanas. Sólo la mitad llegó a las salas de cine. Los raquíticos porcentajes de taquilla son lo que preocupa a los posibles inversionistas nacionales. "En cualquier país del mundo obtienes entre 25 y 30% de tu inversión de taquilla; además, está el problema de la distribución en tele, las ventas de DVD y las ventas internacionales", explica Trujillo, "porque en México, además de que el porcentaje de recuperación en taquilla es menor que en el resto del mundo, el productor depende al 90% de este único nivel. Los otros dos, la venta a televisión o en DVD simplemente no existen: la televisión en México está controlada por un bipolio sin escrúpulos que te paga lo que quiere, si quiere y cuando quiere y el mercado del DVD está completamente acaparado por la piratería."

Dice Compeán: "La televisión paga poco por las películas. Había comenzado a cambiar y el pago se hizo más justo, pero otra vez se fue para abajo. Las televisoras son un bipolio y no se interesan en absoluto en el cine, vas con una y si no le interesa tu producto la otra viene y te dice simplemente: 'Te doy tanto y ya está, ¿lo tomas o lo dejas?' En España, las compañías televisivas están obligadas, por ley, a dar algo de sus ganancias para la producción de cine, pero aquí no hay ese esquema. Tanto en el cine, como en la televisión, los cineastas están sufriendo las consecuencias de un Estado que permite que la industria comercial de la televisión pongan las reglas. Si las pantallas cinematográficas y las televisivas fueran reguladas pensando en los productores, el gobierno captaría inversionistas extranjeros que, con todo el talento que hay en este país, querrían hacer cine en México; y nuestros creativos no tendrían que estar emigrando." Con buena voluntad en el terreno legislativo, renacería una industria nacional autosuficiente. Pero permitiendo el capricho del libre mercado, no se puede implementar ninguna política cultural.

En Argentina, la opinión pública está conciente de que es al gobierno a quien corresponde apoyar la cultura. Gracias a sus capacidades visuales y auditivas, el cine es un medio muy poderoso, sobre todo en regiones como América Latina donde hay índices altos de analfabetismo real y práctico. Justamente por eso, el cine es una de las mejores plataformas culturales, no sólo para educar, también para crear un sentido de unidad nacional. En un país del tamaño de México, resulta importante crear una amplia variedad de filmes que reflejen toda clase de realidades. El cine es tal vez la forma más efectiva de ayudar al público a aprender de ellos mismos, como nación y como pueblo, para apreciar al país en conjunto e informar de sus carencias y necesidades. Como dice Gael García Bernal, la cultura es la única posibilidad de que el desarrollo económico se traduzca en desarrollo social.

Muchos mexicanos descontentos han hecho notar que el presupuesto del gobierno para asuntos culturales en el 2007, fue de sólo el 0.6% del Producto Interno Bruto. Menos del 1% que recomienda la UNESCO. Iván Trujillo compara la situación con la de otros países de América Latina: "Argentina protege a su cine como parte de la cultura nacional, en Chile y en Francia lo tienen claro; el cine no es un asunto de dinero, se trata de defender la cultura propia contra las imposiciones de Estados Unidos. Es una cuestión de identidad." Hidalgo está completamente de acuerdo y se muestra escéptico con respecto al Foprocine, el órgano a cargo de financiar los proyectos culturales fílmicos: "Es un callejón sin salida para los autores. Lo lamento, pero así es, todas las películas tienen que ser un negocio y en México no lo es. Es injusto que los impuestos de la gente se tiren con Foprocine porque los encargados de otorgar los presupuestos piensan: 'es dinero perdido' y hacen lo que se les da las gana, sin ningún interés por el asunto cultural." Dicho esto, vale la pena comentar que hoy el gobierno mexicano ha comenzado a gastar más en la cultura. Este gasto podría encaminarse a la producción de películas que no necesariamente tengan que recuperar su costo, filmes que a cambio de apoyo cumplan con un cometido social y cultural.

Favoreciendo las condiciones para promover el intercambio, podría asegurarse que el financiamiento privado apoyara proyectos comerciales mejor pensados. Los gobernantes de México tienen que darse cuenta que el cine y la cultura en general contribuyen a la economía de un país. Hay talento en México, pero no se aprovecha. "Existe la teoría de que sólo puede hablarse de industria fílmica en un país cuando éste produce al año un filme por cada millón de personas. Se dice, incluso, que no es sano hacer más", afirma Trujillo. "España hace 100 películas al año, el suficiente para llenar sus pantallas; en Argentina, producen más de las que pueden mostrar, pero su industria sigue siendo muy exitosa. Chile produce 15 películas, lo cual corresponde con sus 16 millones que pueden consumir cine. Si puedes hacer esto, tienes una industria fílmica saludable que no necesita apoyarse en las ventas fuera de tus fronteras. México produce alrededor de 40 películas y pocas recuperan su producción. Dado que somos 106 millones de habitantes, tenemos una audiencia suficiente para hacer más", concluye Trujillo. "Hay un enorme mercado ahí, una amplísima demanda", afirma Gael frustrado. "La industria tiene todo para volverse grande y creativa; en el verano reciente, las películas más exitosas fueron mexicanas. No entiendo, si hay demanda ¿qué está evitando que los exhibidores apoyen estas películas y las lancen al mercado?"

Mucha gente sospecha que las grandes cadenas están unidas con el mercado de Estados Unidos. Si esto fuera cierto, tendría que pedírseles que apoyaran al cine nacional. Ha habido planes de prohibir las importaciones fílmicas a México dobladas al español provenientes del extranjero (justo lo que hacen en Francia, Italia, España y en el mismo Estados Unidos), pero por extraño que parezca, la única esperanza realista parece venir justo del imperio del norte. Son los grandes estudios hollywoodenses los que han tomado la iniciativa en México. De acuerdo con los números que maneja la distinguida revista brasileña *Carta capital,* las películas nacionales se llevaron sólo el 6% de los boletos vendidos en el país durante el 2006. En Brasil el número fue de 14% y en Argentina de 10%. México está retrasado de sus dos tradicionales compañeros en la industria latinoamericana, a pesar de que Brasil y Argentina tienen los mismos problemas estructurales.

Hay otros problemas en el mercado de América del Sur: el mercado brasileño, por ejemplo, no produce usando el financiamiento privado, aunque es capaz de atraer a cinco millones de espectadores y una película brasileña puede pagarse a sí misma: *Carandiru, Estación Central* y *Los hijos de Francisco* (un éxito brasileño del 2005 que trataba de dos estrellas de música folclórica) quedaron enlatadas en su país de origen. Dice Babenco: "Las reglas del mercado son severas y estamos compitiendo con otros pasatiempos simples. La gente que debería ver películas brasileñas no tiene ni siquiera 30 reales para hacerlo. Si el cine costara seis reales (esto es, tres dólares) todos irían al cine. Con todo y sus problemas, las iniciativas fiscales en Brasil son más eficientes que en México, donde están en una suerte de "periodo de prueba" y podrían ser desechadas en cualquier momento.

En México crece la idea de que los beneficios que puede traer una sólida industria fílmica son muchos. Para empezar, serían un espejo de la realidad del país, un espejo que ayudaría a responder las preguntas de la población: ¿quiénes somos? y ¿qué queremos hacer con nuestro futuro? La distribución a nivel regional favorece a Hollywood, lo que redunda en que las películas del continente no se estrenan en países vecinos. He aquí por qué los mexicanos no ven cine argentino, y viceversa.

La piratería es otro factor. Es un fenómeno serio que provoca frustración, así como el monopolio televisivo. Ambos asuntos tendrían que revisarse en toda América Latina si es que los gobiernos quisieran sustentar una industria, para que el trabajo que se ha hecho en los últimos años deje al futuro un legado permanente. Si no se comienza a apoyar el cine en estos países, el talento se va a ir más allá de sus fronteras: los cineastas se van a ir y con razón.

Escena de la película *Déficit*

Déficit

Nada demuestra mejor el carácter de Gael García Bernal que Canana, la compañía productora que estableció con Diego Luna y Pablo Cruz. La finalidad de Canana es ayudar al cine en México, permitiendo a los autores abordar temas ignorados por las tradicionales compañías productoras. No se trata sólo de un negocio, sino de un proyecto social comprometido con el desarrollo de la cultura en el país. Si quisieran hacer dinero rápido y fácil, han dicho, invertirían en cualquier otra cosa. Gael y Diego están al centro de un remolino de energía creativa en el cine de México, y se sienten obligados a devolver energía al mismo medio que proyectó sus carreras. Quieren asistir a la gente que desea hacer cine.

Diego y Gael estaban jugando con la idea de formar una trouppe de teatro, cuando les vino al pensamiento algo mejor, iniciar una compañía productora. El problema es que no sabían cómo dirigir un negocio. Pero Pablo Cruz, viejo amigo de Gael en Londres, si que sabía: Cruz había fundado su propia compañía de publicidad en España, *Lift*, una aventura bastante exitosa. Ahora estaba dispuesto a venderlo todo, tomar el efectivo y establecer, con Diego y Gael, Canana producciones.

La compañía se fundó en el 2005. Cananas son los cinturones cruzados al pecho que usaban los revolucionarios mexicanos. El nombre funciona bien; sugiere una guerrilla del arte, una filosofía de "filma como puedas". García, Luna y Cruz han estado involucrados en proyectos que han sido levantados con esta actitud de "ve y hazlo por ti mismo". ¿La industria de cine en México no es lo que debería?, pues bien, no hay que quedarse cruzado de manos esperando que las cosas cambien. Hay razón para creer que la industria doméstica no obtendrá el apoyo que necesita por parte del gobierno. Hay que tomar las iniciativas. Gael habla del tema: "hacer cine en México es difícil si no te produces tú mismo. Así que, lo mejor que puedes hacer es arreglártelas para producir con poco dinero." Cruz retoma esta idea: "No hay tiempo para seguirse quejando de la falta de recursos."

Gael sabe que lograr que una película se haga es complicado en cualquier parte, pero lo es más en un país en el que hay pobreza extrema. Hay un sentido práctico en esta reflexión: moralmente, en un país como México, es necesaria una aproximación de bajo presupuesto al cine. "Uno debe estar consciente de lo que sucede a tu alrededor. No puedes estar gastando tres millones de dólares en una película, cuando hay gente que no tiene dinero para comer. Se trata de hacer obras razonables. Si una compañía productora 'normal' tiene un presupuesto de cinco millones de dólares, pues nosotros tenemos una cuarta parte y queremos hacer tres películas."

Gael García y Diego Luna son la cara pública de Canana producciones. Prestan a la compañía su estatus de estrella para proyectar una imagen y asegurarse de que haya inversión. Pablo Cruz es el cerebro operativo. Habiendo comenzado como fotógrafo, su pasión por las películas de Ken Loach lo condujeron a Inglaterra donde conoció a Gael. Pablo Cruz estudió teoría de cine en el London College of Printing, ha producido documentales en África y publicidad en España. En septiembre del 2007, la prestigiosa revista Variety colocó a Pablo Cruz en la lista de los 10 productores jóvenes que había que tener en la mira. Cruz ha dicho que se siente halagado con esta clase de reconocimientos, y con respecto a Canana afirma: "Nosotros no estamos haciendo películas por un asunto de diversión, sino porque queremos cambiar la realidad, el estado de las cosas o contribuir de alguna manera con las historias que estamos produciendo."

El éxito que tuvo con Lift demuestra que Pablo puede ser un negociador agudo y sutil. Cruz afirma que hay mercado para películas que muestren a México como realmente es, tanto en casa como pasando las fronteras. Una de las primeras metas de la compañía fue encontrar distribución doméstica para la película El violín, producción en blanco y negro de Francisco Vargas, que trata de campesinos revolucionarios. A pesar del éxito ante la crítica del El violín en los circuitos de festivales y su participación en la sección Un certain regard de Cannes, no encontró ningún distribuidor que quisiera apoyarla en el país. Canana apostó por encontrar audiencia para la película y ciertamente consiguió un éxito taquillero que venció a estrenos más publicitados. El destino de la película *El violín* demuestra las capacidades de Canana Producciones. Pablo Cruz cita el filme *Cochochi,* como ejemplo de las razones de existir de su compañía. *Cochochi* trata de los rarámuris, un pueblo tarahumara nativo del noroeste de México. La película cuenta la historia de dos hermanos que están buscando un caballo que se les ha perdido. Explora la vida de los rarámuri en su lengua nativa. El apoyo que brindó Canana a *Cochochi,* atrajo a otro inversionista; la compañía productora *Buena Onda* LTD, de Donald K. Ranvaud, de Londres; lo cual elevó el presupuesto a 400 mil dólares. La película consiguió ser distribuida por *Focus Features* en sociedad con Canana. *Focus* (con el seudónimo de *Good Machine International)* también estuvo involucrada en la distribución de *Y tu mamá también, Los diarios de motocicleta* y *La mala educación.* El trabajo de Gael en Canana ayudó a que otra película, *Drama/Mex,* de Gerardo Naranjo, abriera en la semana de la crítica en Cannes. Asimismo, la película se presentó en el festival de cine de Londres en 2007. Cuenta tres historias que se entrelazan en el puerto de Acapulco.

Por supuesto, tener tu propia compañía de producción permite ciertos lujos: dirigir tu primer largometraje, por ejemplo. Diego Luna se ha inclinado por la dirección de documentales y escogió a Julio César Chávez como sujeto de su primer trabajo. Chávez fue uno de los mejores boxeadores mexicanos, cuando Diego y Gael estaban creciendo. Su historia es a un tiempo dramática y gloriosa: el campeón fue manipulado por promotores y usado incluso por el presidente de la República Mexicana para hacer crecer su prestigio personal. El documental de Diego Luna se estrenó en Tribeca, Nueva York, y por supuesto, Gael estaba ahí para apoyar a su amigo de toda la vida. García Bernal se involucró en la producción de otro documental: *Santa Muerte,* de Eva Aridjis. Y entre otras cosas, hizo la voz del narrador. Los documentales juegan un papel clave en la operación de Canana: son el origen de la compañía.

Después de apoyar *Trópico de cáncer,* de su amigo Eugenio Polgovsky, obra que hizo como parte de sus estudios en el Centro de Capacitación Cinematográfica, Gael se sintió frustrado al ver que un trabajo bien hecho, no encontrara ninguna distribución. Comenzó a idear formas de promocionar la película y ha dicho lo siguiente a la conferencia de prensa organizada por *The guardian* en el National Film Theatre:

> ¿Cómo distribuyes una película cuando no tienes dinero? Pues le dices a la gente que es buena. Justamente esto fue lo que hicimos. Y un amigo nos dio una idea: hacer un tour de *rock*, pero con documentales. Cuando mi amigo me lo dijo, yo estaba borracho y me sonó súper bien. Fue difícil levantarse al día siguiente para formular la estructura. El caso es que elegimos 20 documentales para llevarlos por todo el país. Entonces alguien dijo: Oigan y... ¿con qué dinero vamos a hacerlo? Tuvimos que comenzar a pensar en cosas en las que nunca habíamos pensado.

Fue justo aquí donde entró en juego el talento de Pablo Cruz y Canana comenzó a existir con un primer proyecto: hacer una gira de documentales ambulantes. Abrieron en el Festival de cine de Morelia apoyados por Cinépolis, quien les dio la proyección en 15 ciudades (algunas de las cuales no habían visto en cine un documental). El de Canana era ciertamente un proyecto revolucionario, Gael y Diego dieron publicidad al *tour* logrando que tuviera cobertura de prensa, lo cual permitió que las salas pudieran cobrar la mitad del precio normal. Al final, se proyectaron 19 filmes durante una semana. Todos estos, producciones mexicanas. En estos documentales destacaba *Trópico de cáncer*, un trabajo sobre familias enteras que se dedican a vender animales (vivos o muertos) en las carreteras de San Luis Potosí. Otra producción interesante fue *Toro negro*, de González Rubio y Carlos Armella. Es un filme que habla de la vida de algunos toreros indígenas y que llevó al dúo de directores a ser invitados a rodar el *Making off* de *Babel*.

El proyecto de la presentación de documentales se llamó *Ambulante* y tuvo buen éxito. Atrajo a un respetable número de gente y fue la plataforma para que algunas de las películas que se mostraron llegaran al festival *Mexican Cinema Now* en el National Film Theatre de Manchester. Hubo una nueva temporada al año siguiente y el *tour* creció en tamaño y metas: Se presentaron 30 filmes con un total de 20 mil espectadores; las secciones se dividieron en Documental, *Injerto* (para películas experimentales), *Testigo* (para películas sobre violaciones a derechos humanos) y *El corte del dictador* (para películas que hubieran sido censuradas). De estas últimas, Gael García Bernal ha declarado: "Es una obligación moral ir y verlas." En su segunda emisión, Ambulante llegó a Noruega. En el futuro se tiene planeado hacerlo en España.

La compañía Gucci comenzó a trabajar con Canana. El diseñador italiano otorgó fondos para una beca que ayuda a completar ocho documentales atorados a la mitad de su producción. Se trata de una iniciativa importante, sobre todo si se tiene en cuenta que para los directores de documental, uno de los principales problemas es que se suelen atascar sin fondos a la mitad de su producción.

No fue por supuesto sólo *Trópico de cáncer* lo que inspiró la fundación de Canana. Los jóvenes empresarios dicen que los documentales ayudan al país a entender lo que significa ser mexicano y lo que pueden esperar en el futuro: sirven para politizar a la juventud. Más allá de los beneficios culturales y educativos que hay en promover documentales, el equipo de Canana quería inspirar a los cineastas a filmar películas con bajos recursos. Se requiere sólo, como dicen ellos, de buenas ideas y mucho entusiasmo. Ha habido comentaristas que afirman que Canana ha puesto en vergüenza a muchas instituciones del gobierno, demostrando rápida y eficientemente la forma en que se debe promover la cultura en un país como México.

Asegurando más tiempo de pantalla para los documentales en el cine, el siguiente paso era conquistar el mercado de la televisión. En México las pantallas están dominadas por las telenovelas que suelen romantizar la realidad nacional. Sin duda, la proyección de documentales podría balancear la calidad.

Finalmente, Canana ha dado a Gael la posibilidad de debutar como director con *Déficit*. Ha dicho en el National Film Theatre:

> La película que hice surgió de un taller de televisión. Queríamos hacer 32 historias en México, una por cada estado de la República. Yo quería hacer una en Guadalajara porque nunca he visto una película que retrate mi ciudad. Guadalajara tiene seis millones de habitantes y

es obvio preguntarse por qué nadie ha hecho una película allí. El formato no era difícil de venderse en la televisión. El caso es que una de las historias trata de la forma en que los militares están coludidos con los narcos, otra sobre la gente secuestrada en la playa, otra sobre una mujer secuestrada en Ciudad Juárez y así. Las estaciones de televisión no quisieron ayudarnos. Tampoco conseguimos financiamiento privado, pero algún día queremos hacerlo para documentar México. Como sea, escribí esta historia que sucede en Morelos, al sur de México, porque era la mejor forma de financiarla.

El hecho de que la película sucediera en Morelos resulta interesante, pues está estrechamente relacionada con el concepto original. En Londres cuando estaba haciendo *Bodas de sangre*, Gael y dos amigos daban vueltas en *Whitechapel* por la mañana, luego de una juerga: "Estábamos borrachos y uno comenzó a bailar. Hacía mucho frío y dijo: '¡Vámonos a Tepoztlán!' 'Imagínate que nos echamos a una alberca,'" contó Gael. Tepoztlán es un pueblo cerca del Distrito Federal, donde la gente rica va de fin de semana. "Comenzamos a imaginar el personaje del *yuppie* que va a su casa de campo, y trata de evitar a toda costa que su novia venga a la fiesta que comienza a armarse. Kyzza Terrazas era una de las compañeras de parranda aquel día. Fue ella quien tomó la iniciativa de escribir el guión. Gael tenía muchas anécdotas de niños ricos que hacen fiestas en casas de campo con amigos y... "en la película, su novia dice que vendrá, pero él mientras tanto conoce a otra niña que le gusta y él decide darle a la novia indicaciones equívocas para que no pueda venir", explica Terrazas. "Éste era el esqueleto en la cabeza de Gael."

El título *Déficit* resulta apto a varios niveles: los personajes son todos ricos, pero hay algo que les falta, tienen un déficit. Además, la palabra remite al México en el que crecieron Gael y todos los de su generación, con devaluaciones y crisis económicas. Déficit fue una palabra común en su vida desde que era niño aunque en aquel tiempo no entendía lo que significaba y la influencia que tenía en la vida cotidiana de todos los mexicanos.

Con el guión terminado y revisado en diversos talleres, creció la confianza en el proyecto. El financiamiento comenzó a llegar.

Finalmente llegó la hora de levantarse y comenzar a rodar: Canana había estado promoviendo una actitud proactiva hacia el cine, así que había que poner el ejemplo. Audicionar a los actores resultó más difícil de lo que imaginaba el novel director. Era complicado estar al otro lado de la lente. Ha dicho Gael al diario mexicano *El Universal*: "No conocía a Camila, pero en cuanto la vi me di cuenta que tenía el carácter adecuado. Lo mismo sucede con Tenoch, y ahí están mis amigos Malcolm y Álvaro para quienes escribí especialmente sus partes." Camila Sodi es una joven actriz de la ciudad de México. Trabajó como contrafigura de Diego Luna en *El búfalo de la noche*, de Guillermo Arriaga. Por su parte, Malcolm Llanas y Álvaro Verduzco son amigos de Gael desde la infancia, y para hacerlo todavía más familiar, Eugenio Polgovsky, director de *Trópico de cáncer* (la película que inspiró la fundación de Canana), hizo la fotografía. El papel principal fue para Gael. *Déficit* cuenta la historia de Cristóbal, un muchacho con un estilo de vida muy alto: estudia economía y está a punto de irse a estudiar a Harvard. Tiene un amplio círculo de amigos con los que decide organizar un día una fiesta en su casa de verano. Conforme avanza la trama, Cristóbal encuentra que le gusta Dolores, una hermosa argentina que viene a la fiesta con un amigo. A través del celular, Cristóbal da a su novia indicaciones equívocas para que se aleje de casa, se pierda y le dé la oportunidad de acercarse a Dolores.

La trama es bastante simple, pero el espectador agudo puede ver que el mundo de Cristóbal no es todo lo perfecto que parece. Para comenzar Cristóbal es familiar de un político corrupto y vive una situación difícil con el hijo del jardinero, quien alguna vez fue su amigo en la infancia. Finalmente, las diferencias de clases los apartaron. Las barreras sociales están en todas partes, se van revelando conforme la fiesta se sale de control y las vidas de todos se van descubriendo. *Déficit* se filmó en marzo del 2006, en Tepoztlán, en una casa alejada del centro del pueblo. Filmaron, a la orilla de un riachuelo y en las faldas del Tepozteco. Allí, por cierto, los interrumpió un pastor molesto porque le pidieron que llevara a comer a otro lado a sus vacas. Él gritaba que era absurdo tener que cambiar de lugar a sus animales por algo tan tonto como una película.

Gael estaba interesado en hacer cine desde que trabajó en el teatro. Luego, cuando comenzó a actuar en películas, el interés creció. Al final, hizo *Déficit*. Ya había sucedido que mientras García Bernal filmaba *Y tu mamá también* se la pasaba preguntando al fotógrafo y al director asuntos técnicos. Se sentía fascinado por el proceso. Ha dicho a *In The Wire* que era inevitable que un día u otro se decidiera a dirigir su propia película. La oportunidad se le presentó así: "Necesitas razones claras por las que tu historia debe existir." En este caso, la corriente política que está por debajo de la historia, fue la razón principal. Por ella, Gael escribió y dirigió *Déficit*.

El actor y ahora director dice que si uno quiere ir más allá de los lugares comunes y quiere filmar en México, ayuda la crítica. Al enfocarse en las clases ricas, *Déficit* se dirige a una sección de la sociedad que ha sido pocas veces retratada. Gael se siente orgulloso de lo que hizo, dice que dirigir fue una hermosa experiencia y que lo volvería a hacer, aunque la actuación sigue siendo su centro, su pasión. "Me gusta actuar porque tienes más tiempo para concentrarte. Dirigir estresa y asusta, nunca terminas. Vas a 1000 por hora." Cuando se le ha preguntado cómo se sintió dirigiendo a Gael García, responde: "Es un actor terrible, no me escucha, hace lo que se le da la gana."

El hecho de haber trabajado con Almodóvar, Cuarón e Iñárritu le ha dado tablas; ha encontrado en ellos, modelos de crecimiento: "Hubo situaciones en las que pensaba: ¿qué hubieran hecho ellos? En especial Cuarón, aunque a decir verdad, tienes que asesinarlos para ser tú, pero sí les pedí ayuda. Salles, Iñárritu y Cuarón estuvieron en Cannes junto con Bardem y Diego Luna, cuando se estrenó *Déficit*. La película se presentó en el mismo festival donde siete años antes Gael se había dado a conocer al mundo con *Amores perros*. En general, la ópera prima de García Bernal fue bien recibida. Iñárritu ha dicho que fue un buen paso en el inicio de su carrera como director. "Tiene sus faltas, pero hacer toda película es en el fondo una cosa heroica, seas actor o no."

Hay otros que han dado al trabajo de Gael el beneficio de la duda, aunque hay problemas en la película que resultan difíciles de ignorar. *Screen International* ha dicho que si en una película fuera suficiente el compromiso y las buenas intenciones, *Déficit* sería una obra maestra, pero las cosas evidentemente no son así. La pésima calidad en el sonido, por ejemplo, impide entender lo que dicen los invitados, algo imprescindible para entrar en la profundidad de los personajes. Tampoco ayuda, que ni el fotógrafo ni el director tuvieran idea de dónde poner la cámara. Gael está de acuerdo, dice que cuando comenzó a editar se dio cuenta de que hubo muchos errores. Duro, pero el actor prefiere no entrar en detalles. Un joven descontento con la película se apareció en el festival de Morelia, donde fue el estreno. Durante un foro abierto, luego de la presentación de *Déficit*, le dijo: "No me gustó, no sé, no entiendo qué querías decir." Gael pasó de largo: "Pues no voy a explicarte la película, si lo hiciera estaría haciendo trampa. Si no te atrapó es tu derecho. Como sea, agradezco el comentario." Otro miembro de aquella audiencia fue el director Stephen Frears quien dio su apoyo total a la ópera prima de Gael.

Muchos críticos coinciden en decir que fue un trabajo prometedor. En muchos sentidos inédito, un logro enorme con tan bajo presupuesto, pero la actuación del mismo Gael aparece carente de sus típicos encantos, de la chispa natural y la sutileza que lo caracterizan. Tal vez esto se debió a que sus energías estaban repartidas en muchas disciplinas. El gran elogio fue dirigido a los temas que explora; temas que pocas películas, libros o programas de televisión han tocado: los ricos, los privilegiados. Aquí, las clases altas del país son mostradas en toda su decadencia, sobre todo en el contraste con los marginales representados en el personaje del jardinero. *Déficit* es una seria crítica del racismo y de los legados del colonialismo que perviven en México. Para algunos comentaristas, estos temas sabrosos apenas se tocan, no se profundiza en ellos; otros piensan que fue un delicado retrato de la vida cotidiana de los mexicanos que, desgraciadamente, no pueden encontrar la forma de vivir juntos en armonía.

Déficit fue grabada en digital y luego pasada a 35 milímetros. Dura 65 minutos, buenos para un primer largometraje. El acabado técnico y temático está bastante logrado, cumple con su propósito de abrir brecha a jóvenes cineastas y mostrar que hacer una película no tiene por qué ser un asunto de cantar, bailar y llenar la pantalla de efectos especiales. Desde estos puntos de vista, *Déficit* fue un éxito capital. "Dirigir es cosa de ponerte en el centro de la tormenta y ser golpeado. De cierta forma sabes que vas a ahogarte y te da miedo, pero también es emocionante", ha dicho Gael. Y agrega: "Lo más importante de todo es que si tienes algo que decir, no hay nada que perder y por si fuera poco, vas a aprender muchas cosas."

El pasado

En *El pasado*, García Bernal interpreta a Rímini, un hombre con problemas en el amor: su compañera actual es una loca celosa; Sofía, su ex-esposa, está decepcionada de la naturaleza de su relación y él, está atrapado en la cocaína y otros vicios. Los medios argentinos interpretaron el filme como un ejemplo de "la vida imitando al arte": Natalie Portman vino a buscar a Gael a Buenos Aires, sin avisar.

El pasado es una adaptación de la novela de Alan Pauls. Fue dirigida por Héctor Babenco, quien recientemente había impresionado a la crítica y el público con *Carandiru*. Esta era la segunda vez que Gael aparecía en un filme basado en un texto de Pauls: *Vidas privadas* fue escrita por él, junto con Fito Páez. Aunque quiere bien a Gael, Pauls se sorprendió cuando supo que Babenco quería adaptar su novela de 530 páginas con Gael como protagonista. El escritor se puso a trabajar: lo hizo durante 18 meses con Marta Góes. *El pasado* comienza contando los detalles de una amigable, aunque dolorosa separación entre Rímini y su esposa Sofía, luego de 12 años de vida juntos. Sin muchos aspavientos, se dan a la tarea de desmantelar el departamento en el que han vivido juntos y tienen que comenzar a dividir lo que ha sido de dos. Lo hacen en forma —aparentemente— madura y todo parece indicar que los antiguos esposos seguirán siendo buenos amigos. Las cosas demuestran ser difíciles, cuando Rímini comienza a salir con Vera. La ex-esposa pierde toda compostura y comienza a actuar en forma irracional. La premisa del libro es que cuando termina la relación de dos amantes, uno termina convirtiéndose en el fantasma del otro. Efectivamente: Sofía se transforma en el fantasma de Rímini, no lo deja ni respirar ni vivir.

Babenco ha dicho que le atraen los personajes fuera de realidad, gente que esconde a la locura detrás de una pantalla de control. Al principio, Alan Pauls no podía imaginar a Gael interpretando a

Escena de *El pasado* con Moro Anghileri

Rímini, aunque tampoco le desagradaba la idea: "Me encanta Gael: es inteligente, guapo y un excelente actor, pero tenía que redescubrirlo, porque Rímini no tiene mucha cara en la novela. Es más bien una mirada, un punto de vista." ¡Justo! No podía haber nadie más adecuado para interpretar al punto de vista que un par de ojos: los de Gael García Bernal. Y es que Babenco quería a alguien taciturno, alguien que diera tiempo a los silencios; que supiera llevar adelante una dolorosa, pero resignada existencia. "Le dije a los productores argentinos que quería a Gael García, y ellos me dijeron que sería imposible." Imposible. Palabra dura para Babenco: "Leí que estaba actuando en *Bodas de sangre*, así que le llamé a Walter Salles, le pedí el correo electrónico del actor; sólo le anuncié que iría a verlo a Londres, que vería la obra y que me gustaría tomarme un café con él." Por aquellos años (contó Babenco al semanario Brasileño *Carta Capital*): "El realizador no tenía ni siquiera listo el guión. Hablamos en Londres, y Gael me dijo que cuando lo tuviera listo que se lo enviara, por favor."

"Cuando por fin estuvimos de acuerdo y teníamos el libreto, recordé que Stanley Kubrick no dejó que sus inversionistas vieran sus guiones: llamaba a la gente a su casa y leía con ellos ahí mismo. Así hice, llamé a Gael por teléfono y le pregunté '¿dónde estás?' Yo pensaba moverme a donde fuera, a México o a Tailandia, pero cosa curiosa, me dijo: 'estoy en Argentina, en Buenos Aires.' Aprovechando la enorme casualidad, me reservé una suite en la capital Argentina, hice una cita con él e invité a dos actores muy amigos míos, para que nos ayudaran con la lectura. Leímos y conversamos durante dos noches seguidas." Una noche después de haber terminado, fue Gael quien llamó a Babenco: "Págame lo que quieras, pero no seas malo, déjame hacer el papel de Rímini", le dijo. "Llegamos a una suma que era como una tercera parte de lo que le pagó Almodóvar", confiesa Babenco. García Bernal estaba tan interesado en trabajar en *El pasado*, no sólo porque le había gustado el guión o porque estaba basado en la novela "de culto" de Alan Pauls, sino porque se había dado cuenta de la importancia de trabajar con el mítico director argentino-brasileño, Héctor Babenco.

Cuando tenía 14 años, José Ángel García, su padre, lo llevó a ver una película brasileña. Se llamaba *Pixiote*. Trataba de la vida de un grupo de niños que roba, se prostituye y se gana la vida en las calles de Sao Paulo. Gael se impresionó muchísimo. Ahora sentía que trabajar con el autor de aquella obra maestra era un honor. El compromiso de Gael con el filme, consiguió que la película se fuera para arriba. Las expectativas de un trabajo en el que compartirían créditos García Bernal y Héctor Babenco atrajo las miradas de todo el mundo, incluyendo por supuesto a las actrices. Toda actriz joven de Buenos Aires quería tener la oportunidad de ser coestelar de Gael, bajo la dirección de Babenco.

El rodaje comenzó en Buenos Aires en 2006. El director ha comparado el proceso a una corrida de toros. Según él, lo más difícil fue la resistencia de los técnicos argentinos a obedecer sus órdenes. Y es que aunque Babenco es argentino por nacimiento, se siente incómodo en su país natal. Para empezar lo incomodaban los paparazzis y luego, cuando se estrenó la película la reacción fue rara. Tuvo una respuesta desfavorable que Babenco interpretó así: "A los argentinos no les gusta verse reflejados." Si así fuera, las que tuvieron más problemas identificándose con los protagónicos fueron ellas, las mujeres argentinas. "Es que todo está contado desde el punto de vista de Rímini", ha dicho el director. "En todas las relaciones son las mujeres las que están al mando, me consta, pasiva o activamente la mujer siempre está en el campo de juego hasta que finalmente se cansa y se va a buscar otras realidades." Vale la pena recordar ahora que Héctor Babenco se ha casado cuatro veces. "Rímini, el hombre de la película no es víctima de las mujeres, no provoca lo que le sucede", agrega Babenco. "Es un hombre pasivo, no el típico protagonista de hoy. Es un héroe tipo Antonioni, un tipo en lo más profundo de una crisis de identidad y, como no tiene nada que decir, mejor se queda callado. El silencio: ¡eso es lo que habla en él! ¡El silencio!"

El pasado le dio a Gael la oportunidad de perfeccionar su acento argentino, pero además, dado que Rímini no se enmascara sino que se desgarra, le da la oportunidad de interpretar a un personaje con muchas caras que está viviendo una terrible tormenta existencial. Puede que a la crítica demasiado amarga la película no le haya gustado, pero es una gran película. Por otra parte, *El pasado* es un importante faro en la vida del actor, pues marca el fin de un periodo de su vida: fue la primera vez que Gael García Bernal interpretó a un papá.

Mexicano tú puedes

La subida meteórica del cine de América Latina a lo largo del mundo llama la atención, pues expone el fervor con que el mundo de hoy abraza la globalización. La competencia es más grande que nunca y sin embargo, la participación de México en los Oscares del 2007 fue también, más grande que nunca.

Es verdad que las redes de comunicación han hecho que sea fácil la cooperación y el trabajo en equipo; es verdad que se han ampliado las prácticas de distribución y comercialización, pero también es cierto que el *boom* del cine mexicano tiene que ver con un interés creciente en el despertar de ciertas regiones del planeta, entre las que destaca particularmente América Latina.

Como muestra de lo que significa la globalización, no hay que ir más allá de la propia filmografía de Gael García Bernal, quien ha trabajado en Estados Unidos, Francia, Argentina, Brasil y, por supuesto, México (por ahora nada más). Puede que el Internet sea un factor importante en este avance. Resulta que en el filme *Mammoth* García Bernal interpretará a un visionario del Internet. Será un papel filmado en inglés y dirigido por un sueco.

El actor también trabajó en *Ceguera,* una adaptación de la novela de Saramago que fue dirigida por Fernando Meirelles, y con un reparto deliberadamente internacional. La película habla de lo fácil que una civilización interconectada puede autodestruirse. Meirelles ha enfocado todos sus esfuerzos en el ensamblaje de un reparto mixto que permita representar al mundo entero: Julianne Moore, Mark Ruffallo y Danny Glover se unen a la brasileña Alice Braga y la japonesa Iskye Isseya.

La historia gira en torno a una epidemia de ceguera que golpea una ciudad moderna que puede ser cualquiera, en cualquier parte del mundo. El caso es que el pánico y el desorden van creciendo con la epidemia, pero hay una doctora que interpreta Julianne Moore que se ha salvado. Ella ha de guiar a su esposo, Mark Ruffallo, hasta el lugar en el que estará seguro. Las autoridades de esta ciudad que se ha visto golpeada por la ceguera declara el estado de sitio y confinan a los ciegos a un asilo abandonado. En el interior de este asilo, se desarrolla una convivencia anárquica entre gente ciega. Los más poderosos explotan a los más débiles; el pez grande se come al chico. En la parte más alta de esta especie de cadena alimenticia está Gael García Bernal, quien interpreta al soberano del pabellón número tres. Gael rápidamente se hace de comida que reparte a cambio de dinero u otros favores que incluyen, por supuesto, los sexuales.

Para preparar la película, Fernando Meirelles coordinó talleres pidiendo a los actores vagar con los ojos cubiertos para entender el reto que implica la vida de un ciego. En una ocasión, los dejó a las puertas de un hospital para que trataran de volver atrás. Fue interesante, algunos trabajaron juntos, otros solos y unos, simplemente se perdieron. Durante otro ejercicio, el director dio a sus actores comida para intercambiar, pero sin que se dieran cuenta (después de todo tenían los ojos vendados) les robó la mitad de lo estipulado. Comenzaron a surgir entre ellos acusaciones de traición, la pelea que se desató a partir de ese hecho pareció estar a punto de superar el nivel de una "simple" actuación.

Ceguera comenzó a rodarse en 2007, en Canadá, en una ciudad a las afueras de Toronto. Gael García tuvo un llamado de tres semanas de filmación. Meirelles dice que fue especialmente sencillo audicionar a Gael, porque quería a un villano guapo y con cara de niño inocente. Gael aceptó de buen grado la invitación para volver a trabajar con él. Como el director suele preparar la filmación de sus obras invitando a sus actores a improvisar, en su diario de filmación escribe que Gael dio a su personaje una nueva dimensión desde el primer día de trabajo. Meirelles le había pedido que caminara con los ojos vendados a través de un corredor completamente lleno de basura. Llegado a cierta altura, Gael pisó una botellita de vidrio. La tomó, la destapó, olisqueó la sustancia y descubrió que era barniz de uñas. Considero pintarse las uñas, pero luego cambió de opinión y siguió adelante. Gael comentó con su director que algo así le podría suceder a su personaje y Meirelles que no quería coartar la creatividad del actor desde el primer día, se portó indulgente, le pidió que tomara el barniz casi por casualidad, pero Gael fue más lejos: encontró el frasco, lo abrió, se pintó cada uno de los dedos, sopló las uñas, tapó la botella y luego la lanzó al suelo. Cada que se repetía la escena, Gael agregaba algo nuevo. Al final, resultó una cosa bastante divertida, parecía que el rey del pabellón se había metido un montón de marihuana y no se daba cuenta de lo que estaba haciendo: el personaje que interpretaba Gael, casi por casualidad se había convertido en un ser más irresponsable que malévolo, lo cual le daba profundidad, lo hacía más interesante. Como al director terminó por gustarle tanto este pequeño gesto, comenzaron a desarrollar el personaje de García Bernal en este sentido. El villano se volvió tragicómico. El espectador puede odiarlo por las cosas espantosas que hace, pero se le invita a sentir empatía por él. La actuación está llena de pequeños detalles que hacen emerger al niño confuso y vulnerable que habita en él.

La ceguera como tema es un asunto mayúsculo y retador para el cine en tanto arte visual. Como ha expresado Meirelles: "En un diálogo se expresa la emoción gracias al poder de los ojos. Es más, usualmente cortas cuando un personaje está viendo al otro." Todo tiene que ver con un punto de vista que justamente en esta película no existe. Además, dado que la magia de Gael García está en sus ojos había que trabajar a su personaje para poner la fuerza también en otras partes.

Con todo lo fiel que se mantiene a sus raíces, Gael García tiene en agenda una serie de películas importantes: *Pedro Páramo* para empezar, obra capital de la literatura en lengua española en el siglo XX. *Pedro Páramo* fue escrita en 1955, por Juan Rulfo, y sirvió de inspiración para lo que más tarde vendría a ser llamado "realismo mágico". La historia de Rulfo habla de un hombre que viene a Comala porque aquí le dijeron que vivía su padre, un tal Pedro Páramo... Finalmente, Páramo descubre que Comala es un pueblo fantasma en el sentido más amplio de la palabra. La adaptación del clásico mexicano ha estado a cargo de Mateo Gil. Gael hará el papel protagónico. *Pedro Páramo* se filmará en España y Portugal. Canana Films participará como coproductora y García Bernal está insistiendo para que algunas locaciones se hagan en su natal Guadalajara.

El crimen del padre Amaro fue una exitosa traducción del libro a la pantalla. Ahora el guionista, Vicente Leñero, está trabajando en una adaptación sobre la masacre en la Plaza de las Tres Culturas, perpetrada por el gobierno priísta de Gustavo Díaz Ordaz, el 2 de octubre de 1968. Es posible que Alfonso Cuarón dirija esta importante traslación a la pantalla que probablemente llevará como título *México 68*. No es difícil darse cuenta de que se trata de un trabajo capaz de interesar a García Bernal. Además de que lleva en el crédito del director a Alfonso Cuarón, toca el tema de un momento definitivo de la historia de México.

El hecho de que Cuarón y Gael se hayan podido establecer para trabajar en México, demuestra que la situación está lejos de ser sombría, en lo que al cine respecta. Iñárritu tampoco ha abandonado el barco: "México es increíble. Como artista te da material, así que tienes que estar en casa, estar en contacto con tu país, sentir el pulso de sus problemas. Todo esto te da inspiración." Ha dicho a *El Mundo:* "Los mexicanos somos una nación de muchos huevos y mucha impotencia. Somos hijos de putas y machos. Hay en este país historias que contar y gente para contarlas. Tenemos que exorcizar nuestros demonios. *Amores perros* fue piedra angular en este sentido, porque apunta a los jóvenes que tienen vísceras, que tienen sangre en las venas."

Definitivamente no hay falta de talento en ese país; de hecho hay sobreabundancia de talento. Por sus ganas de trabajar, los estudiantes de cine hacen todo lo que pueden y se empujan unos a otros en competencia estúpida y agresiva: "Ofrecer migajas a un grupo apasionado de artistas, lo único que provoca es división", afirma Diana Bracho, presidenta de la Academia de Ciencias y Artes Cinematográficas de México, del 2006 al 2007. "Esta división puede leerse como una táctica de las autoridades para terminar de desmantelar el cine, pero nosotros, la Academia, tenemos la obligación de unir a los cineastas para que se den cuenta de que todos estamos navegando en el mismo barco." En el Festival de cine de Morelia, Alfonso Cuarón dijo algo similar: "Somos más fuertes ahora que en el pasado. Para mí, es significativo sentirme apoyado por mi generación. Yo vengo de un tiempo en que la industria estaba cerrada. Hoy hay lealtad y camaradería." Carlos Reygadas, por su parte, afirma que el respeto que se han ganado los nuevos grandes del cine en México, parte de la integridad artística. "En México todo lo que necesitamos es un pequeño empujón. La gente está interesada en el cine y no se necesita mucho para hacer una gran película. Tal vez sí, si quieres hacer un churro hollywoodense, pero si quieres hacer algo de calidad, íntimo, no necesitas mucho dinero, necesitas mucho talento." Reygadas es un ejemplo de lo que dice: antes era abogado, después hizo una película brillante y luego otra. Nadie sabe cómo lo consiguió, pero lo hizo de manera independiente y esto sigue adelante. Alejandro González Iñárritu comparte la actitud: "Los hechos demuestran que no hay mucho que el gobierno vaya a hacer para promover a los jóvenes cineastas de nuestro país. Por eso es importante que gente como Gael García Bernal o Rodrigo Prieto estén inspirando a los jóvenes, para que se den cuenta de que pueden abrir las puertas y decir: yo voy a llegar más lejos, no me voy a quedar haciendo telenovelas, puedo convertirme en un artista de verdad."

El nuevo lema del cine mexicano parece ser: "deja de quejarte y ponte a hacerlo tú mismo." Jonás, hijo de Cuarón, hizo una película con su cámara digital y siete mil dólares. El filme llegó al circuito de Festivales. Es posible que la lista de contactos de su padre y el apellido hayan ayudado un poco, pero lo importante aquí es subrayar la forma en que se están explorando los nuevos medios, la fotografía digital, la edición no lineal en computadoras personales, etcétera. "No te sientes a quejarte de que el gobierno no te apoya", dice Iñárritu. "El gobierno mexicano nunca te va a dar una mierda. Lo único que puedes hacer como artista en este país es levantarte y seguir trabajando, haciendo cine con pocos recursos." Iñárritu y Cuarón ejemplifican con Gael García Bernal, quien con su película *Déficit* ha demostrado lo que significa la palabra "proactivo" en un país como el nuestro.

Guillermo del Toro, Alfonso Cuarón y Alejandro González Iñárritu se han unido para fundar la productora Cha Cha Cha. En esta nueva aventura están usando su poder combinado para recibir ayuda de Universal Pictures y han comprometido a Focus para asegurar la distribución internacional de sus proyectos. Cha Cha Cha invertirá en cinco proyectos fílmicos, uno por cada fundador de la produc-

Alejandro González Iñárritu , Gael García Bernal, Guillermo del Toro y Alfonso Cuarón

tora que se reservará el control artístico absoluto. Resulta fundamental que los grandes estudios de California estén comenzando a interesarse en producir en México. Esta inyección de infraestructura y capital podría servir para resolver las tensiones que causa la falta de dinero para dar un ímpetu que resuelva el problema de las taquillas invadidas por exhibidores de Estados Unidos.

El primer proyecto de Cha Cha Cha ha sido una historia de amor con el estilo del cine "Buena Onda". Es la ópera prima del hermano de Alfonso, Carlos Cuarón; se llama *Rudo y cursi* (Diego es rudo, Gael es cursi) y por lo pronto ya está en los primeros lugares en recaudación taquillera en toda la historia de México. Las comparaciones de *Rudo y cursi* con *Y tu mamá también* resultan inevitables, pero ¿a quién le importa? Carlos se inspiró en el viaje a la playa que hizo justamente con el equipo de *Y tu mamá también*. Llamarle secuela o segunda parte resulta injusto. *Rudo y cursi* es una historia de fraternidad, un drama familiar que trata de dos hermanos que trabajan en una plantación bananera. Ninguno está satisfecho con su vida, así que deciden ir al Distrito Federal a alcanzar sus sueños.

Cuarón les contó la idea a Diego Luna y a Gael García Bernal en una cena. No necesitó mostrarles ningún guión. Los dos dijeron que sí. Comenzaron a rodar en el 2007; la película se estrenó en México en el 2008 y en Estados Unidos en el 2009. Han pasado 10 años desde el estreno de *Amores perros*. La industria y sus reglas, el paisaje de la región, todo ha cambiado, pero hacer una película en México sigue siendo un negocio riesgoso. Hoy más que nunca, luego de haber demostrado que se pueden hacer éxitos taquilleros, resulta estúpido que el gobierno no apoye a los jóvenes cineastas.

Las perspectivas para Gael García Bernal siguen siendo brillantes. Su hermosa mirada de niño desafía al tiempo, con todo y que ha cumplido ya los 30 años. Él sigue creciendo como artista y su reputación lo ha establecido como un artista íntegro, en el sentido amplio de la palabra; un artista con fuertes convicciones políticas; uno que trabaja por y para México y el cine latinoamericano. Pareciera que no hay nada que pueda detenerlo y... ¿quién sabe? Tal vez en el fondo no sea tan descabellado pensar que un día de estos decidirá lanzarse para presidente de la República.